文化产业基础理论

WENHUA CHANYE JICHU LILUN

徐海龙　编著

高等教育出版社·北京

内容简介

　　本教材以"符号的创意、生产和传播"来贯穿,尝试文化与产业的双向打通。以微观经济学的供给和需求、成本和收益、价值和价格,产业经济学的市场结构、企业组织,构建全书主要的体系,选择了一些与文化艺术联系最紧密的经济学和市场营销理论来阐述文化产业。教材在突出"基础理论"的同时,也多加入一些建设性、实践性的观点和方法,即"创意观念"大于"批判观念",体现文化产业的自身特征,它适合于文化产业本科学生,也可以作为研究生的参考书目。

图书在版编目(CIP)数据

　　文化产业基础理论/徐海龙编著.--北京:高等教育出版社,2015.10(2023.2重印)
　　ISBN 978-7-04-043800-0

　　Ⅰ.①文…　Ⅱ.①徐…　Ⅲ.①文化产业-高等学校-教材　Ⅳ.①G114

　　中国版本图书馆 CIP 数据核字(2015)第 213016 号

策划编辑　潘亚文	责任编辑　潘亚文	封面设计　钟　雨	版式设计　王艳红
责任校对　高　歌	责任印制　赵义民		

出版发行	高等教育出版社	咨询电话	400-810-0598
社　　址	北京市西城区德外大街 4 号	网　　址	http://www.hep.edu.cn
邮政编码	100120		http://www.hep.com.cn
印　　刷	北京中科印刷有限公司	网上订购	http://www.landraco.com
开　　本	787mm×960mm　1/16		http://www.landraco.com.cn
印　　张	14.25	版　　次	2015 年 10 月第 1 版
字　　数	250 千字	印　　次	2023 年 2 月第 2 次印刷
购书热线	010-58581118	定　　价	29.80 元

前　言

　　"基础理论"是一个专业和学科独立性、合法性的基本体现,对它的学习意味着学生专业兴趣和观念的建立,以及自身知识价值的确认。从20世纪80年代欧美开始真正对文化产业进行跨学科研究,迄今为止不到四十年;我国自2003年9月文化部制订下发《关于支持和促进文化产业发展的若干意见》之后,理论界开始逐渐关注文化产业,到现在区区十几年。对于一个学科发展来说,文化产业还处于幼儿期,但是随着我国文化产业的井喷式发展,当下文化产业研究热点早已上升至产业集群、区域规划和文化创意都市等领域,很多文化产业学者也纷纷投身于文化产业宏观规划、评估乃至项目运作之中。面对这种情形,试问这个学科的合法性、独立性是否已经过严密论证? 这个学科的基础理论是否已经像文学理论、美学理论那样搭建出较为成熟和通用的体系框架? 该学科的基础教育和人才培养是否已经摸索出科学有效的内容模式? 在当前国内乃至国际学界,恐怕没有人敢作出肯定的回答。

　　鉴于此,文化产业基础理论类的教材和专著仍是当前急需的。在2004年之后,国内一些院校和学者纷纷尝试探讨和建构文化产业各行业共通的规律、模式,陆续出版了《文化产业概论》《文化产业导论》《文化产业通论》等教材,为这个学科的大学教育和理论研究作出了开创性和探索性的贡献,但是在这个过程中也遇到很大的困难,其原因就在于文化产业涉及的知识理论包罗万象。

　　文化产业学科的庞杂和广泛性在于它不仅涉及艺术人文类学科,还涉及社会学科,甚至还有数学知识。文艺、历史、传播、社会、经济、管理以及法律,每个学科自身的知识都已极其丰富,需要一代代的学人去毕生耕耘。此外,经济学是理性、客观、量化的,而文化这一翼又偏于感性、主观,难以量化。能够将如此广泛又跳跃的学术领域打通并建构一个体现文化产业自身特征的理论体系,其难度可想而知。因此,目前文化产业学者都是依托于各自原有的知识背景,选择性地进行跨界拉通,如从文学向传播学拉通、从艺术学向管理学拉通、从产业经济学向文艺理论拉通等,各种概论类教材以及课堂教学由此体现出不同传统学科的视角和色彩。

　　当前,所谓艺术经济学、文化产业学、创意产业学等交叉研究,基本上都是提出一个个文化艺术的现象和特征,采用经济、管理等学科的研究方法,尝试从模型、制度等角度重新理解把握这些现象和特征，同时审视商业模式、产业化对创作、审美本身产生的"异化"；或是从经济学、管理学、市场营销学、历史学、社会学等领域借用一些经典概念或范式，放到文化领域来审视，描述这些概念和范式被赋予文艺气息之后的新变化，如"文化资本""文化产业集群""创意管理""符号竞争""文化贸易"，等等。

本教材在编写过程中，试图避免或减少以下问题的出现：

1. 分章论述影视、动漫、图书、演出等具体产业。因为这种体例并没有体现"基础""通论"的含义，并且文化产业各行业、各领域专业性很强、变化又较快，因此教材内容会显得不够专业，很容易过时。

2. 列举大量案例。大量案例的出现不符合"基础理论"类教材定位，更像是"案例研究"和"调研报告"，最初阶段可能新鲜热闹，但也容易过时。

3. 大量的具体时间点出现。规避原因仍是内容容易过时，这不是一本文化产业发展历史梳理书籍。

4. 大量似是而非、空泛重复的语句。因为这不是一篇讲话报告。

5. 大量宏观规划和政策类的内容。因为这是一本面向本科学生的入门教材，不是研究生或高端培训教材。

6. 组建团队、多人撰写。多人撰写可以融汇各方观点，气象开阔，但也可能导致各说各话、风格不一、缺乏核心观点和灵魂，让学生在使用教材时感到无所适从、不够深入。

当然，本教材不能完全解决上述问题。文化产业始终宿命般面临着艺术与商业的对立统一问题，笔者尝试做到：

1. 本教材以"符号的创意、生产和传播"来贯穿，尝试文化与产业的双向打通。以微观经济学的供给和需求、成本和收益、价值和价格，产业经济学的投资、市场结构、企业组织等几个方面构建全书内容体系。由此，突出教材内容的统摄感和完整性。

2. 突出知识的基础性，舍弃宏观政策、体制、评估等内容。此外，由于文化产业不单单是文艺创作这个环节，也大大超出了艺术家的思维方式和视野，所以本书的"创意观念"大于"批判观念"，更多地提出建设性、实践性的观点和方法，凸显文化产业的自身特征以及经济学的理性和务实。本教材适合于本科学生，也可以作为研究生的参考书目。

3. "文化产业"要独立出来，必须区别于"文化研究"和"艺术批评"，而不是以它们马首是瞻，畏首畏尾。但是一本文化产业的教材还是要坚持艺术品位和文化之魂，因为文化产业并不是传统产业。

本教材出版正值文化产业突飞猛进之时，笔者的写作过程充满了历史梳理和自我学习的意味，这是一次跨学科知识的巡游，也是一次论证文化产业合法性的尝试。本教材距离真正成熟的"基础理论"还很遥远，它是新的，并且是要不断更新的，因此必定是开放的，希望能抛砖引玉，引发争鸣，从而陆续涌现更完善的基础理论教材，那将是文化产业界之大幸。由于笔者水平有限，参考的文献较多，因此如果行文和注释有错误疏漏之处，恳请同仁体谅和指出，以期在修订之时补正。

自 2006 年笔者担任"文化产业基础理论"课程教学至今已有九年，本书能够完成，要感谢我的家人默默的支持；感谢我的两位研究生张文乐、姜楠所做的绘图和校对工作；感谢首都师范大学文学院领导和文化产业系老师的关怀和交流，这其中特别要感谢文学院的高凯山老师和管理学院的杨充霖老师，我无数次向两位经济学者请教，他们以扎实的知识功底和极大的耐心为我解答问题并提出教材编写的建议，体现了知识分子的可贵精神；最后还要感谢高等教育出版社的潘亚文编辑对我的不断督促和热心支持，她和出版社其他相关工作人士直接推动了本书的及时出版。

徐海龙

北京·七贤村

2015 年 7 月

目　　录

第一章

理 论 渊 源

任何一个学科的理论建构,都要从历史梳理开始。文化产业作为一个专业被提出和研究的时间虽然不长,但是它所依托的各个学科都有着悠久雄厚的历史基础。一般认为,文化产业最直接的理论来源是"文化研究",因此它的人文色彩非常浓厚,并且经历了一个从纯粹批判到客观研究的过程,当然,这也造成了文化产业在经济学方面研究的滞后性。

第一节 文 化

一、"文化"概念的历史演变和诸种描述

中国的"文化"概念由"文"的本义"纹理"演化而来,随着时间的发展其内涵趋于丰富,由自然之物的纹理,推及到大地宇宙(天文、地文),进而扩展到人伦社会(人文),虽与现代意义上的文化并不完全相合,但却隐含着一种极为可贵的文化通观。在西方,"文化"一词的德语是"Kultur",英语是"Culture",两个词都源于拉丁文"Cultus",其原义是指耕种、居住、朝拜等,随后"文化"的含义由物质生产领域扩展到精神领域。据英国文化史学者威廉斯(Raymond Williams)考证,从18世纪末开始,西方语言中的"Culture"一词的词义与用法发生了重大变化,"在这个时期以前,文化一词主要指'自然成长的倾向'以及——根据类比——人的培养过程。但是到了19世纪,……文化本身变成了某种东西,它首先是用来指'心灵的某种状态或习惯',与人类完善的思想具有密切的关系。其后又用来指'一个社会整体中知识发展的一般状态'。再后是表示'各类艺术的总体'。到19世纪末,文化开始意指'一种物质上、知识上和精神上的整体生活方式'"。①

---

① 雷蒙·威廉斯:《文化与社会:1780—1950》,高晓玲译,吉林出版集团有限责任公司2011年版,导论,第4页。

"文化"拥有最多的、难以完美的定义。美国人类学家克罗伯(A. L. Kroeber)和克拉克洪(C. Kluckhohn)曾总结出从1871年到1951年欧美学界对文化有一百六十多种定义。马克思、恩格斯运用唯物主义思想,提出"文化"起源于人类物质生产活动的观点,指出"文化"是人类特有的现象和符号系统,文化就是人化,即人的对象化或对象的人化。人类学家泰勒(Edward Burnett Tylor)提出"文化或者文明就是由作为社会成员的人所获得的,包括知识、信念、艺术、道德法则、法律、风俗以及其他能力和习惯的复杂整体"。① 威廉斯把文化总结为社会秩序得以传播、复制、体验和探索的表征系统。② 克罗伯(Alfred Louis Kroeber)对文化所作的解释为:"文化包括各种外显的和内隐的行为模式。"克拉克洪认为文化指的是"某个人类群体独特的生活方式,他们整套的'生存式样'"。换言之:"文化是历史上所创造的生存式样的系统,既包括显型式样又包括隐型式样;它具有为整个群体共享的倾向,或是在一定时期中为群体的特定部分所共享。"③钱穆认为:"普通我们说文化,是指人类的生活,人类各方面各种样的生活总括汇合起来,就叫它做文化。……凡所谓文化,必定有一段时间上的绵延精神。换言之,凡文化,必有它的传统的历史意义。故我们说文化,并不是平面,而是立体的。在这平面的、大的空间,各方面各种样的生活,再经过时间的绵延性,那就是民族整个的生命,也就是那个民族的文化。"④

　　《辞海》将文化定义为:"从广义来说,指人类社会历史实践过程中创造的物质财富和精神财富的总和。从狭义来说,指社会的意识形态,以及与之相适应的制度和组织机构。文化是一种历史现象,每一社会都有与其相适应的文化,并随着社会物质生产的发展而发展。作为意识形态的文化,是一定社会的政治和经济的反映,又给予巨大影响和作用于一定社会的政治和经济。"这个定义显示出文化具有阶级性、民族性、历史连续性。联合国文化和发展世界委员会(WCCD)提出了一种两分的解释,首先是把文化作为一系列活动的具体解释,这套活动包括所有那些在……所谓"文化产业"中进行的那些活动,……在这种功能意义上的文化可以被看作由经济中的"文化部门"所代表;其次,文化是人类学或社会学可能采取的术语观点,在这种解释里文化被看作一系列观点、习惯和信仰,它们对于不同社会的运行都是基本的要素。在这个要素意义中的文化被表达为一

---

① 泰勒:《原始文化》,连树声译,上海文艺出版社1992年版,第1页。

② 参见雷蒙·威廉斯:《文化与社会:1780—1950》,高晓玲译,吉林出版集团有限责任公司2011年版,第333—335,343—347页。

③ 转引自郭莲:《文化的定义与综述》,《中共中央党校学报》2002(2)。

④ 钱穆:《中国文化导论》,商务印书馆2002年版,第231页。

个特定社会的价值和风俗,它在改朝换代中会随时间而演化。①

二、文化的定义及特征

文化是一种社会现象,是人们长期创造形成的产物;同时它又是一种历史现象,是社会历史的积淀物。上述列举的一些文献把文化描述为一个国家或民族的历史、地理、风土人情、传统习俗、生活方式、文学艺术、行为规范、思维方式、价值观念等,但这些定义或是描述都存在片面或是泛化的问题。首先,“艺术”不应等同于文化,纯粹个体的思想和行为不能等同于文化,即文化是(特定)群体性的,个体属于某类文化;其次,精神、思想、价值观不能等同于文化,因为文化必须是“有形化”的体系、套路、模式;最后,所有的物质世界成果、日常世俗的生活方式不能完全归属于文化,因为文化要包含精神意义、艺术审美价值。

本书将文化定义为:特定的人类社群在一定的历史时期里形成的足以体现该社群的精神、气质和独特追求的行为模式、思维模式和情感模式的综合体。它为该社群的成员所共享,并以某种方式进行反复和传承。它在观念层面、制度层面、器物层面、(审美)符号层面、行为习俗层面均有体现。相应地展现为观念文化、制度文化、器物文化、符号文化、行为习俗文化,我们把这些叫做文化的五个方面。

如上指出,文化不能泛化为物质与精神的成果的总和。它须具备的特征为:

(1)精神性——在物质基础上提升到精神体验。

(2)符号化——凝结的、视觉化的、有意义的形象。

(3)程式化(制度化)——套路、仪式化的行为方式和组织制度。

(4)美学化——艺术审美创造和感知。

(5)集体性——在特定群体和区域内实现遵循和认同。

(6)多样化——多种思潮和产品的交融。

一种健康繁荣的文化必须是多元、争鸣和互济的,它既是一种有形的表现(符号和行为),更是一种内心化的习惯和规范系统,一种精神体验和氛围,而不是僵化、冰化的形态。

第二节　产　　业

一、产业的定义

早期的经济学将“产业”(Industry)和“制造业”等同,指从事国民经济中同

---

① 转引自戴维·思罗斯比:《论文化资本》,王志标译,《经济资料译丛》2006(3)。

一性质的生产或其他社会、经济活动的企业、事业单位、机关团体的总和,如农业、工业等。这种描述对于产业部门之间、产业与产业之间的关系不够重视。

英国经济学家马歇尔(Alfred Marshall)提出了产业组织的概念。在他看来,产业和生物组织体一样,是一个伴随着组织体中各部分的机能分化(企业内分工)和组织各部分之间紧密联系(企业外联合)的社会组织体。马歇尔以"分工和协作"为基础讨论了产业组织中的内部经济和外部经济,工厂规模和经济规模。我们定义"产业"的目的就是为了从"分工与融合"的中观层面来考察分析整个生产系统和市场结构。随着社会分工和专业化不断深化,各种企业乃至不同产业相互渗透,横向一体化或纵向一体化的过程中逐渐出现了许多跨行业、跨地域的综合性大公司和企业集团,形成了所谓的产业融合的趋势。

我们把产业定义为,一方面它是指生产同类或有密切替代关系的产品、服务的企业集合;另一方面是指由利益相互联系的、进行分工协作的不同相关行业所组成的业态总称,尽管这些不同行业(企业)的经营方式和形态有所不同,但它们是围绕着共同产品而展开经营的。一种产品的产业化过程大约包括三个阶段和层面:商业化、组织化、规模化。狭义上讲,这三个层面各自的表现形式分别为产品、企业和产业。

二、产业的特征

"工业"的含义比"产业"更为宏观和抽象,从产业定义中我们可以发现"分工"和"组织"的关键词,组织一词有两种含义:一种是动词,就是有目的、有系统地集合起来,如组织群众,它是一种管理职能;另一种是名词,指按照一定的宗旨和目标建立起来的集体。因此,现代产业研究更加重视产业组织中的厂商结构和行为。主要包括:

第一,产业内企业间的市场关系。它表现为产业垄断与竞争不同程度结合的四类市场结构,即:完全竞争型、完全垄断型、垄断竞争型和寡占垄断型。市场关系也反映了产业内不同企业的市场支配力差异、市场地位差异和市场效果差异。

第二,产业内企业间的组织形态,是指企业相互联结的组织形态,如企业集团、分包制、产业链等。这些不同的产业组织形态既依赖于企业间技术关联的专业化协作程度,又取决于企业间垄断与竞争的不同策略和地位。

这两方面引申出市场资源配置、市场结构、企业行为、技术进步等课题。简单来说,"产业"的特征为:

(1) 商业化——目的是实现市场交易,不断追求成本降低和利润提升;

(2) 同一化和类型化——机械复制、流水线式生产;

（3）组织规模化——分类、分专业、有计划地进行大规模的协作生产和营销；

（4）市场竞争——企业通过竞争，实现优胜劣汰，进而实现生产要素的优化配置；

（5）科技化——依赖于科学技术来提高生产率、研发新产品和实施新的广告传播手段。

第三节　文化与产业的对立:法兰克福学派的"文化工业"批判

从文化与产业的各自特征中可以发现二者的冲突,它们的根本对立是"文化"的自由多样性与"产业"的控制同一性。在工业革命之后,随着西方社会工业化程度的提高,从事文化研究和传播学研究的学者在 20 世纪 40 年代提出了"文化工业",并逐渐转变为"文化产业"。这些观念和理论的流变源于一个悖论。

一、法兰克福学派与启蒙运动的二律背反

（一）法兰克福学派

法兰克福学派创建于 20 世纪 20 年代初期,该学派以德国法兰克福大学的社会研究所为基地,汇集了以犹太血统为主的社会学家、哲学家、文化批评家。该学术社群在 20 世纪三四十年代发展起来,希特勒上台后,社会研究所曾先后迁往日内瓦、巴黎,第二次世界大战爆发后迁往纽约。1950 年,一部分学派成员返回联邦德国重建研究所,另一些成员仍留在美国继续从事研究。法兰克福学派的代表人物有霍克海默（M. Max Horkheimer）、阿多诺（Theodor Wiesengrund Adorno）、本雅明（Walter Benjamin）、马尔库塞（Herbert Marcuse）、弗洛姆（Erich Fromm）、哈贝马斯（Jürgen Habermas）等。

（二）启蒙运动

启蒙运动是 18 世纪欧洲继文艺复兴运动之后的第二次思想解放运动,提出了"启蒙主义"理论:用自由、平等、博爱、天赋人权来反对封建专制和贵族特权;用信仰自由对抗宗教压迫,用经验加理性思考使知识系统独立于宗教。

启蒙运动发端于法国,后来扩展影响到英国、德国、西班牙、意大利乃至美国,覆盖了各个知识领域,如自然科学、哲学、伦理学、政治学、经济学、历史学、文学、教育学,等等。启蒙运动的思想家们认为理性是至高无上的,无论是政治还是上帝,都要由它来解释和判断。他们号召民众自觉地以理性为武器批判一切、

评价一切,让理性引导自身去发现和确立真理,穿透迷雾,认识未知领域。

(三)启蒙运动的二律背反

启蒙运动依靠理性消解了神话世界中的不平等与不公正,然而,随着理性思维在社会各领域的极大彰显和膨胀,随着人们对生产效率和管理秩序的不断追求,理性逐渐由解放工具蜕变为控制和奴役的工具,即"工具理性"。

所谓"工具理性",就是通过精确计算和实践来确认工具(手段)的有用性,从而最大功效地实现个人利益。工具理性是一种以工具崇拜和技术主义为生存目标的价值观,它强调效率,讲求效益;而与之相对的"价值理性"所关注的不是选择最佳手段去达到目标,而是绝对地、无条件地、不计后果地遵从某些价值准则。追求价值理性的人注重行为本身所能代表的(终极)价值、立场和信仰,如是否实现社会层面的公平、正义,伦理层面的责任、忠诚、荣誉、仁爱以及艺术和美学层面的一些价值范畴等。

"工具理性"是法兰克福学派批判理论中的一个重要概念。霍克海默与阿多诺于1947年出版的《启蒙辩证法》以神话与启蒙为核心,集中论述了以启蒙为目标的现代性如何辩证地转化为启蒙的反面。在霍克海默和阿多诺的眼中,启蒙恶化的一个主要领域就是"文化产业"。文化变成了可以控制的机器和奴隶,其主要目的是利润、消费和娱乐,曾经与人类主体性紧密联系的文化,现在变成如同其他商品一样的客体。霍克海默和阿多诺指出,文化曾经是一种批判的姿态、一个多元的非特定身份的领域,现在被纳入了资本主义的身份逻辑。在这种身份逻辑中,多样性文化、艺术工作的成果简化为了功利身份的组件;文化的数量、内在的价值简化为交换价值和金钱数量。[①] 总之,启蒙理性的"抽象同一性"准则使得启蒙自我毁灭了,启蒙因祛魅神话而诞生,但最终启蒙却倒退成了神话——这就是启蒙的二律背反。

二、文化工业:单数的文化产业

启蒙运动为什么会慢慢走向违背初衷之路?从伦理学解释是人性低俗、罪恶的欲望使然,法兰克福学派的解释则是资本主义的工具理性——对秩序和功利目的的过度强调,从工业生产、市场管理渗透到社会、教育、家庭、人与人之间的关系,渗透到文化领域。

霍克海默和阿多诺在《启蒙辩证法》中首次明确提出了"Cultural Industry"的概念,由于他们是在单数的意义上使用"Industry"一词,因此中文也常译为"文化

---

① 参见马克斯·霍克海默,西奥多·阿多诺:《启蒙辩证法》,渠敬东、曹卫东译,上海人民出版社2006年版,第1—6、8—11、19—23、28—34页。

工业"以区别于复数的"产业"(Industries)。可以说"文化产业"概念最初的提法是"文化工业",法兰克福学派用它表达了对西方工业社会的批判立场,主要分为以下几个角度:

(一)资本和商品对文化艺术价值的腐蚀

如上所述,文化产品的生产和接受被纳入了市场规律,大众文化具有商品化的趋向和商品拜物教的特征。文化服务于资本的权力,资本(利润)既是初期动力也是最终目标,工具理性高于价值理性。为了利润,迎合消费需求就成为了文化工业的生产准则,而当娱乐和消遣成为广泛的消费需求,那么各种文艺作品就开始媚俗化,丧失了陶冶、批判和反叛的功能。最终,"超越"的艺术被纳入现实理性,"反抗"的文化被驯服为既有秩序的一部分。

(二)工业化生产对文化艺术个性的抹杀

同质化是艺术的天敌。大众文化生产具有标准化、规模化的产业特征,商家按照市场最需要、最流行的产品样式,建立起市场标准和商业模式,凭借现代工业科技大规模复制、传播文化产品,从而抹杀了艺术的原创个性和多元化。

(三)文化工业对受众的思想控制和精神奴役

文化的工业化不仅让文化艺术失去灵韵,也禁锢了人性的创造力。文化产品的标准化、类型化的风格和情节操纵着大众的口味,窒息了消费者的差异趣味、批判精神和否定意识。欲望的满足实际上是精神的奴役,文化的工业化使现代人成为没有思考能力的"单向度的人",成为自愿被企业资本、商业利益和工业技术所操控的乌合之众,这是人的"异化"。如马尔库塞所言:"娱乐和信息工业不可抗拒的产品所带来的是各种定式的态度和习惯以及精神和情感方面的某些反应,这种反应使消费者在不同程度上愉快地与生产者紧密结合起来,并通过后者与整个娱乐和信息工业紧密结合起来。这些产品向消费者灌输某些思想并操纵他们的行为;……这成为一种生活方式。"[①]

三、本雅明的"艺术民主化"

相比起阿多诺的悲观和反抗立场,法兰克福学派的另一代表人物本雅明则较为宽容。他看到了媒介技术对文化的解放潜力,并提出了民众的主观能动性。例如,虽然他认为机械复制消解了艺术品的"灵韵",但他也相信卓别林式的艺术与大众的关系远比毕加索式的更为进步:"世界历史上的第一次,机械复制把

---

① 赫伯特·马尔库塞:《单面人》,转引自约翰·斯道雷:《文化理论与通俗文化导论》,杨竹山、郭发勇、周辉译,南京大学出版社 2006 年版,第 146 页。

艺术作品从其对(宗教式的)仪规的寄生虫般的依附中解放出来了。"①在这个时代,艺术从个别文化精英的手中解放出来,成为大众欣赏和批判的对象。本雅明的论断宣示了一个信念:文化与新媒介技术的结合将是革命性的,它促进了文化的民主化进程。大众只有近距离地接触、欣赏和占有艺术,才可能带来他们社会政治地位的提升。

本雅明认为现代社会正处于一个重大的历史转折时期,具体表现在人的传播方式的变化上:在工业革命之前的社会中,人与人之间的主要传播方式是叙说,与之对应的就是以叙事性为主的古典艺术。而在现代工业社会,人与人之间的传播方式则由叙说变成了信息,与之相对应的则是以复制为特点的文化和艺术,由此产生新的体验和实践。本雅明在大众文化批判理论谱系中的最大贡献是把人文思考的哲学性和信息传播的技术性相结合,从而丰富了传播技术和社会主体的现实关系。

法兰克福学派提出的文化工业理论关联着他们对法西斯主义的研究,他们认为"文化工业"所包含的商业操纵很容易和政治操纵达成共谋。深受法兰克福学派影响的媒介文化学者尼尔·波兹曼(Neil Postman)写道:"奥威尔害怕的是那些强行禁书的人,赫胥黎担心的是失去任何禁书的理由,因为再也没有人愿意读书;奥威尔害怕的是那些剥夺我们信息的人,赫胥黎担心的是人们在汪洋如海的信息中日益变得被动和自私;奥威尔害怕的是真理被隐瞒,赫胥黎担心的是真理被淹没在无聊繁琐的世事中;奥威尔害怕的是我们的文化成为受制的文化,赫胥黎担心的是我们的文化成为充满感官刺激、欲望和无规则游戏的庸俗文化。简而言之,奥威尔担心我们憎恨的东西会毁掉我们,而赫胥黎担心的是我们将毁于我们热爱的东西。"②

总之,强烈的人文关怀和消极悲观色彩是法兰克福学派的显著特征。对工业社会的"大拒绝"让这些学者把"大众文化"看作是"社会水泥",把市场结构看作是铁板一块,而对于产业组织里企业生产的复杂性和动态性缺乏关注。因此他们眼中的"文化产业"是单数的,即"文化工业"。长期以来,法兰克福学派以近乎绝望和恐惧的心理看待人类文明和科学技术的发展,缺乏对未来社会的积极的设想。西方一些学者评价法兰克福学派为"只能让一切事物保持原状""我们现在的社会现实被严厉批评为'坏现实'(Bad reality),实在是坏得无可救药,

---

① 灵韵(aura),也被译为灵氛、光晕等,本雅明用这个词来描述艺术作品诞生时的具体时空所赋予艺术作品的原生性、独一无二性和本真性(authenticity)。参见本雅明:《机械复制时代的艺术作品》,王才勇译,浙江摄影出版社1993年版,第54、59页。

② 尼尔·波兹曼:《娱乐至死》,章艳译,广西师范大学出版社2011年版,前言,第2页。

但是这样的说法也使这个现实被哲学式地不朽化"。① 尽管如此,法兰克福学派在其敌视和忧虑的态度中,透射出对资本主义文明的深刻批判精神以及探求以文艺救赎人生的使命感,时至今日社会,每每思量下来,也让我们难以视之为过时。

第四节　文化与产业的统一:伯明翰学派和文化产业的合法性

如果说法兰克福学派汇集了一批愤世嫉俗的精英斗士,那么伯明翰学派的学者们则更像一批平民智者。社会历史的进步既需要进行大众文化批判的知识分子,也需要能推动大众文化繁荣发展的观察者和践行者,二者要相互砥砺、汲取和校正。

一、伯明翰学派的"大众文化"

伯明翰学派肇始于20世纪五六十年代的英国,这一时期左翼批评家理查德·霍加特(Richard Hoggart)的《文化的用途》,威廉斯的《文化与社会》《漫长的革命》,汤普森(E. P. Thompson)的《英国工人阶级的形成》等著作为英国的文化研究作了奠基性的工作。1964年,理查德·霍加特创建了伯明翰大学"当代文化研究中心"(The Centre for Contemporary Cultural Studies,简称CCCS),该中心的宗旨是研究"文化形式、文化实践和文化机构及其与社会和社会变迁的关系"。CCCS的工作人员很少,但其影响却是世界性的。文化研究自第二次世界大战后在英国逐步兴起,渐渐扩展到美国及其他国家,成为目前国际学术界最富有活力和创造性的学术思潮之一。

与大多数法兰克福学派的理论家不同,伯明翰学派的学者们的父辈大都是工人运动的积极参加者,因此他们从小耳濡目染欧洲的工人运动,对工人阶级的文化生活有着切实体验和积极的评价。伯明翰学派不满于精英文化路线,也批评了庸俗的经济决定论和阶级决定论,强调在社会发展过程中文化所起的关键作用,把文化从传统的狭隘定义中解放出来,把它理解为一种生活方式。伯明翰学派指出了当代社会有别于过去时代的三种新情况:

(1)随着文化工业逐渐繁荣,商业文化、通俗文化构成了人们日常生活的重要组成部分;

---

① 托尼·贝尼特:《媒体理论与社会理论》,载米切尔·古尔维奇(编):《文化、社会与媒体》,唐维敏等译,台北远流出版事业股份有限公司2000年版,第59页。

9

（2）在媒体传播、商品流通等文化工业手段的作用下，私人的日常生活与整个社会的政治、经济文化密切联系在一起；

（3）民众作为一种新的社会力量在当代社会中崛起，主要表现为数量的扩大以及政治实力与社会地位的提高。

"欲望"不是一个肮脏的字眼，欲望的交换也不全是肮脏的交易。立足于西方社会的现实状况，伯明翰学派指出传统文化的缺点在于蔑视民众的意识、经验和情感。而他们推崇和关注的是本真的大众文化，即底层的工人阶级的文化，进而提出重新理解大众文化，重新审视大众传媒。20 世纪 70 年代，伯明翰学派的新一代学者霍尔（Stuart Hall）对早期文化研究的成果进行了总结，并与葛兰西（Antonio Gramsci）的文化霸权理论结合起来，开辟了文化研究的新方向。葛兰西认为，文化既是支配的，又是对抗的，它的内容是由统治集团获得霸权的努力和被统治集团对各种霸权的抵抗共同构成的。为了获得霸权，统治集团不得不对被统治集团的利益和需求作出一定的让步。因此，文化不再是一种阻碍历史进程的、强加于人的政治操纵文化，而是一个经由谈判和斗争达致妥协的动态领域，是一个支配与抵抗之间的力量不断调整、趋于平衡的过程。秉承着葛兰西"妥协、动态"的文化观念，20 世纪 80 年代伯明翰学派的费斯克（John Fiske）、莫多克（Graham Murdock）等人开始对西方社会日常消费文化现象进行解读，提出文化的"日常生活性"，凸显大众在符号消费中积极的"创造性""艺术性"和"审美感觉"，以期为大众文化乃至人生寻求意义。伯明翰学派的代表学者以及主要观点为：

（一）约翰·费斯克

约翰·费斯克进行了大量通俗文化方面的研究与著述。他认为，不能把通俗文化理解成一种强加于人们思想和行动的文化。无论这种"强加"被说成是资本主义生产和消费的结果，还是进行阶级斗争的结果，都是一种理解通俗文化的不适当的方法。根据费斯克的看法，除非把通俗文化看成是对于民众声音或多或少真实的表现，而不是一种强加，否则就不可能理解它。

费斯克的主要见解是：

（1）大众不是法兰克福学派认为的非个性化、整齐划一、固定不变的群体，而是具有相当大的主动性。他们并不是不加判断地将文化产品全部接受下来。

（2）"大众"是包含了各种利益关系、政治立场和社会联系的群体，是一个复杂多元的组合，必须考虑内部的对立力量和不同声音。在文化的主体上，费斯克认为受众是一群狡黠的"游击队员"。由于现代社会的控制方式越来越制度化和世俗化，所以就产生了种种零碎、非连续的场域，这给受众提供了"钻空子""打游击"的机会。他们挑选上层社会提供的高雅文化和商业文化资源，根据自己的意愿、观念对其进行重新解读、剪接、拼贴和共享,形成真正的底层通俗文化。群众各取所需,或闪躲、或创造,弹指之间把权力集团费尽心机的控制化为乌有。大众消费者的自由就体现于这种"权且利用"(Making do)和"介乎其间的艺术"(An art of being in between)①。大众文化是大众颠覆、反抗意识形态和资本的有力武器。

(3)大众文化具有商品属性,但它不仅在金融经济体制中流通,更在与之平行的文化经济体制中流通。费斯克以电视为例,在金融经济体制中,电视节目制作人投入资金在演播室里制作出节目——就是商品——销售给电视台。但是,与一般物质商品不同,一个电视节目的经济功能,并未在它售出后即告完成,而是开始了第二轮金融体制内的生产/消费关系:节目本身又变成了生产者——生产的商品是观众——观众作为商品(收视率)被卖给出钱做广告的客户。如果只在这两轮金融经济体制中看,流通的只是金钱,观众完全是消极被动的。但费斯克认为,意义在文化领域的流通与财富在金融经济的流通并不相同,观众作为生产者在文化经济中的力量值得重视。"商品化的受众"被卖出之际,金融经济的流通过程即告完成,而文化经济的流通过程则刚刚开始。在与金融体制相平行的文化经济体制中,原先的商品(节目)变成了一个文本,一种话语,观众利用大众传媒提供的文化商品生产出"意义和快感"——这种意义和快感是他们自己真正需要(消费)的,如表1-1②。

表1-1　电视节目的流通体制

	金融经济		文化经济
生产者	演播室	节目	观众
商品	节目	观众	意义/快感
消费者	经销商	广告商	观众自身

所以说,在文化经济体制中,并非是财富、货币的流通周转,而是意义、快感的传播和共享,观众生产所得到的就是一种"解放的、创造性的、游牧式"快乐体验——这形成了大众文化的重要资源和文化权力。

(二)斯图亚特·霍尔

霍尔在1964—1979年应霍加特邀请担任当代文化研究中心(CCCS)主任。在霍尔看来,大众文化不仅是自上而下的"消费"过程,也是自下而上的"生产"

---

① 参见约翰·费斯克:《理解大众文化》,王晓珏、宋伟杰译,中央编译出版社2001年版,第41—50页。
② 约翰·费斯克:《理解大众文化》,王晓珏、宋伟杰译,中央编译出版社2001年版,第33页。

过程,他进一步提出了"编码与解码"的理论。

霍尔也拿电视来说明,电视话语的流通可划分为三个阶段,每一个阶段都有相对独立的条件。第一阶段是电视话语"意义"的生产,即电视工作者对原材料的加工,这也是所谓的"制码"阶段。如拍什么题材、选择什么话题和受访对象,以及画面比例、镜头时间长短、解说词等方面的设计,这期间包含了电视制作者的预设偏好;第二阶段是"成品"阶段。电视作品一旦完成,"意义"被注入电视话语后,电视作品脱离了制作者的直接控制,变成一个开放的、多义的话语系统;第三阶段也是最重要的阶段,是观众的"解码"阶段。观众面对的不是社会的原始事件,而是加工过的"译本"。观众必须能够"解码",才能获得"译本"的"意义"。观众由于自身所处群体的代码系统不同,再加上个体的经历、文化、地位的不同,因此会对"成品"作出不同的解读。

霍尔根据社会和阶级背景的不同,提出三种假设的观众解码立场:

(1)以统治地位的意识形态为特征的"主导—霸权的地位",即"宰制性符码"。观众的解码立场跟电视制作者的"专业制码"立场完全一致,这意味着制码与解码互相和谐,观众"运作于支配代码之内"。

(2)"协商代码或协商立场"。观众的解码立场既不完全同意,又不完全否定。观众一方面承认占统治地位意识形态的权威,大体上接受节目的意义;另一方面也强调自身的特定情况,把节目加以修正,使之有利于反映自身立场和利益。观众与宰制性意识形态始终处于一种充满矛盾的商议过程。

(3)与占统治地位的意识形态全然相反的"对抗的符码"。观众能够看出电视话语的"制码",但选择的是自己的解码立场。这一类观众对电视信息有自己的读法,每每根据自己的经验和背景阐释出新的意思。

如果仔细研究观众的接受过程,会发现整体的电视"大众"早已消失无踪,取而代之的是形形色色的收视群体。替换性和颠覆性阅读策略成为可能。宰制性意识形态在促进更为一致的社会主流观念的过程中,要涵容或抚平更多的矛盾与争端。夹在中间的媒介必须非常敏感,必须在"大家都感兴趣、都愿意解码"的舆论框架中才能生存下来,所以它不能完全围着权力的指挥棒转,而是要编制混合性文本,对宰制性意识形态进行多样化表达。

二、复数的文化产业:合法性的确立

"大众文化是现代工业和市场经济充分发展后的产物,是当代大众大规模共同参与当代社会文化公共空间或公共领域,是有史以来人类广泛参与的、历史上最大规模的文化事件"。① 随着市场经济的全球化发展,物质和文化产品越发丰富。技术(尤其是传媒技术)的发达带来知识的广泛传播,带动大大小小的文化企业的萌生和竞争。受众的反馈和创造力也被极大激发。当今的文化领域不仅有复杂业态,而且文化的产业化带来的"解放"和"交流"的价值越来越被世人所正视。

原芬兰教育部文化事务顾问汉娜尔·考维恩(Hannele Koivunen)对于"文化产业"概念的回顾:"20 世纪 40 年代,法兰克福学派的阿多诺和霍克海默首先使用了'文化产业'这个词。……紧接着本雅明看出了艺术和技术的进步为民主和解放提供了机会。根据他的观点,艺术品的复制可以把艺术从宗教仪式的古老传统中解放出来。这两种观点——阿多诺和霍克海默对文化产业的消极定义和本雅明强调自由的定义——引发了战后对大众文化的争论。1965 年,马克拉伯(Machlup)基于他对信息技术对国民经济贡献的认识,提出了'知识工业'这一概念。随后,德国作家汉·马格涅斯·恩泽斯伯格(Hans Magnus Enzensberger)在 1968 年写作《意识工业》一书。这之后,斯坦福大学研究人员正式提出了'信息工业'的概念。欧洲委员会和联合国教科文组织(UNESCO)使用了'文化产业'的复数形式。20 世纪 80 年代,当文化被视为整个社会经济政策的一部分时,被阿多诺赋予否定性色彩的文化产业开始获得了新的、积极的含义。"②法国的伯尔纳·米耶热(Bernard Miège)等学者在考察了欧洲文化产业之后发现:不存在单数意义上的文化工业:它是一个由完全不同的要素构成的整体,每个部门有自己的标准化法则,这种情况被下列形式反映出来:工作的组织形态、产品自身和内容的特征、文化产业多样化的制度化模式(公共服务、产权关系等)、生产和发行企业的管理架构的水平化或垂直化程度,以及消费者或使用者拥有产品或服务的方式等。③

总结一下,20 世纪 30 至 50 年代,法兰克福学派的单数的"文化工业"认为现代社会中各种文化形式和生活方式都遵循同一种逻辑,文化产业被赋予批判与否定之意;从 20 世纪 60 年代末至 70 年代,伯明翰学派以"大众文化"为核心概念,对法兰克福学派的文化观进行了矫正和拓展。20 世纪 80 年代以后,文化产业从概念之争走向实践层面。如英国政府确立以"文化产业"来促进和规

---

① 金元浦:《重新审视大众文化》,《当代作家评论》2001(1)。

② 汉娜尔·考维恩:《从默认的知识到文化产业》,http://www.lib.hel.fi/ulkkirja/birstonas/index.html.

③ Armand et Michèle, *Histoire des théories de la communication*, Paris:La Decouverte, 1995, pp.69-70.转引自陈卫星:《从"文化工业"到"文化产业"——关于传播政治经济学的一种概念转型》,《国际新闻界》2009(8)。

划城市的建设发展。复数的文化产业(Cultural Industries)对于整合市场资源、提高国家综合实力等方面的巨大价值成为社会共识,被作为国家宏观发展战略之一。从曾经的"俯视、霸权、一元、操纵"变成"平等、竞争、多元、对话"——"文化产业"确立了自身的合法性。

第二章

概念和分类

　　文化产业由于在现实中的广泛性,为学术研究带来了很大的困难。事实上,关于文化产业是否能够成为一个独立学科,抑或只是一个大杂烩式提法;它是有特定的研究对象、明晰的研究边界和研究方法,还是浸润在诸多学科之中而无法限定自身——这些至今都仍在探讨之中。本章会归纳和整理一些已有的重要观点,并尝试提出一点新的见解。

第一节　文　化　产　业

一、诸种定义和包含门类

　　文化产业随着合法性地位的获得和飞速发展,与其相关的一系列概念也应运而生,这也昭示着该领域理论进入了专业化、系统化的研究。由于界定的角度不一样,世界各国对"文化产业"这一名词并没有一个统一的说法。

(一)联合国教科文组织的"文化产业"定义

　　联合国教科文组织把文化产业描述为:"Industries that combine the creation, production and commercialisation of contents which are intangible and cultural in nature;these contents are typically protected by copyright and they can take the form of goods or services."①

　　很多文献对于该英文定义的翻译是:"结合创造、生产与商品化等方式,运用本质是无形的文化内容。这些内容基本上受到著作权的保障,其形式可以是货品或服务。"这个译法没有突出"Industries"这个中心词,该词强调了"产业"的复数性(企业群),即企业通过分工、联合进行文化创意、生产和销售的业态。此外,"Contents"的翻译也不够准确。因此,本书对该定义的翻译是:文化产业是对本质上是无形的、文化的"内容"进行创造、生产及商业化销售的联合体(企业

---

　　① 参见联合国教科文组织网站:http:www.unesco.org/culture/industries/.

群）。这些"内容"通常受到知识产权的保护，其最终产品形式可以是货品或服务。

在1980年召开的蒙特利尔专家会议上，联合国教科文组织对"文化产业"作了进一步说明："一般说来，文化产业形成的条件是，文化产品和服务在产业和商业流水线上被生产、再生产、储存或者分销。也就是说，规模庞大并且同时配合着经济考虑。"以上述定义为基础，联合国教科文组织在1986年制定、1993年修订的文化产业分类标准为文化遗产、出版印刷业、著作文献、音乐、表演艺术、视觉艺术、音频媒体、视听媒体、社会文化活动、体育和游戏、环境与自然等10大类。①

（二）英国政府及学者对文化产业的描述

英国政府以就业人数多、产值大或潜力大、创新性强三个原则来看待和划定文化产业，认为该产业包括：软件开发、出版、广告、电影、电视、广播、设计、视觉艺术、工艺制造、博物馆、音乐、流行行业以及表演艺术等13项子产业。英国媒介学者尼古拉斯·加纳姆（Nicholas Garnham）提出的定义是："文化产业指那些使用同类生产和组织模式如工业化的大企业的社会机构，这些机构生产和传播文化产品和文化服务。如报纸、期刊和书籍的出版部门、影像公司、音乐出版部门、商业性体育机构等等。"②英国曼彻斯特大学大众文化研究所执行主任贾斯廷·奥康纳（Justin O'Connor）认为："文化产业是指以经营符号性商品为主的那些活动，这些商品的基本经济价值源自于它们的文化价值。它首先包括了我们称之为'传统的'文化产业——广播、电视、出版、唱片、设计、建筑、新媒体——和'传统艺术'——视觉艺术、手工艺、剧院、音乐厅、音乐会、演出、博物馆和画廊。"③

（三）澳大利亚对文化产业的划分

在澳大利亚，文化产业的概念被理解得十分宽泛。澳大利亚文化部长委员会按照联合国教科文组织的标准将澳大利亚的文化产业（包括娱乐业）划分为四大类：遗产类、艺术类、体育和健身娱乐类、其他文化娱乐类。

澳大利亚塔斯马尼亚州文化产业委员会在为本州的文化产业规划未来时认为："从流行艺术——诸如主流电视剧、电影及音乐家——到曲高和寡的各类艺术都包括在文化产业的范围内。虽然不同种类的艺术创造具有不同层面的吸引

---

① 参见联合国教科文组织网站：http：www. unesco. org/culture/industries/.

② 参见汉娜尔·考维恩：《从默认的知识到文化产业》，http：//www. lib. hel. fi/ulkkirja/birstonas/index. html.苑捷：《当代西方文化产业理论研究概述》，《马克思主义与现实》2004（1）。

③ 贾斯廷·奥康纳：《欧洲的文化产业和文化政策》，http：//www. mmu. ac. uk/h-ss/mipc/iciss/reports/.

力,但难以计数的联系及各类艺术的各个方面都在支持并加强着彼此的发展。"①该委员会对文化产业的范畴进行了界定:包括音乐、戏剧、舞蹈、视觉艺术、文学艺术、设计、手工艺制作、艺术教育、出版、电影、影像艺术、艺术管理、绘画设计、节日庆典、博物馆、土著及当地的居民艺术及其手工制作、社区及年轻人的艺术作品。该委员会同时认为,文化产业还包括上述行业的创作人员和艺术服务人员,也不排除新兴媒体的出现,但委员会把图书馆和建筑业排除在文化产业的范畴之外,理由是这两个行业不计入艺术产业的审计部分。

澳大利亚经济学家大卫·索斯比(David Throsby)在《经济与文化》一书中用同心圆对文化产业的行业范畴进行划分:音乐、舞蹈、戏剧、文学、视觉艺术、工艺等创造性艺术处于这一同心圆的核心,并向外辐射;环绕这一核心的是那些既具有上述文化产业的特征同时也生产其他非文化性商品与服务的行业,包括电影、电视、广播、报刊和书籍等;处于这一同心圆最外围的则是那些有时候具有文化内容的行业,包括建筑、广告、观光等。②

(四)加拿大和美国的描述

加拿大遗产部在其职能框架中对加拿大的文化产业作了如下概述:"文化产业包括以国家社会、经济及文化为主题的出版、广播、电影、电视、图书、杂志、音像等在内的印刷、生产、制作、广告及发行;包括表演艺术、视觉艺术、博物馆、图书馆、档案馆、书店、文具用品商店等在内的服务",以后又在其中增加了"信息网络、多媒体等内容"。③

美国虽然没有文化产业的官方界定,但它是目前世界上文化产业最发达的国家。就行业范围而言,美国的文化产业主要包括了文化艺术业(含表演艺术、艺术博物馆)、影视业、图书业和音乐唱片业。美国政府以版权分类为标准划分文化产业为核心版权产业、交叉版权产业、部分版权产业和边缘版权产业四类。核心版权产业所涉及的文化产业包括:出版与文学;音乐、剧场制作、歌剧;电影与录像;广播电视;摄影;软件与数据库;视觉艺术与绘画艺术;广告服务等。交叉版权产业所涉及的文化产业包括:电视机、CD 机、DVD 和游戏设备等生产部门。部分版权产业所涉及的文化产业包括:服装、珠宝、家具等生产部门,以及博物馆和历史名胜。边缘版权产业所涉及的文化产业包括:为发行版权产品的交通和物流行业,网络出版与传播,电信与互联网服务等。

---

① 澳大利亚塔斯马尼亚州文化产业委员会:《塔斯马尼亚州的产业计划》,参见澳大利亚塔斯马尼亚州网站:http://www.tasmaniatogether.tas.gov.au.

② 转引自苑捷:《当代西方文化产业理论研究概述》,《马克思主义与现实》2004(1)。

③ 戴茸、王晓山:《加拿大的多元文化政策及文化产业管理》,载江蓝生、谢绳武:《中国文化产业发展报告(2001—2002)》,社会科学文献出版社2002年版,第213页。

二、文化产业的范围限定

(一) 文化产业的身份限定

通过前面的论述,我们可以得出:

(1) 文化产业是一个产业,参与主体除了创作者和群体之外,也要有众多企业共同形成的产业链和产业群。

(2) 精神性、创新式、审美化及娱乐化的文化资源和产品内容,既是文化产业的源动力和基础,也指向它的市场需求。

(3) 文化产业的规律要受经济规律与文艺规律的双重支配。

根据上述三个要点,我们囊括文化产业所涉门类时不宜宽泛。三百六十行,行行技艺到达高级、精美、哲学的层面后,都会包含艺术设计灵感和形式,其成果带给人们美的享受,但这并不意味着要把三百六十行都纳入文化产业。区分一个行业(企业和产品)是否完全属于文化产业要看以下两个标准:

第一,该行业的企业群是否以艺术创新、创意工作者的工作、文化性资源的创新挖掘为"源动力"和"核心"。换言之,如果创意不在或是版权不授予,则整个生产无法启动,价值无法生成,企业联合体、产业链将解散。

第二,最终产品形式所承载和展现的精神价值(美学价值、文化价值、历史价值、娱乐价值)远大于实体价值(如影片内容的价值远大于胶片和硬盘的价值)。受众消费该产品所获得的美学体验和文化感受远大于产品物理实用价值。换句话说,如果产品的实用功效远大于其美学和文化意义,则不应属于文化产业。

因此,工业设计产品(如建筑、家具、服装、箱包、珠宝、电子产品的设计),还有餐饮、体育等行业,它们都有一定的创意元素和美学价值,但只能说是与文化产业交叉,而不应归入文化产业,而且体育运动普遍存在输赢、名次之争,但文艺创作并非如此;教育行业(如学校、培训机构、教材出版、远程教育等)包涵艺术、文化、文化产业的内容和科目,但其行业性质和范围都与文化产业存在较大差异;如果说文化旅游、主题公园属于文化产业的话,也强调的是其先导性的文化遗产资源开发、创意和规划的环节,而地皮、基建则与文化产业相去甚远。文化旅游、休闲、游乐场、主题公园行业更准确地说,应是与文化产业、建筑设计、工业设计、土地规划以及房地产业等紧密结合的产业。

随着文化艺术和社会工业化程度的发展,特别是技术的不断进步,艺术与技术结合出来的产品将越发花样翻新。所以,一个又一个新的门类和产品将不断地被纳入文化产业范围之中。而划分标准的不同导致了众说纷纭。由于一些文化行业跨领域经营,因此像"广告、影视、动漫、演艺、文化遗产等"这样的分类,存在过多的重叠。

（二）文化产业的分类

从文化艺术内容的载体和媒介的角度,文化产业的范围及所涉门类可分为:

（1）纸质类:图书、期刊、报纸、美术绘画等。

（2）电子和数字类:影视、音乐、动画、网络游戏等。

（3）现场表演、游览和体验类:戏剧、舞蹈、音乐等演出;博物馆、展览馆和露天场地的各种展览;文化节事活动、文化旅游（开发和创意部分）等。

（4）文物和手工艺品类:文物、古玩、雕塑、雕刻以及其他民间手工艺品和收藏品等。

（5）管理、经纪服务行业:文化产业的政府职能部门、版权机构、拍卖部门、文化艺术经纪人和经纪公司等。

要说明的是,这种分类方法是为了突出媒介对文化产业呈现的重要作用,但某一具体的文化行业会涉及多种媒介。如音乐、广告、文化遗产、会展等。所以,把握文化产业概念范围的限定标准,比刻意地进行内部分类更为重要。

第二节　内容产业和创意产业

"内容产业"和"创意产业"的提法诞生于信息化技术、经济全球化所带来的"新经济",是比"文化产业"更"时尚"的概念。

一、内容产业

（一）内容产业的定义及其产生背景

"内容产业"最早被称为"信息·内容产业",这一提法最早是在1995年"西方七国信息会议"上首先出现的。1996年,欧盟《Info2000计划》首先对"信息·内容产业"进行了界定:

The information content industry at large is composed of those enterprises involved in information content production, development, packaging and distribution.

如果简化掉"信息"二字,内容产业可以定义为"制造、开发、包装和销售信息产品及其服务的企业"。该报告对"内容"的进一步解释是:内容特指计算机数据、文字、声音、图像,或是多媒体综合的内容,它们的呈现方式是纸质、胶片、磁带、光学等各种存储载体上的模拟格式或数字格式。[①]

1997年,美国沿用多年的"标准产业分类"（SIC）被新的"北美产业分类标

---

① 欧盟《Info2000 计划》报告:"*The term 'content' is used in the programme to refer to data, text, sound, images or multimedia combinations thereof, which are represented in analogue or digital format on a variety of carriers such as paper, microfilm, magnetic or optical storage.*" 参见 http://ec.europa.eu。

准"(NACIS)所替代,新分类系统设立了一个全新的产业——信息业。该信息业包含了出版业(包括软件出版)、电影和录音业、广播和传播业、信息服务和数据处理服务业,这一新的产业即是"内容产业"。① 1998 年,经济合作与发展组织(OECD)发布《作为新增长产业的内容》报告,其中把内容产业界定为"由主要生产内容的信息和娱乐业所提供的新型服务产业",具体包括出版和印刷、音乐和电影、广播和影视传播等产业部门。② 该报告进一步把"内容"划分为两类:一类是传统的视听和音乐内容,以"一对多"形式由单一生产者向众多受众传播;另一类综合了数字文本、资料、视听内容等多媒体服务,通过 CD 播放器或互联网传送。

通过以上描述,我们看到"内容产业"是伴随着信息技术的发达而凸显出来的,内容产业是信息的数字化,它常常被称为"数字内容产业"。我国学者赵子忠把内容产业定义为"依托内容产品数据库,自由利用各种数字化渠道的软件和硬件,通过多种数字化终端,向消费者提供多层次的、多类型的内容产品的企业群"。③ 还有学者将内容产业定义为依托先进的信息基础设施与各类信息产品行销渠道,向用户提供数字化图像、字符、影像、语音等信息产品与服务的新兴产业类型,它包括软件、信息化教育、动画、媒体出版、数字音响、数字电视、电子游戏等产品与服务,是智力密集型的、高附加值的新兴产业。有一些文献直接提出了"数字内容产业"的理念,将其定义为"将文字、图形、影像、音乐、语音等信息加以数字化并整合应用之技术、产品或服务"。④ 我国台湾地区命名为"数位内容产业",指将图像、字符、影像、语音等资料加以数字化并整合运用的技术、产品或服务(不含硬件)。

但事实上,自文化产业伊始,内容就是不可或缺的"质料"。只是不同时代带给这些"质料"不同的载体和生产方式,其艺术形式会随之产生一定的变化。比如在日本,20 世纪 50 年代至 60 年代是电影业的成熟时期,70 年代后电影业逐渐没落,代之兴起的是电视业。80 年代末至 90 年代前半期,是早期电视业的兴盛时期,电视剧与综合性娱乐节目大行其道。90 年代中期电视游戏软件业兴盛。从 90 年代后半期至今,在数字技术和全球网络的推动下,兴起了有线和无线信息产业,电视媒介由模拟向数字转化,固定终端向移动终端转化,内容产业进入了数字化时代。短信、手机增值服务、在线视频、网络游戏、VOD 点播、音

　　① 唐鹃、缪其浩:《信息资源建设和内容产业》,《情报学报》2001(4)。
　　② See OECD, Content As a New Growth Industry, DSTI/ ICCP/ IE(96)6/FINAL,1998.转引自李晓玲、李会明:《内容产业的产生及其影响》,《现代国际关系》2003(5)。
　　③ 赵子忠:《内容产业论》,中国传媒大学出版社 2005 年版,第 14 页。
　　④ 本刊编辑:《数字化内容产业的发展》,《电子产品世界》2003(9)。

乐和视频下载等都属于新兴的数字化内容产业。互联网是数字内容产品制作、传播的最大载体。与此同步,节目内容也体现出网络时代的特点。内容产业以强力的发展支持了新经济的复苏。如网络游戏行业迅猛发展,很快与传统的电影、电视和音乐产业等并驾齐驱成为全球最重要的娱乐产业之一。可见,传统的书籍报刊的内容、影视节目、音乐曲目(曲库)等也可以纳入广义的内容产业之中。而在信息化社会提出内容产业的概念是为了把握数字信息技术为文化产业提供的绝佳发展机遇,体现"数字化"对各类内容的强大融合力和传播力。

(二)内容产业的范围

对于"内容"的分类,经济合作与发展组织将其划分为两大类,每个类目中还包含若干小类,还有一些学者直接将其分为:移动通信服务、网络服务、游戏软件等若干类,见表 2-1:①

表 2-1　内容产业的分类

经济合作与发展组织的分类		学者分类
传统试听和音乐内容	电视节目	移动通信服务
	印刷品内容	网络服务
	广播内容	游戏软件
	音乐磁带	二维/三维动画
	其他	数字内容软件
		数字视听服务
新媒体	网络传送	数字学习
	CD 传送	其他

1996 年美国雪城大学(Syracuse University)内容产业专门研究小组将内容产业主要分为两部分:产品和服务。1997 年,在北美产业分类标准 NAICS 中,对内容产业进行了划分,认为它包括出版业(包括软件出版)、电影和录音业、广播和传播业、信息服务和数据处理服务业。1998 年在欧洲电子出版研讨欧洲委员会一份题为《内容的挑战——电子出版和新的内容产业》的研究报告中,提出了详细的内容产业结构。国内学者秦丽洁结合上述体系划定方式进行了修正,并提出了一个总结性的表格,如表 2-2:②

---

① 转引自秦丽洁:《我国内容产业运营规律分析》,硕士学位论文,天津师范大学,2005 年。
② 秦丽洁:《我国内容产业运营规律分析》,硕士学位论文,天津师范大学,2005 年。

表 2-2　内容产业的结构

雪城大学内容产业专门研究小组(1996)	北美产业分类标准 NAICS（1997）	欧洲电子出版研讨欧洲委员会（1998）	新分类体系（2004）	
出版业	出版业（包括软件出版）	公司出版	出版业（含电子出版业和软件出版）	
新闻网				
报业		印刷市场		
期刊				
电子出版业				
游戏软件		软件		
电视 & 有线电视	广播和传播业	电视和无线电		电视广播业
数字电视			音像传播	
电影和录像带	电影和录音业	电影和录像带		影音发行业
录制的音乐				
Webzines				
视频 CD		CD&CD-ROM		
在线数据库	信息服务和数据处理服务业	IT 服务	数据库服务业（含图书馆、网络数据库）	
信息提供商的电子内容				
在线服务和附加值网络			信息处理业（搜索引擎、信息咨询）	
搜索引擎				
内容产业推动技术			游戏业	
视频游戏				
互联网服务		无限通信设备	网络服务业（电子邮件服务等）	
其他		办公设备	移动信息服务业	
			广告业	

还有学者从数字化出发,提出内容产业包括数字游戏、数字音乐(数字音频广播、卫星广播、在线音乐)、数字动漫、数字电视、数字电影、数字出版、数字广

告、数字图书馆、数字教育等内容。①

二、创意产业

"创意产业"的渊源可以追溯到德国经济学家熊彼得(Joseph Alois Schumpeter),他在1912年指出资本和劳动力已不再是现代经济发展的根本动力,以知识、信息的生产、传播、使用的创新工作已经成为新的核心驱动力。熊彼得的创新思维对以后的学术研究影响深远。美国经济学家保罗·M. 罗默(Paul M. Romer)认为:"新创意会衍生出无穷多的新产品、市场和财富创造的机会,所以创意才是推动一国经济增长的新动力。"②

(一) 创意产业的定义

20世纪90年代中后期,英国最早从国家政府层面提出"创意产业"(Creative Industries)的名称。1997年工党赢得大选后组成的布莱尔政府成立了"文化、媒体和体育部"(Department for Culture,Media and Sport,简称DCMS),内设"创意产业工作组"(Creative Industries Task Force,简称CITF),工作组于1998年11月提出了第一份《创意产业路径文件》(Creative Industries Mapping Document),第一次明确界定了"创意产业"的概念:

Those activities which have their origin in individual creativity, skill and talent and which have a potential for wealth and job creation through the generation and exploitation of intellectual property.

它可以翻译为:"源于个体创造力、技能和才华的活动,而通过知识产权的生成和取用,这些活动可以发挥创造财富和就业的潜力。"③

DCMS接着列出了创意产业分类,包括广告(Advertising)、建筑(Architecture)、艺术和古董市场(Art and Antiques market)、手工艺(Crafts)、设计(Design)、时尚设计(Designer Fashion)、电影和视频(Film and Video)、互动休闲软件(Interactive leisure software)、音乐(Music)、表演艺术(Performing Arts)、出版(Publishing)、电视和广播(Television and Radio)和软件和计算机服务(Software and Computer Services)等13个部门。

人们感兴趣的应是思想,而不是信息。创意产业的提法相对于内容产业更

---

① 刘卓军、周城雄:《中国数字内容产业的创新模式分析》,《中国软科学》2007(6)。

② Paul M. Romer, *Endogenous Technological Growth*, The Journal of Political Economy, October. 1990.转引自黄志锋:《创意产业理论研究综述》,《重庆社会科学》2010(5)。

③ See *Creative Industries Mapping Document prepared for the DCMS Creative Industries Task Force*, Oct 1998.http://www.culture.gov.uk.英国的DCMS现已改为"文化、奥林匹克、媒体和体育部"(Department for Culture,Olympics,Media and Sport)。另,一些国内教材或论文将"创意产业"最早提出时间表述为2000年,系错误。

具有人文色彩。正如美国创意经济学者理查德·E.凯夫斯(Richard E. Caves)所描述的:"创意产业提供我们宽泛地与文化的、艺术的或仅仅是娱乐的价值相联系的产品和服务。"①被大众媒体称为"创意经济之父"的英国学者约翰·霍金斯(John Howkins)用感性的话语描绘了信息时代(内容产业)已经让位于更具挑战性的现实:"如果我只是数据中的一个比特,我将为自己生活在信息社会而深感自豪。但是,作为一个有思想、有感情、有创造精神的存在(Being)——尤其是心情愉快的一天——我还想要一些更美好的东西。我们需要信息,但是我们还需要积极主动、明智地、持久地去挑战信息。我们需要有原创性、需要去怀疑,去争辩,很多情况下,不能心慈手软,还得时不时地对事物持断然否定的态度。总而言之,我们应具有创造性。"②

一个创意能开拓一个新形式,并进而成为一个产品和创建一个产业。而无形的"idea"如果没有知识产权的保护,其创新产品就丧失了市场独占性和竞争力,造成生产企业乃至整个产业的活力下降直至萎缩。约翰·霍金斯直接把版权、专利、商标、设计四个行业称为"创意产业"。他指出上述四个产业的共同特性是拥有无形的、受法律保护、能产生经济价值的知识产权。③ 他认为,知识产权法的每一形式都有庞大的工业与之相应,加在一起这四种工业就组成了创造性产业和创造性经济。在这个定义上,创意产业组成了资本主义经济中非常庞大的部门。有版权的产品(书籍、电影、音乐)带来的出口收入超过了像汽车、服装等制造业。可见,霍金斯更加强调知识产权是文化创意产业的权益保障和孵化基础。

(二)创意产业与传统行业的关系

创意产业是以创造性为立足之本的产业。约翰·霍金斯认为创意产业就是一切利用人脑的创造力去创造财富和就业的产业。由于"创意"可以渗透到许多产业部门,所以创意产业很难从传统产业类型中完全分离出来。创意产业与传统的三大产业之间均有交叉,它更侧重于对创意的尊崇和对创新人才的培养和使用,侧重于知识、文化、新技术的聚集以及知识产权的保护,通过创意思维实现产业融合和增值,因此创意产业是无边界产业。如国内文化产业学者李芳绘图所示(图2-1):

---

① 理查德·E.凯夫斯:《创意产业经济学——艺术的商业之道》,孙绯等译,新华出版社2004年版,第3页。

② 转引自约翰·哈特利:《创意产业读本》,曹书乐、包建女、李慧译,清华大学出版社2007年版,第1页。

③ 参见约翰·霍金斯:《创意经济——如何点石成金》,洪庆福等译,上海三联书店2006年版,第5—7页。

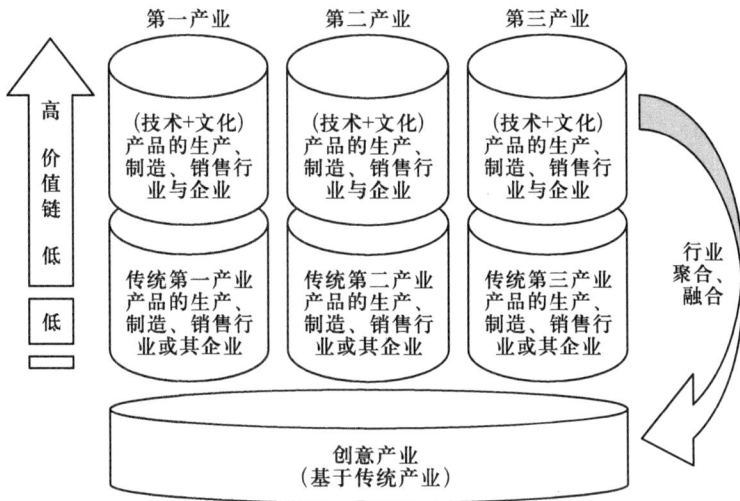

图 2-1　创意产业与传统行业

如同英国政府把建筑设计、软件设计纳入到创意产业之中,李芳也提出创意产业大致可以包括科学、工程和技术领域的开发和研究、音像业、报业、出版业、广播业、电影电视业、动漫业、文艺演出业、软件及计算机服务业、互联网业、旅游业、艺术品及古玩市场、建筑艺术业、公共文化服务业、体育娱乐业、广告业等。[①]

三、文化产业、内容产业、创意产业的关系

随着文化产业、内容产业、创意产业的提出,三个概念的关系成为讨论的议题。

(一) 从文化产业到内容产业

如上文所讲,"内容"与"渠道"相对应。内容产业包括内容的创意方,还要包括从事内容制作、加工、复制的企业群。从传统意义上说,内容可以简单比喻为"管子流动里的(电视)节目"。数字时代的来临,使得包括文化艺术在内的各类信息的生产、复制及传播能力得到空前提高。一方面,"内容"摆脱了技术和载体的制约,海量信息进行大范围的整合并逐渐精细化、分类化、规模化,由此获得相对的独立市场地位;另一方面,日趋丰富的媒介渠道和平台满足了受众多元化、个性化的需求,也引发了内容的数字化消费的巨大缺口。在这两个背景下,内容产业被提出来。

可以说信息技术和信息资源是内容产业与文化产业的交汇点。内容产业的

---

①　李芳:《创意产业发展的经济学分析》,硕士学位论文,东北财经大学,2007 年。

宽泛含义是指一切采用多媒体技术,将图像、文字、音频、视频信号数字化之后的产品或者服务。因此它所涉及的产业也漫延至文化产业之外,如与文化艺术距离较远的科学、工业、教育等信息数据内容,不能算做文化内容产业。另外,内容产业需要通信、计算机等其他行业的紧密合作。

(二)从文化产业到创意产业

英国工党在赢得 1997 年大选胜利以前,其相关文件中一直都使用"文化产业"这个概念。但在该党上台之后,"文化产业"提法就被"创意产业"所代替。从 1997 年到 2010 年,连续四届执政的英国工党政府一直采取积极的文化政策,认为"创意产业"是一个"统一的""民主化"的概念,可以将"高雅"的精英文化与"低俗"的大众文化联结起来,将公共的艺术与商业化的艺术联结起来,因此提供了一个文化产品的整体分析视角。我们从这些政策和措施可以明显看出伯明翰学派大众文化研究的色彩,它们划定了英国商业部、产业部和文化部各自对于文化的管理职责,加大力度鼓励了国民的创意,以期占据文化产业链的高地。

澳大利亚文化产业学者斯图亚特·坎宁安(Stuart Cunningham)认为:"与文化产业相比,创意产业正在试图描绘出一个历史性的变化,即从被资助的'公共艺术'和广播时代的媒体转变为对创意的新的和更广泛的应用。'创意产业'捕捉到大量'新经济'企业的动态,这是诸如'艺术''媒体'和'文化产业'等词汇所无法做到的。'创意产业'就其本质来说可以被认为是新经济的重要元素。"[①]国内有学者认为创意产业是对文化产业的细化和深化,或者说是一种超越:"从创意产业与文化产业的关系看,创意产业脱胎于文化产业,某种意义上可以说是艺术生产的一种业态……在价值链的连接中,创意产业始终处于文化产业的上游。"[②]

可以看出,当数字技术用"复制"解放了内容的传播力之后,内容产品的新颖和独特性又成为获得竞争优势的决定性因素。如果从创新的观念来讲,创意产业的外延大于文化产业,因为创意已经进入经济的各个环节,遍布科学和文化领域,约翰·霍金斯认为将"创意经济"一词仅限于艺术和文化产业而把科学及专利产业拒之门外,这种将科学和艺术隔开的历史传统是令人遗憾的。[③]——但这也意味着一些创意产业(建筑、环境、机器、软件的设计)不属于文化产业;

---

① 斯图亚特·坎宁安:《从文化产业到创意产业:理论、产业和政策的涵义》,参见 http://creativeindustries. qut. edu. au/research/cirac/documents/.

② 荣跃明:《超越文化产业:创意产业的本质与特征》,《毛泽东邓小平理论研究》2004(5)。

③ 参见约翰·霍金斯:《创意经济——如何点石成金》,洪庆福等译,上海三联书店 2006 年版,第 5—7 页。

如果从文化产业全局看,一些针对于文化遗产、历史资源的经营,以及博物馆和图书馆行业——这些范畴不在狭义的、顶端的创意产业之列。并且,创意产业更多强调个体的创造性智力和才能所产生的知识产权和货币财富,而文化产业除了个体之外,还产生和传递着一个国家、民族和地域的文化财富和社会财富。

综合前文论述,可以发现,文化产业、内容产业及创意产业体现了一个历史演变过程,三者存在交集。对于本书来讲,与其在三个名词的范围上进行过多讨论,不如把三个概念都限定在"文化"之内进行讨论。如果说文化产业构成了创意、生产、传播和销售、消费四个阶段,那么三个概念在这个链条的侧重点如表2-3所示:

表2-3　文化产业、内容产业、创意产业的比较

三个概念	阶段 Ⅰ	阶段 Ⅱ	阶段 Ⅲ	阶段 Ⅳ
	作品	产品	商品	消费品
	构思、创意、策划、创作	生产、制作、加工、复制	包装、传播、发行、销售	消费、体验、反馈
文化产业				
内容产业				
创意产业				

（1）文化工业变成文化产业之后,就成为一个"总概念",涵盖所有阶段,并且相对其他两个概念来说,文化产业更强调大批量工业化制作、复制和营销,即产业化。[①]

（2）随着技术进步和专业化分工,内容产业偏于指涉阶段Ⅱ,即作品的生产、加工、整理和拥有。当然有的企业是创作与制作一体化,即囊括阶段Ⅰ加阶段Ⅱ。

（3）创意产业则进一步突出了阶段Ⅰ的先导驱动价值和版权经济财富。

在文化产业范畴之下来思考各概念的联系,对于研究产业结构升级、企业竞争和整合,以及创意孵化环境这些议题更具有意义。

[①]　例如学者章建刚将文化产业直接界定为"应用复制技术完成文化传播的商业活动的总和",他认为文化企业通常不直接进行文化作品原创,而是通过知识产权交易购入作品(即原作,Work)的复制权或开发权,然后经过复制加工形成产品(即商品,Goods and Services)出售。参见章建刚:《文化产业,抑或创意产业?——概念与政策趋向的差异》,《学术探索》2009(5)。

第三节　公益性文化和文化事业

文化事业与文化产业是一对基本矛盾,二者的对立统一关系反映了政府与市场、公益与商业的双轨体制。

一、公共物品和准公共物品

(一)公共物品和外部性

1. 外部性

外部性又称作"溢出效应",指在实际经济活动中,生产者或者消费者的活动对其他生产者或消费者带来的非市场性(不收费或不赔偿)的影响。这种影响可能是有益的,也可能是有害的。有益的影响被称为外部效益、外部经济性或正外部性,比如自家修缮一个鸟语花香的花园,也可以让邻居受益。再比如养蜂人的到来增加了果园的产量,反过来果园的丰收和扩大又会增加养蜂人的收益;有害的影响被称为外部成本、外部不经济性或负外部性,如一个住户放高分贝的音乐有可能被邻居认为是噪声。一个工厂因为生产排放污染了水源,对河中的鱼类和下游的居民都造成了损害。

2. 私人物品和公共物品

一般情况下,我们认为消费有两个属性,即排他性和竞争性。

所谓排他性,意指某个消费者在购买并得到一种商品的消费权之后,就可以把其他消费者排斥在获得该商品的利益之外;所谓竞争性,意指增加一个消费者,需要减少任何其他消费者对这种产品的消费份额和机会,同时消费者或消费数量的增加也会引起商品的生产或维护总成本的增加。排他性是针对于收益来讲的,竞争性是针对于消费来讲的。

如果预设产品数量相对消费者是有限的,那么,具备竞争性及排他性的消费物品被称为私人物品。如我们生活中绝大多数付费使用的物品、服务和资源。

如果预设产品数量相对消费者是无限的,那么,没有竞争性和排他性的物品被称为(纯)公共物品,如社会公众可以共享的产品、服务或资源,如空气、海洋、国防以及公路、桥梁等公共基础设施。公共产品的"非排他性"是指不管人们是否付费,都不能排除他们对该产品的消费。公共产品的"非竞争性"是指某人对该物品的消费量并不影响他人对该产品的消费量。

理论上,文化产品具有公共物品的先天特征。首先,很多文化产品不具有排他性:"无形传播"使它让大众轻易地分享和消费。其次,文化产品也往往不存在竞争性,这包含两方面的含义:第一,增加一个消费者对于供给者来说,带来的生产成本增量非常小,甚至趋于零。第二,每个消费者消费该文化产品都不影响其他消费者的消费数量和质量,不存在消费拥挤现象。所以,文化产品体现了很强的外部性。

(二)准公共物品

在现实生活中,存在着大量只具备竞争性和排他性其中一种属性的消费物品,被称为准公共物品。

(1)只具备竞争性,不具备排他性:即数量有限,但是在却无法有效地排他消费(如收费独占),所以在使用时会出现拥挤及过度使用的情况,有竞争的情况发生。这类准公共物品也被称为"共同资源",如公共浴池、公共池塘,以及垃圾处理站、孤儿院、养老院等社会福利行业。

(2)只具备排他性,不具备竞争性:这类物品可容纳的消费者数量极大,并且有可能消费者越多,该产品效用越大,但是个人的利益可以轻易做到排他(如收费独占),也叫"俱乐部产品"。如教育、医疗、保险、收费有线电视等,高速公路在未达到拥挤饱和状态时也只具有排他性(收费)。

二、公益性文化与经营性文化

(一)公益性文化的概念和分类

所谓公益性文化,是指在一个国家或社会中,以大众为主体,以满足社会基本的、共同的文化需要为目标,不以营利为目的,着眼于提高全体公众的文化素质和文化水平的文化形态。它既提供给公众最基本的文化精神享受,也保证和维持社会生存发展所必需的文化基础和条件。

现代社会的公益性文化,主要有以下基本内容或活动形式:

(1)公共图书馆。

(2)博物馆和纪念馆。

(3)政府或民间的各种公益文化组织活动。

(二)公益性文化的特点和职能

1. 公共物品和非营利性

公益性文化产品和设施具有一定的公共物品特征,即非排他性和非竞争性,因而不能按市场化运作机制来组织生产和消费,而是要依靠国家、政府和社会组织投入大量的资金(拨款或资助)、制定相关政策予以扶持和进行规划。政府、非营利公益组织以及做慈善的企业,要具有服务社会大众的使命感和责任感,努力实现文化产品的社会效益最大化。

2. 道德、审美、知识的普及和教育

公益性文化的开展是一种公共服务,它要面向大众进行各种基础知识的科普和教育工作,也要从人生价值、美学、伦理等方面对人们进行关怀和陶冶,进而构成一个积极良好的社会文化氛围。由于面向的是教育知识水平参差不齐的受众,因此"寓教于乐""化繁为简"是公益性文化开展的有效方式。

3. 历史文化的传承

公益性文化所蕴含的思想、知识、精神、审美和道德,会转化为人们的共同的思想观念和行为方式。公益性文化所形成的社会风气和文化习俗会让一个人从小耳濡目染,从而培养一代代人的归属感和认同感,这种历史文化的传承具有相对独立性,不会随着经济基础和政治体制的变化而立即发生变化。因而公益性文化得以保存和流传。

4. 意识形态的属性

由于公益性文化多由政府倡导和组织,它必定带有官方意识形态色彩。公益性文化是对经济基础及其相应的上层建筑的自觉反映,体现了社会统治阶层和集团的意志和要求。公益性文化产品在提供教育、娱乐等功能的同时,还传递着特定的思想文化主张、价值观和民族观,起到解释政治制度和组织的合法性,维护社会秩序稳定的作用。

(三)经营性文化

在保证公众基本文化需求的基础上,社会还要提供差别化的文化消费。这就是经营性文化,即以满足一定的群体或个人的文化消费需要为主要目标,具有较明显的商品属性和营利目的,形成了相关市场的文化形态。相对于公益性文化,经营性文化具有消费性、多样性、娱乐性的特征,体现更多的私人物品特征。首先,产权关系决定着经营性文化产品的所有权,产权所有者拥有自己享用的权利,并且在使用过程中,能够将他人排除在外(但这并不意味着此产品全世界独此一份);另外,随着消费某类文化产品人数的增加,该类文化产品的整体成本和经济收益也相应地增加。因此,这类产品适合于市场运作。公益性文化对应文化事业,经营性文化对应文化产业。

三、文化事业与文化产业的关系

文化事业是在我国国情和文化体制下出现的概念,长期以来,我国的文化与政治意识形态密切相关,文化行业基本上被作为一种行政事业来认识和对待。因此,文化事业是我国政治经济体制当中存在的文化事业单位的集合名词。文化事业单位,是指由文化行政部门来领导,以公益性文化建设为内容,从事研究创作、精神产品生产和文化公共服务的组织机构。1984 年,《关于国务院各部门直属事业单位编制管理试行办法(讨论稿)》中规定:"凡是为国家创造或者改善生产条件,从事为国民经济、人民文化生活、增进社会福利等项服务活动,不是以为国家积累资金为直接目的的单位,可定义为事业单位,使用事业单位编制。"可见,历史上我国对于文化事业主要是从经费来源和编制管理的角度来界定的。

文化事业是指以继承和弘扬优秀传统文化,吸收和同化优秀他者文化,丰富和提高人们的审美水平、思想觉悟、道德素养和才智能力,纯化和优化社会风气、生产秩序、行为规范与价值取向,并以能给人的全面发展和社会的全面进步提供精神动力与智力支持为目的的文化建设。

文化产业与文化事业的区别在于主体、目标取向、职能、运作方式、资金来源和组织形式不同。但是双方又互相依赖、渗透、转化和促进,主要表现在以下几个方面:

1. 单位的体制具有二重属性

许多文化行业和领域既有公益性,又有产业属性。传媒业就是如此。频道、频率、报刊号以及卫星资源等,是国家的公共性战略资源,在我国及很多国家都作为社会公器,具有很强的公益性和意识形态属性;但它们又具有产业属性,可以通过市场化经营运作产生经济效益。电视节目可以实行制播分离,报刊可以编发分开,一些演艺团体和剧院也可以股份化、公司化运作,鼓励社会参与,允许社会资本进入。同样,文化企业中也会有事业的内容,如生产和传播具有社会公益、思想宣传和科学普及功能的产品。

2. 产品的转化

文化事业和文化产业在一定的条件下会相互转化。回顾世界文化产业的基本发展历程会发现,最初的文化资源和产品往往属于纯粹公共文化品,采用纯粹的事业管理体制。但是,随着人们文化消费需求的上升,有的文化产品逐渐具备了经济价值。同时,现代信息技术和传播手段的发展也拓展了文化产品的市场空间。这样,部分文化事业就转化为产业,文化资源和产品由公共产品向准公共产品转变。

3. 两种效益的要求

政府往往要求文化活动不仅要传播先进文化、弘扬社会正气,还要创造经济价值。同时,经营性文化企业也想在获得利润的同时,赢得良好的社会声誉,塑造企业的文化品牌。这就造成文化事业和文化产业在实践中难以廓清。

一些政府部门或是企业打着公益的旗号来办产业,创收谋利,致使公益性文化事业名存实亡;一些事业单位和国有企业该走向市场却不走,该断粮的不断,总想依赖政府出钱、出力、出路子,形不成真正的产业又垄断了大量资源,对文化体制改革和市场公平竞争造成重重阻力。

四、公益性文化的提供方式

在对公益性文化的认识上,要实现从公共物品到"准公共物品"的转化。准公共物品既非纯公共物品也非纯私人物品,它可通过政府、市场、私人多种方式提供支持,建立一种可靠的、稳定的经费来源机制和制定必要的扶持政策,形成一种文化事业自我发展的新机制。

(一)政府供给模式

政府对文化产品的供给具有自身独特的优势:一是政府拥有政治权力优势,可以节约交易成本和组织成本;二是政府拥有独特的财政货币权力优势;三是文化产品的公益性供给可以明显增加社会福利。如果从"准公共文化产品"的角度来看:

(1)不存在排他性和竞争性、且具有显著外部性的文化产品,私人部门在供给这类文化产品上往往动力不足,需要政府供给。

(2)凡是存在一定竞争性、不具备排他性的文化产品,应以政府供给为主。也就是说,依据现有的技术条件,对于该类物品的供给,很难对不同的消费者进行区分、进行特定的(收费)服务,也很难将免费"搭便车"者排除在外。在这种情况下,私人部门通过市场供给,难以获得合理的回报,从而供给不足,而政府则没有经营压力,可以有效解决供给不足的问题,如对于一些历史文化遗产或文物的保护等。

(3)提供该类文化产品的成本具有特殊性,因此也需要政府供给。如图书馆、博物馆、文化馆、基础理论研究机构等,其文化产品或服务的社会效益很好,但前期投入成本和日常维护成本都较大,而产品的商品价值低于市场价格,甚至是免费提供。因此,不能把它们推向市场。

(二)非营利组织供给模式

在经济学理论中,市场组织私人物品,政府组织公共物品,已作为学科的常识而被广泛接受。但是随着实践的发展,人们意识到政府在提供公共服务时存在诸多限制。非营利组织在这种情况下应运而生。所谓非营利组织,是指具备法人资格、以公共服务为使命、享有免税优待、不以营利为目的、组织盈余不分配给内部成员的机构或组织。它也被称为介于政府和企业之间的"第三部门"。其基本特征包括五大方面:民间性、非营利性、组织性、自治性以及志愿性。

非营利机构并非不能营利,而是不能以营利为目的,所得的营利要严格用于文化事业。可以说,西方的非营利文化组织和我国的公益性文化事业单位在目的上基本是一致的。非营利组织通过广泛的社会捐助和资本注入发展公益性文化,不仅能够减轻政府的财政负担,而且可以扩展公益性文化产品的种类和样式,提供不同质量、不同特点的公共文化产品。另外,还可以扩大那些投资企业、团体和个人的社会知名度,促进社会各界对公益性文化事业的关注。

第三章

符　号

如果以符号为基本形式,借用符号学的一些概念和研究方法来审视文化产业,可能会找到一座连接文化与产业、艺术审美与商业消费的桥梁,本书也试图以此来统摄全篇。

第一节　消费社会和视觉文化

一、消费社会

(一) 消费

什么是消费?传统经济学理论里的"消费"分为生产消费和个人消费。前者指物质资料生产过程中的生产资料和生活劳动的使用和消耗。后者指人们把生产出来的物质资料和精神产品用于满足个人生活需要的行为和过程,是在生产过程以外执行生活职能。

在马克思所划分的商品经济四环节中,生产是中心,是其他三个环节的基础和决定因素。早期的资本主义商品经济主要是进行生产资料的生产以期得到资本的积累,进行扩大再生产。而消费则是生产的附属,生产什么就消费什么。随着科技的发展和管理水平的提高,物质生产更加多样化、丰富化,生产周期不断缩短,劳动人民有了更多的休闲时间。在社会财富增加的同时,人们的生活水平和品质也不断提高,他们不再是为了基本生存而生产,开始更多地为了享受和选择而生产。资本主义不再生产大规模的统一产品,转而生产各个消费群体所需的小规模、小批量的产品,并且随时根据市场行情的变化来调整生产和引导需求。总之,消费取代了生产的中心地位,消费者的权利也日渐凸显(即俗话说的"顾客是上帝")。

第二次世界大战后,西方开始进入以消费为主导的后现代社会。不可否认,消费时代促进了市场竞争,使人们能够更大地发挥创新能力。在享受物质充裕的同时,人们的知识水平、价值观念和生活理念也在发生变化,自由、平等和自我实现的意识深入人心。人的发展进入一个新阶段。但是在另一方面,"消费"对于生理需求的无限满足会导致人的"异化"。从法兰克福的批判视角来看,"消费"是人们购买和使用工业产品用来满足自身生理、精神的低层次欲望,用完即弃;而新的系列产品又源源不绝地供应上来。如快餐店的汉堡、一次性餐具、家庭肥皂剧、网络游戏等。消费的过程难以产生恒久、终极的价值体验,消费者也没有深刻的记忆和思考,逐渐变得被动、麻木和低俗。

(二)欲望消费和消费社会

在现代的"丰裕社会","消费"的内涵要广泛得多,意义也有所不同。人们在生产之外的日常生活中所经历的逛街购物、旅游、饮食、看杂志、看电视等行为都可被视为消费。我们生活在一个围绕商品的生产和消费而组织起来的社会之中,"堆积、丰盛显然是给人印象最深的描写特征。大商店里琳琅满目的罐头食品、服装、食品和烹饪材料,可视为丰盛的基本风景和几何区"。① 美国后现代文化学者杰姆逊(Fredric Jameson)曾经这样描述西方社会:"新的消费类型;人为的商品废弃;时尚和风格的急速变化;广告、电视和媒体以迄今为止无与伦比的方式对社会的全面渗透;城市与乡村、中央与地方的旧有的紧张关系被市郊和普遍的标准化所取代;超级公路庞大网络的发展和驾驶文化的来临 ……"②

第二次世界大战以后,无论是在欧洲还是在美国,"消费社会"这样的称谓已经呼之欲出。1970 年,法国著名社会学家鲍德里亚(Jean Baudrillard)出版了《消费社会》,对包括美国在内的当代西方社会进行了深刻的剖析,从而使"消费社会"的提法广为流传。鲍德里亚指出在消费社会,人们更多的不是对物品的使用价值有所需求,而是对商品所被赋予的符号意义以及符号意义的差异有所需求。如人们买衣服,更多的不是考虑衣服避寒的使用价值,而是购买衣服和品牌所代表的不同的意义、风格、个性及社会地位。由于各种"意义"不断被生产、被制造,消费就变得无止境,成为人类活动的主宰,它构成一个欲望满足的对象系统,人们从消费中获得自我实现。鲍德里亚说:"消费是个神话,也就是说它是当代社会关于自身的一种言说,是我们进行自我表达的方式。"③

消费社会催生了视觉文化、景观社会和符号消费,为文化产业带来了鲜明特征,甚至重新定义了文化产业。

---

① 让·波德里亚:《消费社会》,刘成富、全志钢译,南京大学出版社 2001 年版,第 2 页。波德里亚也被译为鲍德里亚、博德里亚、布希亚。

② 弗雷德里克·杰姆逊:《文化转向》,胡亚敏等译,中国社会科学出版社 2000 年版,第 19 页。

③ 让·波德里亚:《消费社会》,刘成富、全志钢译,南京大学出版社 2001 年版,第 33 页。

二、视觉文化和读图时代

(一)视觉文化

所谓视觉文化,它的基本含义在于"视觉因素,或者说形象或影像占据了我们文化的主导地位"。① 我们周围的文化产品愈发表现出对视觉的冲击,如电影、电视、广告、摄影、动画、印刷物的插图化、各种活动中的大型视觉造型等。

视觉文化产生和发展的动因,首先是基于人类对"感性经验"的广泛依赖。人体接受的外部信息大约70%来自眼睛,而来自听觉、嗅觉、触觉加起来的信息只占到30%。人类主体对视觉有着深深的迷恋和欲望。消费社会强调的是欲望的文化、享乐主义和都市的生活方式。视觉元素作为一种最适宜的文化原料被采纳,而逐渐发达的传媒技术和机构也让"可视化"成为一个强大的信息传播方式。

(二)读图时代

作为视觉对象,图像一直就是人类最简单直接的认知载体和方式。20 世纪30 年代初,海德格尔(Martin Heidegger)提出传播形式将发生由文到图的转变,预言"世界图像时代"的到来。1994 年,美国学者米歇尔(W. J. T. Mitchell)和瑞士学者博姆(Gottfried Böhm)同时提出了"图像转向"的观点。图像压倒了文字,成为一种文化的"主因"。

"读图时代"是一个中国制造的词汇,它一开始并不是纯正的学术概念,只是出版界的策划理念。1998 年,图书编辑钟沄岭为了推广"红风车经典漫画丛书",邀请作家、品牌战略专家钟健夫作序,序言的标题即是"读图时代",文中写道:"对 Internet 而言,'图'比'文'携带更多的比特。我们有必要对图、文进行重新对比评估。为与'文本'对应,不妨创造'图本'一词。……人类的'图化水平'永远高于'文化水平'。与文本相比,图本蕴含了更丰富的比特、而且更生动、更直接……图本若与文本同谋,将产生更加强大的阅读和传播魅力。……读图时代就在眼前。"②之后伴随着《老照片》《黑镜头》等书的热销,"读图时代"成为一个流行的词汇,同时被商人、读者和学术界广泛使用。

2003 年,新闻传播学者张玉川对"读图时代"作了如下界定:"报纸为适应社会的变化,改变以文为主、图片为辅的模式,图片(主要是新闻摄影照片)将在当今的报纸版面中占主导地位,读者的读报习惯也将由以前的读字为主改为读图

---

① 周宪:《视觉文化与消费社会》,《福建论坛》2001(2)。
② Richard Appignanesi:《红风车经典漫画丛书——后现代主义》,Chris Garratt 绘画,黄训庆译,广州出版社 1998 年版,序言,第 2 页。

为主。"①摄影理论家李培林的定义是:"读图时代是在现代社会高速发展、科学不断进步、传播环境较为完善的背景下,图片的使用在信息传播中实现的量的提高与质的飞跃,与文字共同促进信息传播优化的一种状态。"②

"读图时代"对于信息传播和文化形态的影响是:

(1)它标明了当代文化越来越围绕着图像来结构和运转。图像本身获得了前所未有的主导地位,形成了对文字的挤压。

(2)改变了由时间宰制的线性传播方式,引入空间关系,和时间共同作用于传播的形式和内容,从而使"读"的行为具有了多维特征和发展趋势。

(3)由于形象思维以及图像在感性经验方面优于文字,阅读行为更加趋于表层化和迅捷化,激发了人们对于图像精美程度的要求和视觉享受的需求,促进了绘画、视觉设计、电子和数字影像制作与传播技术的飞速发展,视觉景观无处不在。

三、景观社会

视觉中心主义使得消费者通过视觉展开种种消费活动,各类商品或服务的"形象"借助于各种大众媒体来传播和营销,消费行为则越来越依赖于形象。长此以往,视觉文化不再被看作只是"反映"和"沟通"我们所生活的世界——它也在创造这个世界。个体与民族的信念、价值和欲望通过图像被建构、被折射和被扭曲。

1967年,法国哲学家居伊·德波(Guy Debord)出版了《景观社会》一书。③在书中作者没有对景观社会做一个明确的定义,但是他用这个概念充分表达了自己对视觉文化、形象霸权的深刻认识。他指出:"在那些现代生产条件无所不在的社会中,生活的一切均呈现为景观(Spectacles)的无穷积累。一切有生命的事物都转向一种表征。"在他看来,当代社会就是将一切转化为"形象"的景观体系,生产和消费都和景观密切相关,景观成为一种"中介性的社会关系",即"景观社会不是意象的收集,而是指人们之间的社会关系被意象所中介"。④

在消费社会里,商品以其显著的可视性入侵到社会生活的方方面面。在这样的社会中,与其说是在消费商品,不如说是在消费形象价值。德波担忧虚拟向

---

① 张玉川:《报纸的读图时代真的到来了吗?》,《传媒观察》2003(1)。

② 转引自林惠丽:《关于"读图时代"阅读方式变迁的内涵特征及意义》,《北京电力高等专科学校学报(社会科学版)》2012(1)。

③ 景观社会(The Society of the Spectacle)也被译为景象社会、奇观社会。

④ Guy Debord, *Society of the Spectacle*, Black and Red, 1983, p. 3. 转引自仰海峰:《商品社会、景观社会、符号社会——西方社会批判理论的一种变迁》,《哲学研究》2003(10)。

真实世界进军的后果。他说:"当真实的世界变成简单的影像,简单的影像便会成为真实的存在并能产生有效的催眠作用。景观使人们通过种种特殊的媒介来看待这个世界(不再是直接去感受)。"①景观产生了独裁和暴力特征,它不允许对话。现代人完全成了观者,人的主动的创造性活动转化为被动的行为。

英国的大众文化研究学者迈克·费瑟斯通(Mike Featherstone)则相对积极地认为,形象在消费社会中具有文化霸权的同时,也有相反的形象力量存在。因为形象、景观与真实世界的联系不再紧密,所有人都有可能进行同样的形象消费。当一个曾经是高雅艺术的专属形象被复制、传播到通俗文化和日常生活之中,被知晓、解读和"恶搞"——这就是费瑟斯通认为的后现代文化:"符号与影像漫无目的的混战、风格的折中、符号的游戏、规则的混淆、混杂、模仿、即时性、强烈的情感承载、形象凌驾于语言、戏谑地陶醉于无意识的过程而反对有意识的客观评价以及主体的去中心化等等。"②可以说,景观社会消解了传统文化的礼仪性,改变了人们的感知方式,缩小了大众与艺术的距离。在心理距离、社会距离消失后,剩下的是即视感、同步感,消费者获得一种儿童般的惊喜。从这个意义上讲,景观社会推进了艺术的世俗化、民主化的过程,实现了彼岸艺术与此岸现实人生的融合。

第二节 符 号 消 费

消费社会已经动摇了原来商品仅具有使用或产品意义的观念,而赋予其全新的影像与记号,全面激发人们广泛的感觉联想和欲望。商品的符号性、象征性已超越了一般的实物消费。如杰姆逊指出的:没有任何社会像消费社会这样,有过如此充足的记号与影像"③。

一、符号和符号消费

所谓符号,简单讲就是能代表自身之外事物的事物,它意味着能指与所指的关系。好比是,A 已经不仅仅是 A 本身,它还意味着它之外的另一个对象,即 B。提到 A,人们即能明白其所指的对象或意义 B。那么 A 就演变成了符号。

① 斯蒂芬·贝斯特,道格拉斯·科尔纳:《后现代转向》,陈刚等译,南京大学出版社 2002 年版,第104 页。

② 迈克·费瑟斯通:《消解文化——全球化后现代主义与认同》,杨渝东译,北京大学出版社 2009年版,第 106—107 页。

③ Fredric Jameson, *Reification and Utopia in Mass Culture*, Social Text, 1979(1).转引自张卫良:《20 世纪西方社会关于"消费社会"的讨论》,《国外社会科学》2004(5)。

索绪尔(Ferdinand de Saussure)把符号定义为能指与所指的结合体。按照索绪尔的解释,能指是指"声音和形象",所指是指声音和形象所表达的概念。前面说过,极大丰富的物质产品超过了人们的基本需要,企业为了获取更多的市场,必须在产品上附加生活必需品要素以外的性质,从而实现"差别化"。这种差别化的实现方式就是赋予产品以精神意义、身份象征、文化内涵,由此让消费者获得精神、心理和社会地位的差异体验。当产品具备了明确的、差异化的意义后,产品就成为了一个符号。如奔驰与宝马两种品牌的同级别汽车在质量和操控上几乎相同,但是两种汽车所体现的文化含义却不同。同等皮质和款型的手提包,贴上不同的品牌标志,其价格和身份就不在同等层次。"物"变成了"符号",消费社会中的"物"从来都不是因其物质性而被"消费"的,而是因其同其他"物"的差异性关系而被"消费"的。① 人们欲求的是符号,消费的是符号。

遗憾的是,鲍德里亚并没有明确界定符号和符号消费。在早期的符号学研究者中,卡西尔(Ernst Cassirer)曾说:"所有在某种形式上或在其他方面能为知觉所揭示出意义的一切现象都是符号,尤其当知觉作为对某些事物的描绘或作为意义的体现、并对意义做出揭示之时,更是如此。"② 卡西尔认为符号的本质是"形式化",又强调符号是一种诉诸感知的"现象"——"现象"这个词还是过于虚幻。沙夫(Adam Schaff)写道:"每一个物质对象、这样一个物质对象的性质或一个物质的时间,当它在交际的过程中和在交际的人们所采用的语言体系之内,达到了传达关于实在(Reality)——即关于客观世界或关于交际过程的任何一方的感情的、美学的、意志等内在经验——的某些思想这个目的的时候,它就成为一个符号。"③ 法国符号学家罗兰·巴特(R. Barthes)认为:"自有社会以来,对实物的任何使用都会变为这种使用的符号,例如,雨衣的功能是让我们防雨,但是这一功能又同表示一定天气的符号结为一体。"④ 像广告、电影明星和时装这样一些对象,都是符号现象。沙夫和巴特的定义把一切可以表现和传达意义的世界万物都看作是符号。

通过以上的描述我们可以理解:

(1)符号代表了"物",但已经超越了"物"本身,超越了产品的普遍的、基本的功能(如汽车的代步功能、衣服的遮体避寒功能)。对于消费者来说,一方面,我们购买一个产品,也不仅仅为了它的普遍功能;另一方面,即使我们无法占有

① 参见让·鲍德里亚:《物体系》,林志明译,上海世纪出版集团 2001 年版,第 223 页。
② 恩斯特·卡西尔:《符号形式的哲学》,第 1 卷,柏林 1923 年版,第 109 页。转引自蒋孔阳、朱立元:《西方美学通史(第 6 卷)》,上海文艺出版社 1999 年版,第 589 页。
③ 沙夫:《语义学引论》,罗兰等译,商务印书馆 1979 年版,第 176—177 页。
④ 罗兰·巴特:《符号学美学》,董学文、王葵译,辽宁人民出版社 1987 年版,第 37 页。

和使用这个产品,我们也了解和认同它的差别化意义。

(2)符号是间接性,它能直接诉诸人的知觉,但它代表的却是深藏于背后的意义,即"A(B)"中的"B"。人们在交际的过程中,通过某种有意义的媒介物,传达一种信息,这个有意义的媒介物就是符号。

(3)符号是从"物"抽象出来的,带有一定的虚拟色彩。

但是,我们又不能把符号理解为一团无形的、只存在于人们脑海的认知或概念,或是一种现象——如果是这样,那么这个词汇也没有必要提出,直接以"思想意义""心理体验""社会现象"来解释"消费"就可以了。所以,首先,符号终究要存在一个固态、有形、可感知的能指,可以是人体肉身、服装、建筑、花朵、图画、文字、音乐、标志、词汇称谓、口号,等等。只要这些事物(包括人)具备了另外的象征意义,那么就会在大众媒介中、在人的意识中生成一个视觉形象和声音。随着视觉文化和景观社会的发达,视觉形象会广泛流传,被不断地强调和记忆下来;其次,符号具有卡西尔所谓的"形式化"特征,它按照一定的规律、秩序、修辞建构起来,具有一定的通用性;再次,符号是简化、抽象的,我们一旦接触到某个形象或是声音,不用感知它的全部信息,就可以指出它的象征意义。同样,当我们试图寻找和理解某种感受和意义时,意识里就会浮现出代表性符号。

符号就是具备象征意义的形象和声音。符号消费是指消费者在消费产品本身的普遍、基本功效之外,还消费这些产品所象征的精神意义和社会等级关系。人们对符号所代表的"意义"或"内涵"进行精神上的理解、接受、交换、满足和丢弃。所有的能够承载文化意义的符号就是我们所说的文化符号。

二、操纵、区隔和断裂

符号消费的重要特征就是象征性,它有几个方面:

1. 系统化的符号操纵

德波所述的景观社会正是鲍德里亚的物化商品符号化的社会。商家热衷于制造货品的符号价值进行销售。人们对于符号的需求已经不限于一个符号或是一类符号,而是一组组符号组接和互相诠释的景观世界,包括我们消费的文化产品都是这个交织系统的一部分。所以,消费乃是一种系统化的符号操作行为。

2. 社会等级的形成

鲍德里亚拓展了马克思关于以商品所包含的劳动量决定商品价值的理论,认为商品已发展到使用价值被符号价值所代替的程度。物作为一个符号,对它的消费构成了对社会结构和社会秩序进行内在区分的重要基础。一辆汽车,一瓶香水甚至一本书都具有这种彰显社会等级和进行社会区分的功能,这就是商品的符号价值。物或商品是按照其所代表的社会符号价值来计价的,而不是按物的成本或劳动价值来计价的。正如凡勃伦(Thorstein B Veblen)在《有闲阶级论》中提出的"炫耀性消费",这种消费是向他人显示自己地位的过程。①

消费已经成为当今社会的风尚,"流通、购买、销售,对作了区分的财富及物品/符号的占有,这些构成了我们今天的语言,我们的编码,整个社会都依靠它来沟通交流"。② 在大众传媒的鼓吹下,任何商品都将成为消费者社会心理实现和标示其社会地位、区别生活水准高低的文化符号。

3. 符号与真实的断裂

人们的欲望需求、对意义的解读、对社会阶层的确认越来越依赖简化、扁平的符号标志来实现,而对于商品的实际质量、具体内容和真实情况并不太关心。同时,消费导致商家和传媒对符号的积极操纵。因此,符号与其所依附的物质产品发生了断裂,能指从所指身上漂移而去。"符号的指涉物……连同深度、本质和现实都消失了,随着仿真物的繁衍,它们开始只指向它们自身了"。③ 符号们自由地游离物体之外并相互联系,复制了一个比真实还要真实的"超真实"世界、拟象世界和无深度的文化。

总之,符号消费文化包含下面几个消费层次:

(1)消费品的外观。如造型、色彩、图案、包装等,传达了产品本身的格调、档次和美感,这些已经成为消费的首要对象。

(2)消费环境。作为消费的空间符号,同样是消费的一个内容。如在豪华的酒店进餐,不单单是酒店所提供的食品,酒店的环境氛围也是消费的内容。

(3)消费仪式。包括消费步骤、礼仪和服务。如社交聚会有着事先设置或是约定俗成的程序、行为、套路等。

(4)消费品所象征的社会地位、身份和品位。符号消费是差异消费、分众消费、认同消费。它不仅追逐某种流行式样和风格,也成为社会组织化的原则之一。

第三节　基于符号意义的文化产业

鲍德里亚的符号消费理论指出现代商业社会出现的盲目追逐时尚、人云亦云和虚幻断裂的现象,但对消费的具体实践未给予充分的重视,尤其是消费者具有创造力的体验和反馈,是文化消费的重要表现形式。在伯明翰学派的学者们看来,"断裂""疏离""异化"现象的确反映了商业文化的欺骗、控制面目,但符号

---

① 托尔斯坦·凡勃伦:《有闲阶级论》,蔡受百译,商务印书馆 1964 年版,第 65 页。

② 让·波德里亚:《消费社会》,刘成富、全志刚译,南京大学出版社 2001 年版,第 71 页。

③ 道格拉斯·凯尔达,波德里亚:《批判性的读本》,陈维振译,江苏人民出版社 2005 年版,第 13 页。

消费调动起了各种快感、激动、狂欢之情乃至无序的行为。它尽管消解了中心、权威，但是"中心消解的主体能以更大的能力去从事情感宣泄活动，探索从前被当作威胁、需要严格控制的形象、感官体验与情感体验"。①

一、精英、民主和文化媒介人

符号生产、日常体验和实践活动的重新组织，引起了风格杂烩的文化形态。符号消费成为一个社会动力机制，当下层社会向上层社会的品位和标准提出挑战或予以篡夺时，一些先锋艺术家及整个上层社会又创造、采用新的品味，以重建原有的阶层距离，于是社会上又出现新的品位和潮流，从而形成一种"犬兔"追逐式游戏；对于一些功成名就的艺术家与知识分子而言，当自身建构的等级体系遭遇挑战时，出于自我保护的需要，他们把自身和自己作品作"经典化"阐释；还有一些艺术家，他们对建立和引领新的社会潮流不感兴趣，只是"单打独斗式"的标新立异；从大众的角度来说，人民虽然欣赏、倾慕和接受艺术家与文化专家的生活方式和作品美学，但他们要求艺术家们为所有人提供各种丰富的生活方式与风格，并且保持着信息自由流通和世俗化面孔。总之，审美与艺术不再是贵族阶层的专利，也不再局限于宫廷、音乐厅、美术馆、博物馆等传统的审美活动场所，它借助现代传媒走进了人们的日常生活空间。艺术逐渐去精英化而更多职业化、民主化了，"艺术与其他职业之间的距离缩小了，'艺术视野'也更加贴近普遍中产阶级的生活了"②，这一过程主要是从符号层面展开的。

在上述的阶层交往中，新型的"文化媒介人"（Cultural Intermediaries）显得特别重要。对于这类人的描述，布尔迪厄（Pierre Bourdieu）认为"他们的职业多与呈现和再现有关，并且身处提供符号物品及服务的系统之内""最典型的是电视或电台文化节目制作人、上流社会的报纸杂志评论家，以及所有作家型记者（Writer-journalists）和记者型作家（Journalists-writer）"。③ 费瑟斯通把"文化媒介人"进行了扩展，用以指称广告人、公共关系专家、广播和电视制作人、表演者、杂志记者、流行小说家和专门性服务工作（如社会工作者、婚姻顾问、性治疗专家、营养学家、游戏带领人员）等从事符号生产的人。④

较之传统的艺术家和知识分子，文化媒介人是斡旋于高雅贵族与平凡大众、艺术家与消费者之间的第三种人，他们既高于底层，又不像那些资产阶级贵族脱

---

① 迈克·费瑟斯通：《消费文化与现代主义》，刘精明译，译林出版社 2000 年版，第 147 页。

② 迈克·费瑟斯通：《消费文化与现代主义》，刘精明译，译林出版社 2000 年版，第 69 页。

③ Pierre Bourdieu, *Distinction: A Social Critique of the Judgment of Taste*, Translated by Richard Nice, Cambridge: Harvard University Press, 1984, p. 325.

④ 迈克·费瑟斯通：《消费文化与现代主义》，刘精明译，译林出版社 2000 年版，第 66 页。

离大众,这也就为消解阶层差异与符号等级提供了有效的帮助。这个群体热衷于生活方式的创新和营造。他们善于利用自己手中掌握的媒体力量,向社会推销生活方式并把它市场化。他们既是身体力行者,也是大众的引路人、时尚话语的打造者。这种新型媒介人就是所谓的文化艺术经纪人,他们有能力对现存的消费观念予以质疑和翻新,能够使意义、快感和欲望等多种消费符号流通起来,并将其推行出去,因此赢得了艺术家、企业、政府的肯定。如今文化经纪人的从业人数和职业声望都迅速提高,有力地推动了文化产业发展。

二、文化产业:符号的生产和传播

本雅明提出技术的复制和传播消解了传统艺术品的"灵韵",那么当代的文化产品,尤其是非现场的电子和数字作品需要建立一种符号、一种人造的"本真性"来"挽回"、弥补艺术品"灵韵"的凋谢。并且,符号的交流可以一定程度消除"作者"与"观众"的等级距离。如果每个人都可以了解、"众创"作品的符号,兼具作者和观众两种身份,那么也会重现传统的演员、观众的"共同在场"。

在符号消费时代,我们可以用"符号创意"这个词来替代"艺术创作"一词。"艺术"更多地贴近(可遇不可求的)个人天赋和才华的含义,而"符号创意"更能体现艺术民主化、美学日常化、文化产品的众创和分享。"艺术家"可被称为"符号创作者"。而复制(制作)、销售和发行的机构和人员可称之为"符号传播者"。"文化产业"则可定义为"符号的生产(创造)和传播的产业"。

第四章

需求和供给

文化产业是文化符号的创意生成和消费,涉及广泛的文化资源(原材料)、生产单位和消费群体。这导致文化产品供给和需求都呈现出新的特征,也进一步影响了文化市场的结构、资本、经营及竞争。

第一节　文化产品的需求

文化产品在一定程度上符合传统经济学理论中价格与供求的关系:在市场上,第一,供不应求,价格上涨。这种价格上涨的趋势可以在供应量不变、而需求量增加的情况下发生;也可以在需求量不变、而供应量减少的情况下发生;还可以在供应量增长赶不上需求量增长的情况下发生。第二,商品供过于求,价格就要下降。这种价格下降的趋势可以在需求量不变、而供应量增加的情况下发生;也可以在供给量不变、而需求量减少的情况下发生;还可以在需求量增长赶不上供应量增长的情况下发生。

商品经济的运行就是在竞争机制下,商品价格、需求、供给相互影响、互为因果的过程,从长期市场看,很难说谁是永远的动因,谁是永远的后果。所以在进行理论抽象分析时,我们可以从不同起点进行考察,往往有这样三种情况:价格作为起点,影响供求量的变化;需求作为起点,影响价格与供给量的变化;供给作为起点,影响价格与需求量的变化。

一、需求和需求定律

经济学中的需求是指在一定的时期、某一既定的价格水平下,消费者愿意并且能够购买的商品数量。

(一)影响需求的因素

通常认为,人的需求是一个主观大于客观的东西,是说不清也道不明的个人喜好,但经济学试图能给出一个较为明确的解释。

1. 产品本身的价格

如果以价格为起点进行分析,在其他条件相同时,一种商品的价格上升,对该商品的需求量会减少;一种商品的价格下降,对该商品的需求量会增加。也可以说需求量与价格负相关。

2. 消费者自身收入

收入较低意味着人们的总支出减少,因此你不得不在某些商品——而且也许是在大多数商品上——少支出一些。如果当收入减少时,一种商品的需求减少,这种商品就被称为"正常商品"。大部分商品遵循这个规律。但也有的时候,收入减少了,对一种商品的需求反而增加,这种商品就是"低档商品",如低档服装。因为随着你收入的减少,你买不起高档服装,所以你购买低档服装数量可能要增加;而随着你收入的增加,你购买的低档服装量又可能减少。

此外,产品价格与自身收入之间还有一个相对关系。如当你在购买一种商品时,如果该种商品的价格下降了,虽然你的货币收入固定不变,但是商品价格下降导致你的实际购买力增强了,你就可以买更多的该种商品。这种实际货币收入的提高,会改变消费者对商品的购买量,从而达到更高的效用水平,这就是收入效应。收入效应指由商品的价格变动所引起的消费者实际收入水平变动,进而由实际收入水平变动所引起的商品需求量的变动。这种需求量的变动可以是上升的也可以是下降的。

3. 消费者的偏好和效用

消费者偏好是指消费者在不同商品或不同商品组合之间的选择排序。消费者偏好受到人生理的、心理的以及社会的因素的影响。经济学把偏好看作既定前提,由此来研究消费者需求(选择)与偏好的关系。

效用是指商品满足人的欲望的能力(商品的使用价值),或者说是消费者在消费商品时所感受到的"满意"程度。19 世纪 70 年代后兴起的新古典经济学改造了劳动价值论的"使用价值"的概念,用主观效用评价代替了商品的客观有用性,把"价值决定"的分析从生产、成本方面转到需求、效用方面。[①]

对于各种不同的商品,消费者的偏好程度是有差别的,正是这种差别,反映了消费者对不同商品效用的评价。同样,不同消费者对于同一商品的偏好以及获得的效用也是不一样的。偏好和效用大,则需求大;反之,则需求小或无需求。

4. 相关产品的价格

(1)替代品价格:替代品是指交替使用能够满足人们同一需求或相似需求

---

① 关于商品的价值、使用价值、效用的关系将在第六章继续深入探讨。

的商品。如各种衣服、肉、水果、日用品之间很容易互相替代。如果仍以价格为分析起点,如果消费者收入不变,一种商品的替代品的价格上升了,会使消费者考虑增加对这种商品的购买(需求上升),而减少对替代品的购买,反之亦然。这种现象也被称为"替代效应"。替代效应是指由商品的价格变动所引起的该种商品相对价格的变动,进而由相对价格变动所引起的该商品需求量的变动,与收入效应一样,这种需求量的变动可以是上升的也可以是下降的。

（2）互补品价格:互补品是指配合使用才能满足人们某一需求的商品。如汽车与汽油、电与家电、镜架与镜片、大学学费与教材等。如果其他因素不变,当一种商品的互补品的价格上升,则人们通常不愿意再购买互补品,那么该种商品也无法使用,结果导致市场对该种商品的需求下降,反之亦然。

5. 消费者的预期

（1）消费者对自身未来收入的预期:如果人们预期未来收入稳定增长,则需求增加;如果人们预期未来收入不确定或下降,则需求减少。

（2）消费者对商品未来价格的预期:如果人们预期商品未来价格上涨,则需求增加;如果人们预期商品未来价格下降,则需求减少。

（二）需求定律和需求变动

1. 需求定律

前面提出的产品本身的价格与需求量之间的关系对于大部分商品都是正确的,以至于新古典经济学把它称为"需求定律":在其他条件不变的情况下,产品的"需求量"与价格呈反比关系,需求曲线向右下方倾斜。这是假定价格是引起需求变化的唯一因素。在这两个范畴中,价格是自变量(竖轴),需求是因变量(横轴),如图 4-1,P 代表价格,Q 代表需求量,D 代表需求曲线。

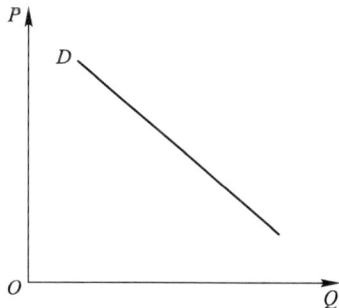

图 4-1　需求定律

2. 需求量变动

"需求量"和需求是两个不同的概念。需求量是消费者在不同的价格下所希望能够购买的同种商品的数量。需求量变动是指其他因素不变,商品本身的价格变化,引起需求曲线上点的上下移动(图 4-2)。

3. 需求变动

需求变动是消费者在某种商品价格恒定情况下,受价格之外的因素影响(收入、其他商品价格、消费者嗜好、预期等因素变动),从而引起需求曲线本身的左右移动。① 如图4-3,曲线右移可以意味着人们的收入增加了,那么同样价位下,对某个产品的需求量、购买数量就变大了。又如为了减少烟草的需求,一种方法是提高香烟的价格。按照需求定理,价格提高会让烟民减少香烟消费,需求量在一条香烟需求曲线上从某一点移动到价格更高、数量较少的一点;第二种方法是价格不变,利用公益广告、香烟盒上有害健康的警示以及禁止香烟广告来转移和改变吸烟者嗜好,这就可能使香烟的需求曲线向左移动,从而实现在一个既定价格水平上、减少烟草的需求量(不同需求曲线的对比)。事实上,政府大都采取双管齐下的办法减少烟草的需求量。

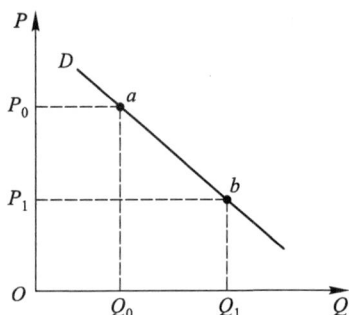

图 4-2　需求量变动　　　　　　　　图 4-3　需求变动

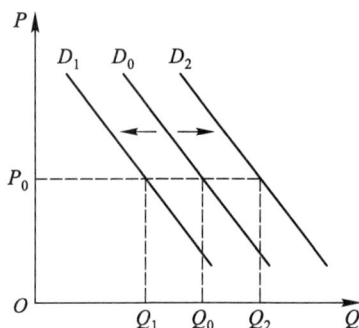

(三)需求价格弹性

价格与需求的关系最为密切,那么我们会很自然地想知道,当一种商品的价格下降1%时,这种商品的需求量会上升多少呢?或者,当消费者的收入水平上升1%时,商品的需求量究竟增加了多少?"弹性"概念就是为了研究这种"变化程度"而提出的。

所谓弹性(Elasticity)就是一个变量的相对变动,对另外一个变量的相对变动的影响能力。或者说,因变量的相对变化对自变量的相对变化的反应敏感程度。需求价格弹性(也称需求弹性、价格弹性)表示在一定时期内一种商品的需求量变动对于该商品的价格变动的反应灵敏程度。如果在消费者收入不变的情况下,影响需求价格弹性的因素主要有:

1. 消费者对商品的需求程度

一般来说,生活必需品这类的"刚需"产品是不可缺少的,这类商品价格变动对需求量影响较小,弹性也就较小。如粮食、蔬菜、牙刷等;而如高档消费品、奢侈品、旅行等非日常需要的商品,其价格因素对需求量影响较大,所以弹性也较大。

---

① 注意:D曲线向左或是向右移动后,原曲线已经消失了,下文的S曲线移动图同理。

2. 商品的可替代程度

它也可以描述为替代品的数量和相近程度。弹性随着替代品的有效性的提高而上升。如钢笔有很多的替代商品,如圆珠笔、铅笔等,当钢笔的价格上升后,消费者就会转而寻找其他商品替代,弹性就比较大;还有一些大众化报纸之间存在很大的替代性,弹性一般也比较大。如果是难以替代的一些独特、专利、稀缺的产品,又很受大家欢迎,那么其弹性就比较小。

3. 商品本身用途的广泛性

如果一种商品有很多种用途,消费者会把它的各种用途进行一定的排序。如果该商品价格上升,消费者会缩减其需求量,把它用在较重要的用途上,结果导致购买数量减少;随着价格的降低,消费者会增加其购买数量,用在更多乃至所有的用途上。一般来说,一种商品的用途越多,它的需求弹性就越大,反之就缺乏弹性。

4. 考虑购买的时间

时间越短,商品的需求弹性就越小;时间越长,商品的需求弹性就越大。这是因为在越长的时间内,消费者在选择的时候考虑的因素越多,越有可能找到替代品,或可能调整自己的消费习惯,因此它的需求弹性就必然增加。反之则弹性减少。

5. 购买商品的支出在总收入中所占比例

商品支出占收入比重很小的商品,如果价格上升,对消费者的实际生活影响很小,消费者一般不会减少对这类商品的购买,所以具有很小的弹性,如报纸等。反之则弹性较大。

对于同一种商品,影响需求的因素与影响需求价格弹性的因素很多是一样的。如需求程度(偏好)、收入水平和支出比例、替代品等。区别是,需求弹性是更加具体地、量化地研究价格与需求的关系。影响需求弹性的因素不包括价格,因为它预设了产品已经发生涨价或降价(自变量),价格影响力已经行使,接着要观察的是人们对该产品的需求变化量(因变量),也就是思考:还有哪些其他影响因素能够阻碍或是促进价格(对需求)的影响力。

二、需求定律的例外情况

需求定律存在着一些例外的情况,使得定律带有一些"瑕疵",争论也由此产生。

(一)"吉芬物品"(吉芬现象)

"吉芬物品"是指以英国经济学家罗伯特·吉芬(Robert Giffen)的名字命名的一种特殊商品。吉芬发现爱尔兰在1845年发生灾荒的时候,土豆价格上升,但需求量却反而增加,即土豆涨价引起英国低收入者购买更多的土豆;而当灾荒结束,土豆丰收、价格下降,人们反而对它的购买量也下降。需求价格曲线呈现出右上方倾斜(图4-4)。

作为需求定律例外的吉芬现象,它的发生有三个重要前提条件——穷人、灾荒和生活必需的低档用品。人的需求是多样的,但生存需求是人最基本的需求。如果一个家庭只有很少的收入时,家人考虑的是如何活下去。当灾荒来临,人们对温饱和粮食问题存在极大的惶恐,灾荒又导致食物匮乏,此时土豆价

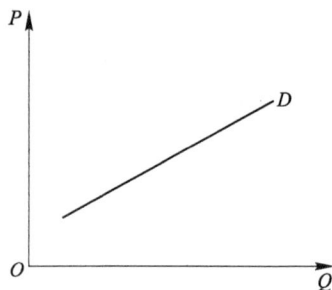

图4-4 需求定律例外

格上升(肉价也上涨),人们相对收入降低了,固定收入下可以购买的土豆量变少,而肉类价格高于土豆,可以购买的肉类变得更少。由于土豆是人们必需的食物,并且它相对肉来说是低档品,所以变得更加穷的人们对于更为贫苦的生活的反应就是削减奢侈品——肉,而更多地购买土豆这种主食来维持生存。

灾荒结束后,土豆降价,人们的相对收入增加了,于是大家很可能会选择减少土豆的需求量,去购买比土豆昂贵的肉来改善生活。但肉的比例不是一直增加的,土豆的比例也不是一直减少的,仍旧是因为人的需求多样性,最后土豆和肉会停留在一个较固定的比例。这就是吉芬物品的价格和需求的同方向移动现象。

(二)炫耀性商品

在前面符号消费的章节,我们提到凡勃伦提出的"炫耀性消费":如钻石、豪华轿车、高档时装等商品具有显示财富、地位和格调的效应,其价格越高越容易引起人们的关注和追求。"贵"是赖以炫耀的条件,只有多数人买不起、少数买得起的商品才能拿出来向别人炫耀。这种商品降价了反而无人问津。即需求量与价格为同方向变动关系。

与炫耀性消费相辅相成的是从众性消费,当某种消费潮流成为一种时尚时,会诱使人们参与这种消费,此时即使该种消费品的价格高,需求量仍会加大;当时尚过去、消费价格降下来,此时人们也对它失去兴趣,其需求量也就下降了。

(三)投机性商品

所谓投机性商品是指购买者出于从价格变动中套利的目的而买卖的商品,它们并不是为了真实需求而购买。对于这类商品,决定需求量的不是当前的价格高低,而是人们对未来价格与当前价格差额的预期。只要投机者预期未来价格高于当前价格,就会买进;反之就会卖出或是不买。由于商品价格的变动往往

会使人们产生其变动方向会继续的预期,所以常会出现高价多买,低价少买的现象,即"买涨不买落"。如黄金、证券的投资买卖。

除了上述三种商品之外,还有一些因素会导致需求定律例外,如下雨的时候,雨伞价格上升,其需求量也上升。这种需求数量的变化也不是由价格因素引起的。因此,需求定律仅仅是说明"价格"和"需求量"两个变量之间的关系的。除"价格"之外,能够影响"需求量"的因素还有很多。以需求定律解释或推测现象(行为)一是要遵守科学的逻辑,二是要辨别"需求量"的变化是由价格引起的还是由价格之外的其他因素引起的。在追求商品效用的过程中,如果价格因素占主导地位,此时的商品价格与需求量之间符合需求定律;而当消费者视非经济因素的重要性超过价格因素时,就有可能出现需求例外的情况。这也是我们考察文化产品需求变化的重要维度。

三、文化产品的需求

文化产品的需求是比较复杂的,它受到产品价格、收入水平、相关产品(替代品和互补品)①、消费偏好的影响,此外还有新的影响因子,也存在一些需求定律例外的情况。我们分以下几个方面来讨论:

(一)居民收入水平和经济发展水平

一般来说,中等收入和高等收入家庭的文化消费会比低收入家庭多。随着居民生活水平和可供支配收入的提高,文化消费意识和购买力都会增强,需求弹性会减小。城镇居民文化消费水平与国家或地区的 GDP 之间也存在着显著的正相关关系。如当一个地区的人们还在温饱线上,那电影对他们来说就是奢侈品。而在北京、上海这样的大都市,价格昂贵的音乐会也会有市场。

但是,由于文化艺术欣赏和消费是一种现实生活的补偿,一种精神的放松、慰藉和逃避,所以低收入的群体也可能大量进行文化娱乐活动。经济不景气的社会,大众化文化娱乐活动也会出现增长,如美国在经济大萧条和金融危机时期,影视产业却保持稳定甚至增长。当然,这种补偿式消费主要是针对价格较低的文化产品。

(二)余暇时间和消费所需时长

劳动工作之外的余暇休闲时间越多,文化消费的投入会越多。一方面,"有

---

① 从价格弹性角度看,一般来说人们对于文化产品的需求表现为富有弹性,因为文化产品并非生活必需品,并且替代品或替代消费方式很多;对于互补品来说,一种商品的互补品的价格上升(下降),则对该商品的需求减少(增加)。这对于一些文化产品来说也是适用的,如剧场外停车费(非门票费用)的上涨会影响剧场的上座率。但是具有互补关系的文化产品也能够相互促进、相互推动,因此要分清互补品的具体组合情况和相互关系。

闲阶层"会更多地想去进行文化娱乐活动;另一方面,消费文化产品的过程也需要很多的时间,包括事先学习、培养兴趣、准备时间和消费时间,同时还要承担效益低于预期的风险。因此时间成本高低影响着个人的文化需求。如所需时间太长(学习、交通、现场等待等),可能会削减该产品的需求。

(三) 审美教育(培育)

消费偏好对传统产品需求有很大影响,对文化需求更是如此。这种文化消费偏好的养成需要较长的时间周期,因为艺术是一种"逐渐养成的嗜好",需要个人(家族)的知识积累和艺术教育、国家的文艺普及工作以及企业的营销推广。这些"教育工程"长期持续下来,消费者不一定都具有了专业艺术才能,但文化鉴赏力和品位偏好会培养起来,甚至会痴迷于此、成为"粉丝"。

日常生活中可以很明显看出,一个人的文化素质和审美教育程度越高,对文化产品的消费需求就越高。所以,文化需求是一种典型的"嵌入性"需求[①],依赖于早期所接受的审美教育,也依赖于一次次特定的文化消费经验,当然,如果人们在消费中获得了比较差的体验,偏好会被削弱。

(四) 时尚潮流

由于文化产品主要消费的是符号和意义,是对一种习俗、潮流和群体阶层的遵守和认同,因此很容易形成一种时尚潮流。虽然一些文化产品会催生高价、高雅、高品质的高端消费圈子,形成了炫耀性消费,但文化消费不是对财富的炫耀,(或者说不是主要目的),[②]而是消费者要追求艺术和娱乐体验,追逐文化热潮,贴上(炫耀)文化标签,变成这种时尚风格的体验者和代言人,并可以凭借文化品位来划分自己所属(或是向往)的阶层和群体;其次,文化产品是体验型产品,产品广告总是把最好的产品信息部分告知消费者,并尽力联系起消费者的品位和偏好——但实际上真实信息量非常有限(如电影预告片)。这种情况再加上各种他人反馈和媒体评论,驱使消费者去一看究竟,亲身体验完整产品;最后,文化消费者不仅要亲身体验,他们还喜欢谈论文化产品。"人们重视无目的性的轻松谈话,创造性产品和关于创造性产品的文化消费资本可能是最合适的谈话素材"。[③]虽然人们的社会身份和教育程度不同,对产品的专业性熟悉程度不同,偏好时间长短不同,但是艺术本质是朴素的,文化是

---

① "嵌入性"(Embeddedness)理论是新经济社会学研究中的一个核心理论。基本含义是指人的经济活动是在社会网络内的互动过程中做出决定的。对于文化产业来说,"嵌入性"是指文化市场中行为主体进行经济活动时,会受到原有价值观、文化习俗、教育背景、思维意识及区域文化传统的引导或制约。

② 很多富人进行文化消费的目的恰恰是为了避免被人看作是没文化的"土豪"。

③ 理查德·E.凯夫斯:《创意产业经济学——艺术的商业之道》,孙绯等译,新华出版社2004年版,第173页。

包容的,同一个文化产品既可以为不同消费群体提供共通的感受,也可以为消费群体提供各个层次的话题和谈资,一个文化产品会慢慢演变为一种文化现象。因此,增加文化符号在社会的扩散和积累效应,当一种文化风潮被营造出来,往往会出现狂热的"刚性需求"和群体性追捧,需求弹性大大降低,价格与需求会同步攀升。但是,往往传播速度快、人们讨论热烈的时尚潮流,衰退得也很快。

第二节　文化产品的供给

一、供给和供给定律

供给是指生产者在某一特定时期内,在每一价格水平上愿意并且能够提供的商品或劳务的数量。把价格与供给量联系在一起的曲线称为"供给曲线"。供给定律是指在其他条件相同的情况下,一种商品的价格上升时,这种商品的供给量就会增加,相反,价格下降时供给量减少。供给量与商品价格之间呈同方向变动,即供给曲线向右上方倾斜。在这两个范畴中,价格是自变量(竖轴),供给是因变量(横轴),如图 4-5,P 代表价格,Q 代表供给量,S 代表供给曲线。①

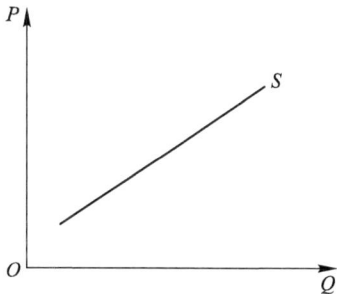

图 4-5　供给定律

① 对于供给法则及供给曲线的描述,三个不同历史阶段的经济学家这样描述:(1)瓦尔拉斯:当需求大于供给时,卖方的委托人喊出更高的价格,从而使供给价格升高;当需求小于供给时,买方的委托人喊出更低的价格,从而使供给价格回落。简而言之,彼方出价越高,此方供给越多,即:贱买贵卖。参见莱昂·瓦尔拉斯:《纯粹经济学要义》,蔡受百译,商务印书馆 1997 年版,第 71—72 页。(2)马歇尔:当需求价格大于供给价格时,卖主不但可以通过满足此时的需求量获利,而且"这时就有一种倾向于增加出售数量的积极力量起着作用。"于是伴随着价格的上涨,市场上的供给量有所增加;反之,当需求价格小于供给价格时,卖主所获收益不足以使其产生供货动力,其供货量就会减少。于是,伴随着价格的下降,市场上的供给量就会有所减少。参见马歇尔:《经济学原理(下卷)》,朱志泰译,商务印书馆 1997 年版,第 36—37 页。(3)萨缪尔森:"随着玉米片价格的上升,更多的玉米片将被生产出来","考察供给的决定因素的基本点在于:生产者提供商品是为了利润,而不是为了乐趣和博爱。例如,在较高的价格下,厂商会提供更多的玉米片,因为这样会更加有利可图;相反,当玉米片的价格下降到生产成本之下时,厂商就会转向其他的行业"。"通过提高酒的价格,社会能够诱导酒的生产者生产和出售更多的酒,酒的供给曲线因此便是向上倾斜的。"较高的价格会产生较高的利润,在这一观念的驱使下,现有的生产者会增加产量以谋求更多的利润,而众多的新厂商亦会纷纷涌入这一市场。参见萨缪尔森:《经济学(第 16 版)》,萧琛等译,华夏出版社 2003 年版,第 38 页。凯恩斯:《就业、利息和货币通论》,高鸿业译,商务印书馆 1983 年版,第 258 页。

与需求价格弹性同理,供给价格弹性是指一种产品供给量对其价格变动的反应程度。

（一）影响供给的因素

（1）商品本身的价格:一般情况下,某种商品的供给量与其价格成正方向变动,即价格上升,供给量增加;价格下降,供给量减少。

（2）成本变化:供给与成本反方向变化。

（3）相关物品的价格:从生产商角度来说,因为价格上涨,供给量提高。因此对该商品的供给量变化与相关替代品价格反向,例如农民可以种植小麦和玉米。当玉米价格上涨,农民会减少小麦（原商品）的供给,而去增加玉米（替代品）供给。另外,生产商对该商品的供给量与该商品的互补品价格成同向变化。因为互补品价格上涨,其供给量上涨,那么与之匹配的本商品的供给量也要上涨。

（4）技术水平:技术进步,供给增加,技术下降,供给减少。

（5）生产者预期:预期行情看涨,供给增加;预期行情看跌,供给减少。

（6）政府的政策。

（二）供给量和供给的变动

（1）供给量的变动:在其他条件不变的情况下,商品本身价格所引起的供给量的变动。在图形上表现为沿同一条供给曲线的移动。（图 4-6）

（2）供给的变动:在商品本身价格不变的情况下,其他因素变动所引起的供给的变动。在图形上表现为供给曲线本身的移动。（图 4-7）

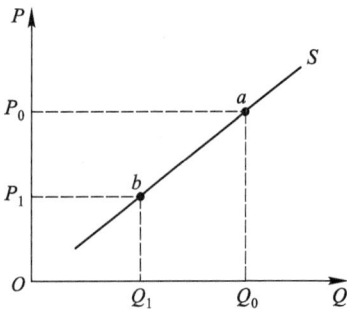

图 4-6　供给量变动

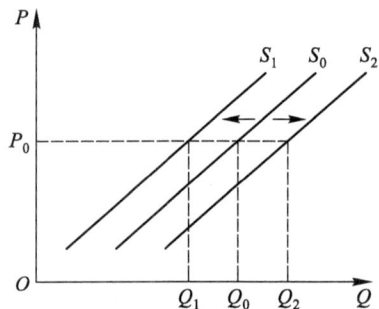

图 4-7　供给变动

比如,技术水平提高,生产周期加快,成本下降,因此厂家愿意在原价格水平上增加供给,导致供给曲线右移;也可以说厂家愿意在更低的价位生产同等单位数量的产品（也有利可图）,导致供给曲线右移。

（三）供给定律例外

现实生活中也会出现违背供给定律的例外情况。主要有:

（1）大规模生产的商品，由于成本下降，价格降低，厂商也愿意多供应。即规模生产。

（2）无法再生产的商品、稀缺物、孤品，如土地、古董。价格上升会导致供给增加，但是价格上升到一定程度后，供给者意识到商品的潜在价值，便不再拿出存货，或是确实无法再生产和供给出来。

（3）劳动力。劳动作为一种商品其价格就是工资，一般而言当某项工作的报酬很低的时候，参与这项工作的人也不会多，即劳动的价格低时供给量也低。反之则劳动的供给量大。但随着劳动价格的增加，工资收入增加到一定水平后，人们已完全摆脱了生存的压力，对闲暇的需求增加，而增加闲暇必定会减少劳动时间，同时人们有条件去寻找和选择自己更愿意从事的事业。因此出现劳动价格上升与劳动供给量下降的例外情况（如"民工荒"）。

（4）企业实施"饥饿营销"，削减产量，故意造成市场短缺，以树立高端、稀有、奢侈的品牌形象。

二、文化产品的供给

（一）创意产品的供给

文化产业分为创意、生产、传播（销售）、消费四个阶段。那么在创作、研发的第一阶段，自身天赋、心理状态和身体条件是决定艺术家供给的主要条件。由于艺术劳动不同于其他简单劳动，它技巧高、难度大、周期长，加上灵感的偶然性和身体健康的不确定性，因此，那些极其依赖个人（或小团队）才华和技艺的文化产品，其供给量常常是固定的，缺乏价格弹性，不一定随着价格上涨而提高，而是主要由个人创作力、生产成本、调整供应量的难易程度，以及预期售价决定的。个人创作与供给往往并不同步。此外，成本越大、供给可控性越小，艺术家越不愿意对其进行供给（或创作），而一件产品预期售价越高，艺术家越愿意将之拿到市场上出售。一些艺术家及公司还会控制产出、有节制地出售自己作品以避免因供给过剩而压低价格。

艺术目标和经济目标难以始终保持一致。从产业角度讲，为了解决创意生产力滞后和供给不足的问题，丰厚报酬是首要激励条件。经营者还可以采取签约多位艺术家、批量采购版权、团队工作、拓展产品的衍生品和分销渠道 ① 等方法实现量产和增加利润，弥补和规避某一项创作停顿或失败的风险。另外，文化创意氛围浓厚、创意行业获得社会尊重，整体平均收入提高也是刺激艺术劳动供

---

① 例如，原创的艺术文本可用多种主题、不同卖点的包装组合再次销售；一部电影、一本书或一场演出可以反复欣赏或是拆分重组成不同的形式再次消费；一个景点或是一个文物可以以不同的策划主题多次展览；一首经典曲目可以由不同风格的乐队重复演奏，等等。

给增长的重要因素。

（二）复制产品的供给

从产业角度来看,大部分文化产品可以从创意进入类型化、标准化的工业生产阶段,技术又对于降低制作成本、提高复制数量起到重要推动作用,此阶段的文化产品符合供给定律。如音乐 CD、影视节目拷贝、网络游戏软件、绘画界的"行画"、定制的工艺品等。哪怕是短期内存量有限的产品(如影剧院的座位),在长期里也可以通过建设新的电影院或者剧院来增加(复制)供给量。

随着产量的增加,产品的平均成本逐渐下降,增加一个产品或是一个顾客所产生的新的成本会很低,如数字制作、展览游乐场馆等文化行业。因此,厂商不需要更多的投入就可以维持盈利。此时,市场价格的高低对供给量的影响不大,只要是这个价格不低于它的成本,厂商都愿意供给更多的产品。那么,影响产品供给的主要因素就是厂商对市场的预期和获利目标额度,厂商甚至可以控制产出,营造市场短缺,反过来操纵价格。

（三）固定存量产品的供给

文化遗产类产品是存量固定、不可再生的文化产品,甚至是逐渐减少消失的宝贵财富。如出土文物、历史遗址和群落、已故艺术家创作的各种书画、雕塑等,还有很多非物质文化遗产。这些经典、孤本、遗作经过历代消磨后更加弥足珍贵、不可多得,价格会随着时间沉淀而持续上涨,但客观上无法增加供应量,甚至会人为限制、减少供给。有时候这是为了制造市场稀缺、抬高价格,如一些文物拍卖公司的做法。有时候是出于保护和可持续发展的考虑,如一些文化遗产景区的游客众多,但经营部门往往会限制每日最大游客量。

第三节　文化市场的均衡

需求曲线和供给曲线说明了价格对于消费者的需求和生产者的供给的作用。一定条件下,经济事物中的有关变量,通过相互作用会达到的一种相对静止、均衡的状态。

一、供求均衡

（一）均衡价格和均衡数量

供求均衡是使市场商品供应量及其构成与市场上有货币支付能力的商品需求量及其构成之间保持平衡。即需求和供给两条曲线相交于 E 点。在完全竞争市场中①,当需求价格与供给价格一致时,该价格即为均衡价格(P_0),且这一价格对应的供给量即为均衡数量(Q_0)。(图4-8)

在均衡价格下,市场上每一个人都得到满足,产品出清。均衡价格是供求双方在竞争过程中自发形成的。一个市场常会出现两种供求不均衡状态:过剩与短缺。在完全竞争市场的市场机制作用下,供求不均衡状态会逐步消失。商家的供给和价格往往会从短缺上升到过剩,之后回落到均衡价格。如市场价格大于均衡价格,即供大于求,商品过剩

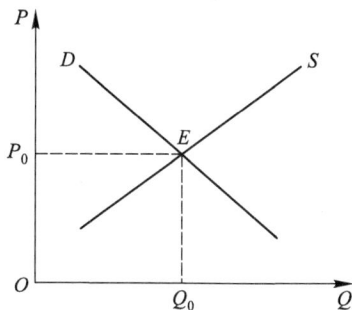

图4-8 供求均衡

供给,消费者不需要了,供给者对于卖不出去的商品的反应是降价,并且减少供给量。随着价格下降,需求量上升了——这种变化的点会沿着供给曲线和需求曲线移动,价格必然下降到均衡价格的水平,即两条曲线的交叉点。反之如此。②(图4-9)

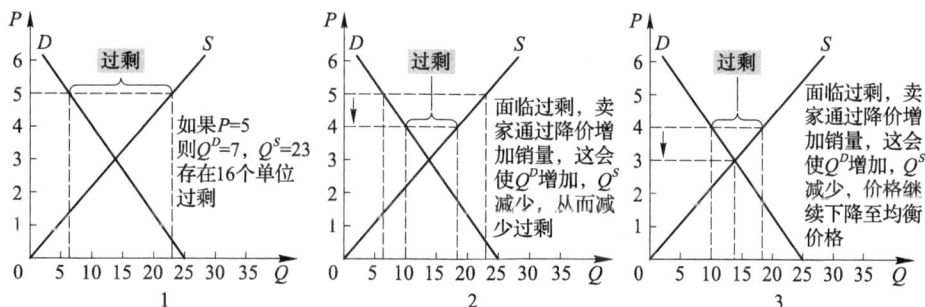

如果$P=5$则$Q^D=7$,$Q^S=23$存在16个单位过剩

面临过剩,卖家通过降价增加销量,这会使Q^D增加,Q^S减少,从而减少过剩

面临过剩,卖家通过降价增加销量,这会使Q^D增加,Q^S减少,价格继续下降至均衡价格

---

① 完全竞争市场是指竞争充分而不受任何阻碍和干扰的一种市场结构。在这种市场类型中:(1)产品具有同质性,在产品的质量、性能、外形、包装等方面无差异,以致任何一个企业都无法通过产品差异来影响价格而形成垄断。(2)市场存在大量的生产者和消费者,与整个市场的生产量(即销售量)和购买量相比较,任何一个生产者的生产量(即销售量)和任何一个消费者的购买量所占的比例都很小,因而,他们都无能力影响市场的产量(即销售量)和价格,都是价格的接受者而不是制定者。(3)资源可自由流动,厂商进入或退出一个行业是完全自由和毫无困难的。(4)信息具有完全性,即市场上的每一个生产者和消费者都掌握着与自己的经济决策有关的一切信息,据此都可以做出自己的最优的经济决策,从而获得最大的经济效益。

② 参见曼昆:《经济学原理·微观经济学分册(第6版)》,梁小民、梁砾译,北京大学出版社2012年版,第81—83页。现实中,在同一市场价格水平上,供求双方所愿提供或接受的数量是不一样的,数量尚未均衡,价格自然也是各为其主了;再者,对应同一数量水平,供求双方会给出不同的价格。因此供求双方各有各的价格,均衡价格一定是市场成交价格,但市场成交价格却并不一定是均衡价格。均衡价格不单单是"算"出来的,而应是"谈"出来的。均衡价格会出现,但买卖双方无法准确判断出现的时间,往往是事后理论分析总结时得出的。

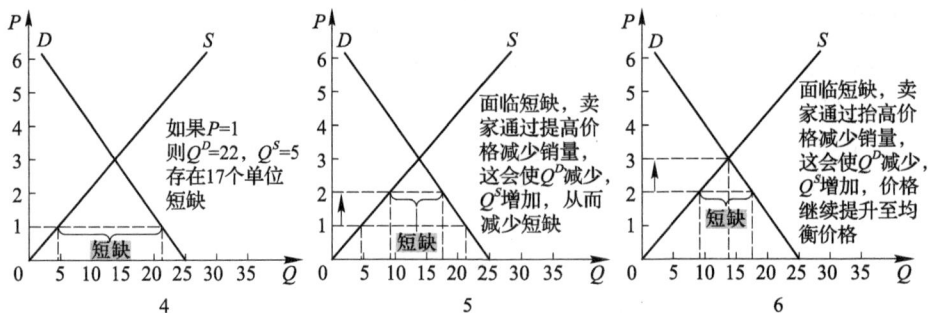

图 4-9 供求均衡的形成过程

（二）均衡变动

（1）供给不变（S 曲线位置不变），需求增加使需求曲线向右方移动，均衡价格上升，均衡数量增加；需求减少则使需求曲线向左方移动，均衡价格下降，均衡数量减少。（图 4-10）

假设某一年夏季，天气特别炎热（非价格因素）。那么人们想吃更多的冰激凌，在原价位下人们愿意购买的数量增加，会产生脱销，生产者看到需求增加，会提高价格、增加供给量；或者可以说，由于天热，对任何既定数量的冰激凌，消费者愿意支付比以前更高的价格，为了满足扩大的需求，生产者相应地增加了产出。因此，需求曲线向右水平移动，最终在供给者和需求者共同作用下，使均衡价格上升到 P_2，均衡数量增加到 Q_2，反之亦然。

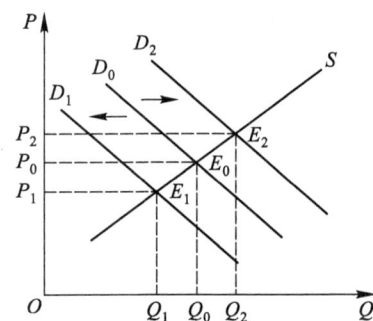

图 4-10 供给不变，需求变动

（2）需求不变（D 曲线位置不变），供给增加，供给曲线右移，均衡价格下降，均衡数量增加；供给减少，供给曲线左移，均衡价格上升，均衡数量减少。（图 4-11）

假设在另一个夏天，台风摧毁了部分甘蔗田，并使糖的价格上升。这一事件将如何影响冰激凌市场？因为糖是制作冰激凌的一种重要原料，糖的产量减少导致了冰激凌在原价位下供给量减少，使得供给曲线向左移动，均衡价格上升，供给数量减少。

（3）供给和需求同时变动。在其他条件不变情况下，需求变动引起均衡价格与均衡数量同方向变动，供给变动引起均衡价格反方向变动，引起均衡数量同方向变动。（图 4-12）①

————————

① 供给和需求两条曲线同时变动的其他三种（方向）情况图形可参考相关微观经济学教材，此处省略。

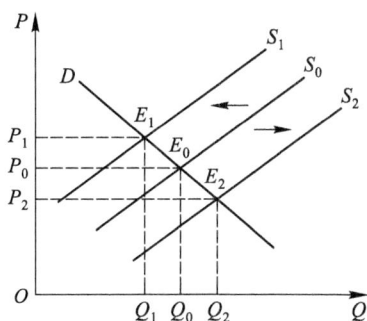

图 4-11　需求不变,供给变动

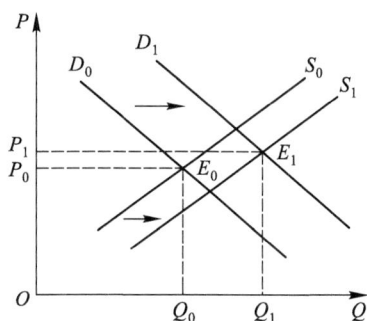

图 4-12　供给和需求同时变动

谈到价格对于市场资源配置的作用,美国经济学家曼昆(N. Gregory Mankiw)形象地描述道:"经济是由许多从事各种相互依存活动的人组成的群体。用什么来避免分散决策陷入混乱?用什么来协调千百万有不同能力和欲望的人的行动呢?……那就是价格。如果如亚当·斯密(Adam Smith)所说,有一只看不见的手引导着市场经济,那么价格制度就是这只看不见的手用来指挥经济交响乐队的指挥棒。"①通过价格机制的作用,产品供需双方总可以寻找到一个均衡点,产品全部出清,有效需求能得到满足,社会资源没有浪费,达到最佳配置。但在现实生活中,经济因素只是决定需求和供给的一部分因素,还有大量社会、文化、政治、宗教等方面的因素。单纯依靠市场价格自发调节供求关系是不完善的,供求关系决定的价格在短期可能是合适的,在长期可能会对生产方和消费者产生不利影响。②

————————————

①　曼昆:《经济学原理·微观经济学分册(第 6 版)》,梁小民、梁砾译,北京大学出版社 2012 年版,第 81—83 页。

②　如一些名牌医院的专家门诊号由政府规定了最高价格,这种政策的目的是为了保证穷人也能找专家看病,但引起了什么后果呢?由于价格低,无论大病、小病,人人都想看专家门诊,但专家数量有限。这样,供给量小于需求量,存在短缺,但价格又不允许上升。解决这种问题的方法有三种:配给(由医院决定给谁)、排队和黑市。号贩子以黑市的均衡价格(远高于原价)卖给病人。尽管公安部门屡次打击号贩子,但由于利润丰厚,号贩子屡禁不止。可见,只要存在限制价格,短缺现象就无法消除,号贩子不会消失,病人不得不付出高价,其间的差额又不由专家所得。政府的意图是为了维护消费者的利益,但实际上却损害了消费者的利益。从自由竞争市场的角度看,消除号贩子的办法是取消对专家挂号费的限制价格政策。一旦价格放开,挂号费上升,想看专家门诊的人减少(小病不找专家,大病、疑难病症才找专家),愿意看病的专家增加,最终实现供求相等。这时,号贩子无利可图,自然也就消失。当然,放开专家门诊挂号费限制,又可能造成有大病的穷人得不到好的专家的诊治,有失社会的公平。所以,增加人民收入水平,增大医疗资源供给也是非常必要的。

二、文化市场均衡的多种含义

(一) 复制产品

在大规模工业化生产阶段,复制文化产品的市场均衡与普遍商品相同。在完全竞争市场中,需求多少就可以供给多少。消费者和供给者可以快速实现对于市场供需的调整,从而实现文化市场出清。

(二) 固定存量的产品

一定时期固定存量的文化产品供给是不变的(甚至还可能不断减少),所以消费者要想获得文化商品或文化体验,只能增加支付意愿,从而使产品价格不断提高。

例如,假设某文化遗产类作品不被毁坏、不减少[①],某些价格之外的因素使得人们在同样价格下,购买欲望、能够购买数量都增加了,但是因为供给无法增加,所以人们愿意出的价格会提高,在这一过程中一些人因为价格太高而放弃了需求,而另一些人继续需求,新形成的供需均衡点与原有均衡点相比,均衡数量不变,但均衡价格变高,如图 4-13 所示。当然,有的时候,政府主管部门会出台限价方面的政策。

再如,一场话剧的出品方(演出公司)低估了观众需求,选择了一家座位较少的剧院进行演出,如图 4-14 所示。该剧院座位数固定为 Q_0,供给曲线为 S_0。供给方把票价定位 P_0。当首演结束后,供给方发现戏剧门票的日需求量如需求曲线 D 所示。结果,当票价为 P_0 时,对座位的需求出现了过剩(过剩需求量为 Q_1 与 Q_0 的差值)。虽然在 P_0 价格下,演出实现了100%上座率,但是由于存在过剩需求,如果抬高票价至 P_1,也能实现满座。遗憾的是,现实情况一般不允许在首演之后和每场开演之后变动价格。那么两相比较,作为供给方的演出公司和剧院就损失了潜在收入——这笔收入等于两个价格差乘以能售出的门票数(固定座位数),即 $Q_0 \times (P_1-P_0)$,也就是图中阴影 I 面积。

如果价格不能涨,那么可以把演出移到规模更大的剧院(座位数为 S_1)。这样供给方可以进一步满足之前的过剩需求量,在原来票价 P_0 之下,可以获得额

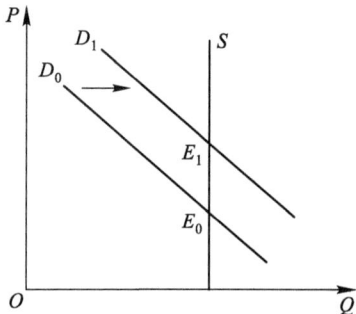

图 4-13　固定存量的文化产品的供求

---

① 如齐白石的画作在不同买家手里流通,但总量不变。故宫博物院每日接待量不变。

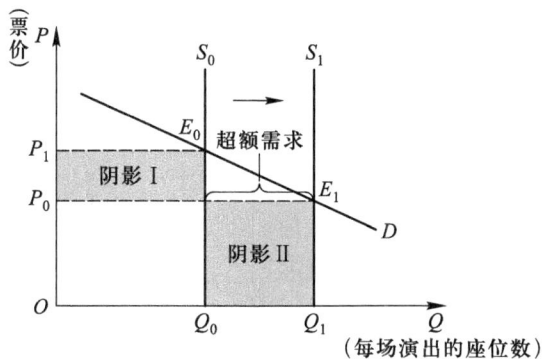

图 4-14　剧院演出的供求（需求过剩）

外收入（阴影 II 面积），而同时追加的成本也不大。

如果上述两种措施都无法及时实现，在演出大受欢迎的情况下，其结果是形成了门票黑市，未得到满足的顾客（$Q_1 - Q_0$）愿意出比 P_0 更高价位来获得座位。这部分黑市票款是本应属于编剧、导演、演员、演出公司以及剧院方的票房收入，却流入"黄牛"的腰包。

再考虑该话剧演出没有达到预期观众欢迎程度的状况，如图 4-15 所示。如果原价（P_0）定得过高，则出现了超额供给（$Q_0 - Q_1$），上座率不高。供给方可以降低票价（P_1）来实现满座。但问题是，之前拿原价票进来的观众不会同意别人拿着低价票坐在同等价值的座位上。此外，降价之后多卖出的门票收入（阴影 II 面积）不一定就能弥补降价损失的收入（阴影 I 面积）。总收入最终是增加还是减少，取决于哪个阴影矩形面积大，这就要看需求价格弹性，如果观众对价格下降反应非常灵敏，那么降价会带来总收入的净增加，反之则带来总收入的净减少。

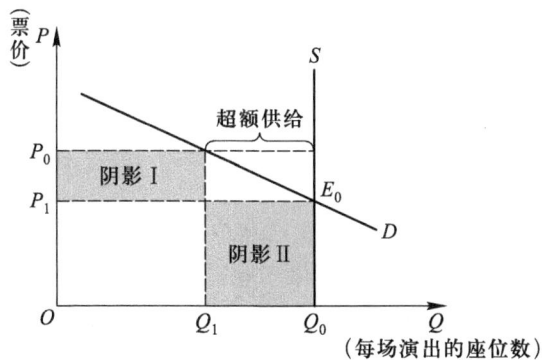

图 4-15　剧院演出的供求（供给过剩）

（三）创意产品

创意产品的供需均衡则更为复杂,因为前文说道,创作需要较多的创意、灵感和才华,偶然和不确定的影响因素众多,因而供给缺乏弹性。即使市场需求很大,价格已经上涨了很多,但供给者也难以快速反应、增加供给,也就是 S 曲线很陡峭(斜率很大,如图4-16)。创意品质高但供给增长持续缓慢,结果在市场上造成同一价位下该产品的需求量变大,或是说购买同一数量该产品,消费者愿意出更高价格——需求曲线右移。

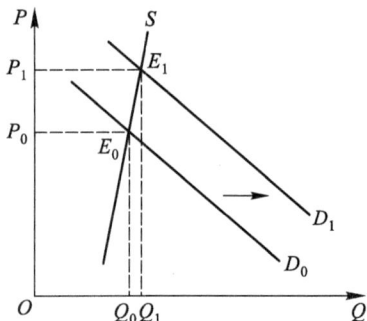

图4-16　创意产品的供求

这种情况严重的话,就会出现类似于文化遗产产品市场的情况,不断攀升的价格最终将使该产品成为奢侈品,很多消费者被迫退出,针对该产品的需求弹性越来越小,消费人数增长缓慢,最终供给者和消费者都局限于一个狭窄的人群范围内,成为富人或是"忠粉"的小圈子游戏,在图中体现为市场均衡点所对应的 Q_0 和 Q_1 二者差值很小[①]。从社会福利角度讲,供给方没有获取应得的全部收益,更多的消费需求没有得到满足(也可能形成"黑市交易"),而其他的供给者则受到冷落。

市场均衡是假定价格具有充分弹性,信息完全透明,不存在交易成本。从产业理论的角度讲,文化市场均衡终会形成,但是由于信息不透明、潜在供求的挖掘和培育所需时间长、行业条块分割和地方保护、人才和资本流通不畅、经济外部性和复制成本低催生盗版等问题在文化产业中体现得非常明显,让文化市场长期不平衡和不稳定,主要有以下表现:

首先,信息不透明导致市场萎缩。一些文化行业信息壁垒高,信息和规则掌握在供给者和少数高端买家手里,消费过程中的搜索和学习成本很大,非专家的消费者难以识别和接触到真品、正品。当消费者无法购买多个艺术家、多种类的作品,当越来越多的人买到赝品,那么消费者对产品的评价和支付意愿就会不断下降,也无法实现集体消费,消费者数量趋于下降,消费规模经济无法实现,文化市场将渐趋萎缩。

其次,潜在供求缺乏挖掘导致文化产品单一、文化品位低俗。欲望更替和升级是经济学重要的一个规律,也是文化产业得以发展的一个重要根据。民生富足的区域有巨大的文化消费能力,但是没有相应的审美教育和艺术普及,缺乏优

---

① 参见王志标:《略论文化市场均衡中的第三方力量》,《经济问题》2010(4)。

秀作品的宣传推荐,造成庸俗、仿造的文化产品和娱乐生活盛行,价格机制虽然形成市场均衡,但降低了文化创新力、文化品位,导致文化价值观混乱。在另一方,供给方的融资能力差,政府的扶持力度又小,造成市场开发和有效供给不足,丰富多彩的文化资源、技艺、作品长期被束之高阁、冷落荒废,产业价值被极大湮灭。

最后,符号潮流消费造成泡沫经济。文化产品的需求和供给都有一定的滞后性,但是符号消费又会让某一个文化市场迅速过热。当出现一股新的文化符号和潮流时,消费者就可能趋之若鹜,需求暴涨。急功近利的供给人数激增,符号创意产品很快就会发展成复制产品,精品鲜见,行活、模仿品及涂鸦之作充斥市场;跟风式、重复性的投资"热钱"一哄而上。逐渐地,原创市场(一级市场、低端市场)会被冷落;符号市场(二级市场、高端市场)则吸引了大量新的买者——一般是非理性的盲目跟风者、炫耀者、投机者、转包者。"当红"的文化产品的价格会飙升,大大超过产品的真实价值,用供求定理无法解释这种价格和供求量的变化。

如果一个文化市场,主要不是由底蕴型、真实的文化审美需求的高增长引起价格变动,而是由投机性、符号追捧式需求的快速增长引起价格虚高,则可以视为文化市场过热或是出现泡沫。①由于文化消费具有明显的"喜新厌旧"的特征,特定的符号作品的重复供应必然让人们的兴趣迅速降温,投机性购买者迅速退出市场,需求随之减少,结果造成供给过量,产品价格"跳水",使得后来进入的企业血本无归,从而严重地打击了这个文化市场。

所以,为了解决文化市场容易出现的不均衡局面,不能仅仅着眼于短期的繁荣或低迷的图景,一方面需要建立和完善市场自由竞争体制和价格调节机制,另一方面也需要政府建设完善市场交易平台,与大众媒体、评论鉴赏家、经纪人等各方联合起来,为供求双方疏导和甄别信息,化解市场风险。相关管理部门还需主要针对小微企业和原创项目实施一定的财政补贴和贷款担保,并进行文化宣传和道德引导,大力建设公共文化服务体系。在一个较长的时间规划中,利用文化资源可重复开发、创意产品可不断复制和衍生的产业特征,培育充满创新活力的市场,搭建产业链,实现规模经济和多渠道分销,防止出现泡沫经济和庸俗、同质文化。总之,文化市场均衡包含了民间原创市场与高端投资市场的均衡,市场发展的地域均衡,国内与国际的市场接轨和均衡,市场价值与艺术价值的均衡,资本力量与艺术评价力量的均衡,市场导向与公益导向的均衡。只有这样,才能实现最优资源配置。

---

① 泡沫经济的主要表现是:商品供求严重失衡,供应量远远大于需求量;投机交易气氛非常浓厚。市场价格剧烈波动,脱离了实际使用者支撑的情况,与价值严重背离。

第五章

效用、收益和成本

投入与产出、收益与成本是经济学者和企业家最为关注的问题之一,因为这直接关系到一个企业、一种产业的可持续发展。但是文化产业的收益和成本都出现了新的特征,如不直接以货币体现、外部性、长尾效应等,这些新问题对于文化产业的规划和经营具有重要意义。

第一节　文化产品的效用

一、效用和边际效用递减规律

(一) 效用

在第四章讨论影响需求的因素时,我们提到了"效用"。经济学中的效用(Utility, U)是指商品满足人的欲望的能力评价,或者说是消费者在消费商品时所感受到的满足程度。效用与人的心理联系在一起,是消费者对商品的一种主观评价,要准确计量非常困难。经济学家用它来解释消费者如何把他们有限的资源分配在能给他们带来最大满足的商品上。

为了解决效用的可测量和可比较问题,西方经济学家先后提出基数效用和序数效用的概念,并在此基础上以消费者偏好概念代替消费者感觉,形成了分析消费者行为的两种基本方法:基数效用论者的边际效用分析方法和序数效用论者的无差异曲线分析方法。在 19 世纪和 20 世纪初,西方经济学家普遍使用基数效用的概念,到了 20 世纪 30 年代,序数效用的概念被西方大多数经济学家所接受。

(二) 边际效用

边际(Margin, M),是"额外的""追加"的意思,即"已经追加上的最后一个单位"或"可能追加的下一个单位"。"边际量"就是"增量"的意思。说得确切一些,自变量增加一单位、因变量增加的量就是边际量。比如说生产要素(自变量)增加 1 个单位,产量(因变量)增加 2 个单位,这 2 个单位就是边际产量。西方经济学把研究一种可变因素的数量变动会对其他可变因素的变动产生多大影响的方法,称为"边际分析法"。经济学家曼昆指出:"经济学通常假设人是理性的,⋯⋯生活中的许多决策很少是黑与白的选择,而往往是介于其间。⋯⋯经济学家用边际变动这个术语来描述对现有行动计划的微小增量来调整,⋯⋯是围绕你所做的事的边缘的调整。理性的人通常通过比较边际利益与边际成本来做出决策。"[①]

边际效用(Marginal Utility, MU)是指消费者在一定时间内增加一单位商品的消费所得到的效用量的增量,亦即多消费一单位该商品实现的满足感增幅。

(三)边际效用递减规律

边际效用递减规律是要说明,当消费者消费较多的某种物品时,总效用会趋向于增加,然而当你消费得越来越多时,你所得到的总效用增加的速度会越来越慢,也就是说,你所得到的边际效用随着该物品消费量的增加而减少。如现在有20个包子,可是你吃了10个后就很饱了,那么第11个包子给你所产生的满足感就没有前面那些包子产生的多,随着包子的增多,效用递减。当边际效用为零时,总效用最大。此后总效用逐渐下降。若再进一步增加消费量,边际效用就会变成负数,此时,享受变成痛苦。

从消费方面来说,我们也必须把握此规律的限定条件:

(1)消费者的偏好不变。如果消费者的偏好发生变化,那么同一个人从同一种商品得到的满足程度就有可能出现新变化。

(2)一定时间内的连续消费,并且消费的是同一种物品或服务。消费者要在给定时间段内重复消费同质产品,才会出现边际效用递减。

(3)其他物品消费数量不变。如果在消费该种物品的同时,其他商品的消费发生变化,便可能导致商品间出现不同数量的最优组合,出现中和和调剂现象,从而使得消费者得到的满足程度发生不规则的变动,如出现新产品与旧产品搭配消费。

因此,我们需要这样严格定义边际效用递减规律:在一定时间(短期)内,在其他物品或服务消费数量保持不变的前提下,同一消费者连续增加消费同一种物品或服务,每增加一单位消费所带来的总效用的增量(即边际效用)是递减的。所以我们可以说,边际效用大小与消费者对商品的欲望强度成正比,与商品的消费数量成反比;边际效用一般为正值,但理论上也有为负值的可能性。

二、文化产品的边际效用

国内外一些文化产业研究文献中常常认为,知识、创意的投入让文化产品不

① 曼昆:《经济学原理·微观经济学分册(第6版)》,梁小民、梁砾译,北京大学出版社2012年版,第6页。

断推陈出新,带给消费者一个又一个的惊喜和满足,从而使其边际效用呈现反传统的"递增"曲线。其实这种论点是比较笼统的。

在前面的需求分析中我们谈到,需求偏好和心理体验对于文化产品的效用发挥着重要的影响,而这种偏好和体验又与个体成长、历史更迭及社会思潮变化密切相关。因此,我们需要把文化产品的边际效用变化趋势分成两个维度来考察:偏好强弱与消费时间周期长短。

1. 短期内不同偏好程度的消费者对同一文化产品消费的边际效用

在短期时间内,消费者在第一次阅读或欣赏时,由于对象所呈现的是一种全新的内容,消费者心理满足感最强,所获得的效用也就最大。之后,他可能会重复阅读同一本小说,欣赏同一幅字画或是演出。在偏好性比较弱的消费者看来,每多一次阅读、欣赏,无非就是文字或内容的多一遍重复,开始出现"审美疲劳",随着次数的增多,心理满足程度越来越少,甚至最后还会有厌恶情绪。因此,其边际效用曲线是趋于下降的,并且下降的速度逐渐加快;而偏好性较强的消费者在短期内对同一文化产品进行反复消费(如忠实粉丝对明星及其作品的消费),其心理满足程度也是会逐渐下降,但下降速度较偏好性较弱的消费者会慢一些。(图 5-1)

2. 长期内不同偏好程度的消费者对同一文化产品消费的边际效用

对于偏好性较弱的消费主体来说,虽说在间隔了较长一段时间再消费同一文化产品,或多或少会有些新意,但终究是重复消费,其边际效用还是趋于递减的;对于偏好性较强的消费主体而言,在间隔了较长一段时间后的消费,由于在最初几次消费中,他们的心理满足感是增加的,再加上时间产生的新鲜感,他们的边际效用是加大的。所谓"常读常新""每一次看都有新感受"。不过消费了一定次数以后,精神上的享受和心理满足还是会减少的。

总之,在长时期内,消费者的兴趣爱好、审美水平以及对产品背景信息的了解程度,都会发生改变。偏好性强的消费者可能会逐渐成为偏好性较弱的消费者;同样,偏好性较弱的消费者也可能成为偏好性强的消费者。无论强弱,边际效用曲线都是带有波动性的递减或先递增后递减。(图 5-2)①

以上分析是针对同一个文化产品的消费,而对于同一类型的文化产品的消费,不同偏好程度的消费者所获得的效用,也是类似的道理。略有不同的是,消费具体内容不同而类型相同的文化产品,会形成一种流行文化趋势,使得边际效用不会持续下降,而是会有阶段性的上升,但终归会下降,只不过偏好程度强的消费者的边际效用下降得晚一些。

---

① 参见娄策群、王颖:《文娱类信息消费的边际效用分析》,《情报科学》,2009(5)。

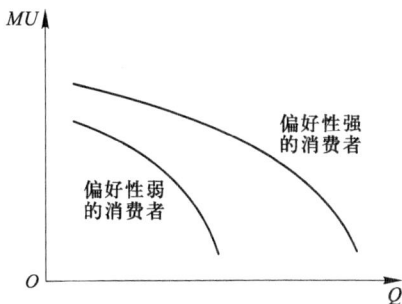

图 5-1　短期内不同偏好的消费者对
同一文化产品的边际效用

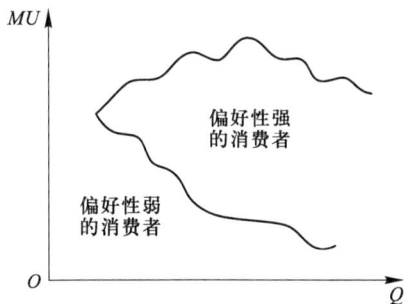

图 5-2　长期内不同偏好的消费者对
同一文化产品的边际效用

　　所以,文化产品的边际效用递减指的是一种总的趋势和走向(虽然带来的总效用仍然是增加的)。它并不排除一开始递增的可能性,但最终将出现递减,并且随着消费的继续增加会达到零点。如果仍然继续消费,边际效用就会为负。如游客在某个文化旅游公园进行一次完整旅游之后,其总效用已经达到最大化,边际效用已经为零。或许有人会说,公园经过新的文化资源开发、提炼和创意,推出新的文化旅游产品,从而增加边际效用,但要注意:新创意产品已经不是以前的产品,其新增的成本(边际成本)也会发生变化——这已经改变了边际效用递减规律的限定条件。

第二节　文化产品的收益

一、收益和边际报酬(边际收益)递减规律

(一)收益

　　在经济学中,收益(Revenue,R)是指出售产品所得到的收入,也就是企业的销售收入。亚当·斯密把收益看作是财富的增加,后来的西方经济学家都继承并发展了这一观点。1890 年,马歇尔在《经济学原理》中把“财富的增加”这一观点引入企业,提出区分实体资本和增值收益的经济学收益思想,增值收益的意思是净收益——“(所有者或经营者)按现行利率扣除其资本和利息之后,所留下的利润可成为其经营和管理的收益”[1]。20 世纪初期,美国经济学家欧文·费雪(Irving Fisher)提出了三种不同形态的收益(收入):

　　① 　马歇尔:《经济学原理》,章洞易缩译,南海出版公司 2007 年版,第 108 页。

（1）精神（或称"享用"）收益——由满意的感觉或体验构成，无法直接衡量，所能做到的只是计算为获得这些收益所支付的货币是多少。

（2）实物（或称"实际"）收益——物质财富的增加。它由人们从外部世界中获得（拥有）的各种生活物品和物质事件所构成（如房屋和衣服，面包和牛油，报纸的阅读、播放的音乐），可以用"生活费用"来衡量。如"你不知道你居住的房屋有多大的真实价值，可是你能说出你付了多少房租，如果是自己的房子，那你也得算出适当等值的房租"。虽然生活费用是支出不是收入，"但它是正项的实际收入最实用的尺度"，即用货币计算实际收入。

（3）货币收益——所得到的全部货币，即通常所说的"收入"。货币收益容易计量，它用来支付生活费用。[①]

一个企业的总收益（Total Revenue, TR）是企业按照一定价格出售一定数量产品时所获得的全部收入。平均收益（Average Revenue, AR）是指企业销售普通一单位产品所获得的收入，即总收益除以销售量。

（二）边际收益

边际收益（Marginal Revenue, MR）是指企业增加一单位产品销售所获得的总收入的增量，即最后一单位产品的售出所取得的收益。

边际收益和边际效用的区别在于，边际收益更多用于描述生产者的行为；边际效用更多是用来描述消费者的消费行为。边际收益侧重货币度量；边际效用侧重消费心理感受。

（三）边际报酬递减规律（边际收益递减规律）

对此变化规律，西方经济学文献一般分成三个阶段进行描述：

（1）在技术水平不变的情况下，在短期中可以把生产要素分为固定生产要素和可变生产要素。生产者在短期内无法进行数量调整的那部分要素投入是固定要素（不变要素），如机器设备、厂房等；在短期内可以进行数量调整的那部分要素投入是可变要素。

（2）固定生产要素和可变生产要素之间存在一个最佳组合比例。在最佳组合比例点之前，固定生产要素没有得到充分利用，当一个单位的可变生产要素投入时，可以生产出比前一单位生产要素投入时更多的产量，即边际产量（Marginal Product, MP）递增，总产量也以递增的速度在增加。一旦生产要素的投入量达到最佳组合比例，相应的可变要素的边际产量达到最大值。[②]

（3）在达到最佳组合比例点之后，固定生产要素开始与过多的可变生产要

---

① 参见欧文·费雪：《利息理论》，陈彪如译，商务印书馆 2013 年版，第 5—6 页，第 9—11 页。

② 边际产量（MP）是指增加一单位可变要素投入量所增加的产量。

素相配比,管理协调出现困难,造成生产效率下降,使得新增加的可变要素的产出量相比此前等量投入要变少(或是反过来说,完成同样产量所对应的可变要素投入量增加),即边际产量递减。虽然可变生产要素增加还在引起总产量的增加,但这个增长率(增速)在递减。当可变生产要素继续增加,最终还可能会使总产量减少。

经济学界对于这个规律,有的称为边际报酬递减规律或边际产量递减规律,也有的称为边际收益递减规律。本书认为,这个递减规律是针对企业生产中"要素投入"与"边际产量"的变化关系而言的,而边际收益的定义是指"多销售一个产品获得的收入"——是针对于产品单价和市场需求而言的。

曼昆在《经济学原理》里明确提出了边际产量递减:"一种投入的边际产量随着投入量的增加而减少的特征。"[①]经济学家高鸿业区分了"产品的边际收益"与"要素的边际收益(边际产品价值)"两个概念。他指出应特别注意边际产品价值与产品的边际收益的区别:"产品的边际收益或者简称为边际收益是对产量而言",反映了增加一个单位产品(销售)所增加的收益数量;而要素的边际收益是对要素而言,反映了增加一个单位生产要素所增加的收益数量。[②]传统上说的边际收益递减规律指的是"要素边际收益"的递减。因此,国内很多微观经济学教材都使用边际报酬这一名称,而不是边际收益这一名称,以此避免概念的混乱:在生产中普遍存在这么一种现象:在技术水平不变的条件下,在连续等量地把某一种可变生产要素增加到其他一种或几种数量不变的生产要素上去的过程中,当这种可变生产要素的投入量小于某一特定值时,增加该要素投入所带来的边际产量是递增的;当这种可变要素的投入量连续增加并超过这个特定值时,增加该要素投入所带来的边际产量是递减的。这种在产品短期生产中,随着一种可变要素投入量的增加,边际产量表现出的先上升而最终下降特征,就是边际报酬递减规律,有时也被称为边际产量递减规律或者边际收益递减规律。[③]

(四)边际报酬递减规律的限定条件

通过上面的描述,边际报酬(边际收益)递减的完整过程可划分为递增、递减、负值三个阶段。对于传统农业来说,在农田里撒化肥可以增加农作物的产量,当你向一亩农田里撒第一个 100 公斤化肥的时候,增加的产量最多,撒第二

---

① 曼昆:《经济学原理·微观经济学分册(第 6 版)》,梁小民、梁砾译,北京大学出版社 2012 年版,第 269 页。

② 参见高鸿业:《西方经济学(微观部分)第五版》,中国人民大学出版社 2011 年版,第 209—210 页。

③ 参见高鸿业:《西方经济学(微观部分)第五版》,中国人民大学出版社 2011 年版,第 107 页。另还可参见网络分析文章:《边际收益递减 or 边际产量递减?》http://time.dufe.edu.cn/xuerenxx/duzhe2.htm.

个 100 公斤化肥的时候,增加的产量就没有第一个 100 公斤化肥增加的产量多,撒第三个 100 公斤化肥的时候增加的产量就更少甚至减产,也就是说随着所撒化肥的增加,增产效应越来越低。①

拿传统制造业来说,只要机器和车间面积等生产要素固定不变,随着劳动力的增加,在开始时,劳动力能与大量丰富的固定生产要素相结合,所以其边际产量是递增的;但随着劳动力的继续增加,能与新增劳动力结合的固定生产要素越来越少,这时,边际产量就会递减。以一个果汁厂为例,在短期内,工厂的规模是固定的,除了工人数量以外的其他投入品是固定不变的,厂长只能通过改变工人的数量来改变产量。如果工厂中没有工人,就生产不出果汁。当有一个工人时,生产 50 瓶果汁;当有 2 个工人时,生产 90 瓶果汁;以此类推,如表 5-1:

表 5-1　果汁厂的工人和产量

工人数量	每小时的产量	边际产量
0	0	—
1	50	50
2	90	40
3	120	30
4	140	20
5	150	10

表 5-1 的第三竖栏给出了工人的边际产量。当工人数量从 1 增加到 2 时,果汁产量从 50 瓶增加到 90 瓶,因此,第二个工人的边际产量是 40 瓶果汁。当工人数量从 2 增加到 3 时,果汁产量从 90 瓶增加到 120 瓶,因此,第三个工人的边际产量是 30 瓶果汁。我们会发现:随着工人数量的增加,边际产量减少。第二个工人的边际产量是 40 瓶果汁,第三个工人的边际产量是 30 瓶果汁,而第四个工人的边际产量是 20 瓶果汁。因为当只雇用少量工人时,他们更容易利用设备,随着工人数量的增加,增加的工人必须与别人共同使用设备,在较为拥挤的条件下工作。所以当雇用的工人越来越多时,每个新增加的工人对生产果汁的贡献就越来越小了,但总产量仍在增加,只是增速变慢,增幅变小。如果继续增

_____

① 美国经济学家阿琳·霍格认为,边际收益递减规律"不会规定从哪一袋化肥开始比上一袋生产更少的番茄,也不会确定收益递减从何时开始发生,仅仅是说最终将会有这样的趋势。这个法则就像是一个算命先生的预言,对细节是模糊的。收益递减法则仅仅预言了:随着肥料的增加,额外增加肥料所增加的番茄数量将会下降"。参见阿琳·霍格《经济学导论》,刘文忻等译,华夏出版社 2004 年版,第 110 页。

加工人,车间内发生更大的拥挤,工人之间发生矛盾,总产量反而减少了。①从企业管理角度看,企业规模越大,对各方面业务进行协调的难度也越大。由于高层管理人员很少接触基层,中间环节太多,必然造成沟通成本上升和官僚主义,使管理效率大大降低,导致收益递减。

从上面的例子中可以看出,虽然边际报酬最终必然会呈现出递减特征,但这一规律的实现不是无条件的,而是建立在三个前提假设之上:

(1)技术水平不变。即现有的技术含量、生产工艺是不变的。假如技术条件改变,生产要素投入比例与其相适应,就不一定出现边际报酬递减现象。

(2)固定生产要素不随产量相应增加,固定和可变生产要素之间配合的比例才会逐渐导向失调。如果所有要素投入同比增加,也不一定出现边际报酬递减现象。

(3)追加的可变生产要素(单一或是组合)是同质的,具有相同的效率。②

二、文化产品的边际报酬(边际收益)

对于文化产品,我们可以沿用边际收益这个提法,但必须声明是"要素的边际收益",即企业增加使用一个单位生产要素所增加的收益。如果假设生产量等于销售量,则边际产量、边际报酬的变化等同于边际收益变化。文化、知识、艺术、历史资源等生产要素几乎可以永无止境地投入到文化生产之中,不断制造出新的产品、新的需求、新的销售,从而边际收益实现了反传统的递增趋势,带给大家一种发现"新经济增长模式"的兴奋,这种论调同样需要更具体的讨论。

(一)互联网经济的边际收益递增

对边际收益递增的讨论并不是从文化产业开始,而是从互联网信息经济开始的。一些文献认为,由于互联网等高科技产业以知识、数字信息为基础,具有可共享、可重复使用、可低成本复制等特点,通过与其他要素的有机配比和使用,可以不断地改进和推陈出新。也就是说,信息不会因为消费而消失,企业可以把信息存储起来,把大量零散、无序的资料、数据、信息按照使用者的用途进行加工、处理、分析、综合,形成新的有价值的信息产品。这种信息、知识的累积增值效应,可在一定程度上解释边际收益递增。③

并且,由于网络效应,用户越多,产品效用越大。例如,由于越来越多的人使

① 参见曼昆:《经济学原理·微观经济学分册(第6版)》,梁小民、梁砾译,北京大学出版社2012年版,第267—269页。

② 参见黎诣远:《西方经济学·微观经济学(第三版)》,高等教育出版社2007年版,第139页。

③ 参见王巍:《质疑边际报酬递减规律——网络信息产业的边际收益递增现象分析》,《经济工作导刊》,2002(13)。

用电子邮件,这使得最初的使用者所获得的效用随着后续使用的人的增多而增大,因为他可以使用电子邮件和更多的人交换信息。而需求方的数量增多,这会使得供给方增加产量,从而获得更多的收益;同时,由于该产品占领了市场的较大份额,产生锁定效应和消费路径依赖,那么就会有更多的人愿意购买这一类型的产品。

知识作为要素投入,形成了供给方与需求方相互促进的态势,导致边际收益递增。许多学者对这一现象进行深入研究,提出互联网信息产业的边际收益新曲线:随着某一可变生产要素的等量递增,其所带来的边际产量会一直递增下去,而不会呈现递减。①

(二)文化产品的边际收益递增的限定

文化产品与网络产品有很大的类似,也可以不断挖掘、不可耗尽、可共享(传播)和重复使用。所谓文化产品边际收益递增,约翰·霍金斯认为:"一般经济体中的公司在原材料稀少的环境下展开运作,享有这些资源的永久财产权,并主要在价格上展开竞争,但是在创意经济中,个人和公司使用的资源是无限的,他们享有其知识产权,而且如果这样的知识产权是短期的(即该知识产权又可以卖给其他公司——笔者注),那么价格竞争就不是其主要竞争行为。边际收益递减的依据是有形物的稀少性,边际收益递增的依据是想法和才赋的无限性,人们可以利用这些想法产生新的产品和交易。"②

我们发现,这种递增规律的描述首先是认为创意要素持续投入不会与其他资源产生匹配过度的情况,不会产生"拥挤"。其次,它更多的是从宏观经济和国家规划层面上来描述的,即把挖掘不尽的无形的"文化创意""文化资源"作为生产要素,与有形的、有限的原材料作比较。这种投入和产出实际上多发生在长期生产和企业分工中。

我们可以这样限定:在"最初的创意点"或是在文化产业总体市场上,如果把文化资源、知识和创意作为可变生产要素投入文化生产中,与不变生产要素的组合比例不会或是很难达到饱和点。因此,边际产量是可以持续增加的,也创造了持续更新的需求和效用,产品能够一直卖出,边际报酬、边际效益是递增的。但是,具体到企业的生产运营,则远远不是这么简单和乐观。这将在本章后面继续探讨。

---

① 参见李文明、吕福玉:《网络经济边际效应与网络文化产业发展模式研究》,《现代财经(天津财经大学学报)》,2011(10)。盛晓白:《网络经济与边际效用递增》,《商业时代》2003(10)。

② 约翰·霍金斯:《创意经济——如何点石成金》,洪庆福、孙薇薇、刘茂玲译,上海三联书店2006年版,第135页。

第三节　文化产品的成本

一、成本的基本概念

成本又称为"生产费用",厂商的生产成本是企业购买生产要素(劳动力、生产资料)的货币支出。经济学中有很多成本概念,如显性成本、隐性成本、机会成本、固定成本、可变成本、沉没成本、平均成本以及边际成本等。本节准备复述和继续探讨与文化产品密切相关的几个成本概念。

(一)固定成本和可变成本

固定成本(Fixed Cost,FC),也叫"不变成本",它是必须支付、不能调整的费用,如厂房和设备折旧、长期的工资合同、债务的还本付息以及租金(假如厂房不是自己所有)。它们随着企业规模的变化而变化,但一旦企业在某个既定规模从事生产或活动,它们就会被固定下来,不随产量变动而变动。如图5-3所示,C代表成本,Q代表产量。

可变成本((Variable Cost,VC),可以随着产量变动而发生变动的成本,它是必须支付、但可以调整的费用,如原材料、补给品、电费、通信费和工资成本。(图5-4)

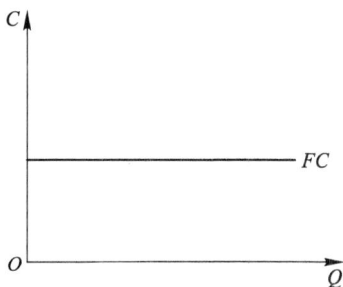

图 5-3　固定成本

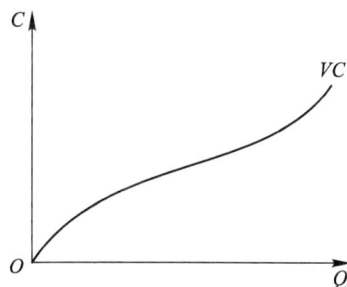

图 5-4　可变成本

以超级市场为例。不管超市每天接待1个顾客还是1 000个顾客,其店铺的开办和维护费用是固定成本;招聘柜台收银员的数量可根据顾客人数多少而调整,所以收银员的工资支出是变动成本。

总成本(Total Cost,TC),厂商在一定时期内生产一定量的产品所支出的全部生产要素成本,它是固定成本与可变成本之和。

固定成本、可变成本和总成本曲线的关系如图5-5所示。

(二)边际成本

边际成本(Marginal Cost,MC)是生产者多生产一个单位产量所引起的总成本的增加量。

边际成本的变化规律是:在生产规模不变、即固定成本不变的情况下,边际成本随着产量呈现出先下降再上升的曲线。① (图 5-6)

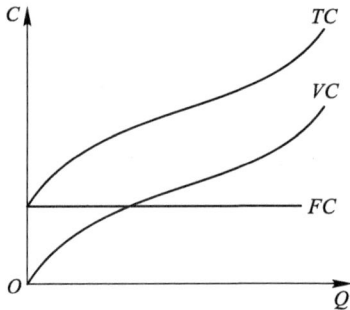

图 5-5 固定成本、可变成本和总成本   图 5-6 边际成本

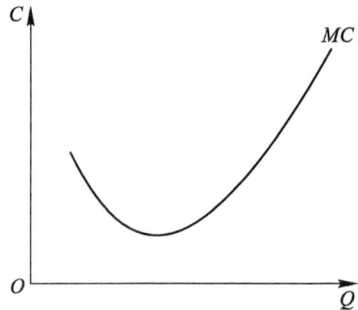

例如:生产 10 辆汽车的总成本为 10 万元,生产 11 辆汽车的总成本为 10.9 万元,生产 12 辆汽车的总成本为 11.7 万元,则第 11 辆汽车的边际成本为 9 000 元,第 12 辆汽车的边际成本为 8 000 元。

1. 边际成本递减的原因

(1)工人数量从少变多,可以实行专业化分工,研发、加工、运输等各司其职,各尽所长,生产要素专用性更强,大大提高生产率,降低成本。

(2)随着时间增长,工人的熟练程度提高,使废品减少,生产率也会提高。

(3)工人很少时,许多设备没有被充分利用,工人增多后,能够与设备实现更好的搭配,边际产量递增。

(4)生产经营具有不可分性。首先是生产设备具有不可分性:如一辆载重量 30 吨的卡车不会因为载货 20 吨而减少某些必要费用。一辆没有满员的客车也不会因为又上来一名乘客而增加很多费用。一套印刷设备开动起来,印 500 本书与印 600 本的成本几乎一样,那多出来的 100 本,作为一个单位的边际成本是很小的。而且产量增加后,原有固定设备的潜在产能也会被充分利用,生产率会提高。其次是经营获得具有不可分性:一条采购、生产、运输、宣传、销售等系统搭建起来,增加一个单位产品所发生的经营费用变化在庞大的产销体系中是微小的。

(5)大规模生产实现了原材料大量采购,原材料成本下降。

_____

① 由于边际成本随产量变化而变化,所以它也被归为可变成本。但需要注意的是,生产者多生产一个单位产量所需支付的追加成本(边际成本)也可能是固定成本。因为长期内,在生产规模达到一定水平后,再增加产量,固定成本也需要改造和扩大。

2. 边际成本递减后又递增的原因

边际成本并不总是随着产量的增加越来越低。一般在开始增加产量时,边际成本逐步降低,但下降一段时间后,又会开始回升。对于边际成本的回升和递增的解释为:

(1)工人继续增加,设备已经得到充分利用,企业在短期内为了增产只能增加工人,新工人不得不等待设备使用。可变生产要素只能与越来越少的固定生产要素相结合。过多的可变要素投入会导致"拥挤",因而边际产量(边际报酬)下降;如果每单位增加的投入所带来的产出增量减少,那么增加的单位产量所消耗的成本即边际成本,相对而言就会提高。边际收益或边际产量递减等价于边际成本递增。[①] 边际成本随着产量增加而上升,反映了边际产量递减的性质。[②]

(2)当产量增加到一定程度时,再继续增产就需要增加新的固定成本。

长期生产中,为了扩大生产规模,需要购买新的生产线和租用新的厂房,固定成本发生了大的变化,会计算到新生产的产品成本上。因此,生产额外一个单位的产品成本开始升高。长期生产中,影响边际成本的重要因素就是产量超过一定限度(生产能力)后的不断扩大所导致的总固定费用的阶段性增加。

经济学一般认为,在短期生产内,边际成本的递减还是递增跟固定成本没有关系。如果考虑到长期生产,新的固定成本提高,那么新增的固定成本所生产出来的第一个产品的成本(边际成本)会出现激增,而不是一条平滑的 U 形曲线。但从长期的曲线来看,激增造成的局部振幅是可以忽略的,总体上是一个先下降后上升的趋势。

(3)原材料的稀有性和工人工资的提高。随着原材料大量被采用(如矿藏、土地),造成稀缺原材料价格上升,从而导致边际成本上升。工人随着熟练程度的提高,工资会上升,导致边际成本提高。这也是符合一些现实情况。

(三)平均成本

总固定成本(TFC)或总可变成本(TVC)除以同一时期的产出量(Q),就是平均固定成本或平均可变成本。

(1)平均固定成本(Average Fixed Cost,AFC):厂商在一定时期内平均每生产一单位产品所消耗的不变成本。它是一条向两轴渐近的曲线。平均固定成本

---

① 参见詹姆斯·海尔布伦、查尔斯·M.格雷:《艺术文化经济学》,詹正茂等译,中国人民大学出版社 2007 年版,第 114 页。还可参见高鸿业:《西方经济学(微观部分)第五版》,中国人民大学出版社 2011 年版,第 134—135 页。

② 曼昆:《经济学原理·微观经济学分册(第 6 版)》,梁小民、梁砾译,北京大学出版社 2012 年版,第 273 页。

随着产量的增加总是下降的,因为固定成本被分摊到更多的产品上,即规模的扩大会引起平均成本的下降。(图 5-7)

(2)平均可变成本(Average Variable Cost,AVC):是厂商在一定时期内平均每生产一单位产品所消耗的可变成本。它是先下降后上升的呈 U 形曲线。起初随着产量的增加,平均可变成本减少;但产量增加到一定程度后,平均可变成本由于边际成本递增(边际产量递减规律)而增加。(图 5-8)

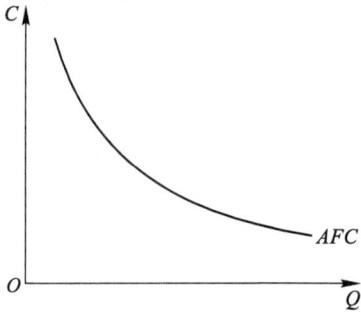

图 5-7　平均固定成本　　　　　　　　图 5-8　平均可变成本

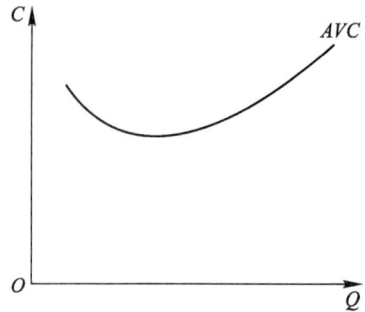

(3)平均总成本(Average Cost,AC):厂商在短期内平均每生产一单位产品所消耗的成本,即总成本除以总产量。平均总成本曲线的形状反映了平均固定成本曲线和平均可变成本曲线的综合趋势,是先下降后上升的 U 形曲线。[①](图 5-9)

(四)AC、AVC 和 MC 的关系

在上述这些成本概念中,重点总结一下 AC、AVC 和 MC 三者的关系。边际成本是每增加一个单位产量增加的成本,而平均成本是总成本按产量平均后的金额。平均成本考虑了全部的产品,而边际成本忽略了最后一个产品之前的产品。例如,每辆汽车的平均成本包括固定成本——在每辆车上进行分配和摊薄。

---

① 具体来说,在生产能力范围内,一条生产线,不管生产的数量多或少,都要运行。生产得多,摊销在单个产品的成本就越来越少,而总成本 = 可变成本 + 固定成本,固定成本基本是一次性投入,那么分摊到每一单位产出固定成本会随产量增加而减少。现在考虑可变成本,可变成本是先减少后增加的,这个也不难理解,例如一个农民买了一亩地,那么他的固定成本就是为这亩地支付的价格。他在这亩地上种玉米,显然收获的玉米越多(种的越多),那么每个玉米所分摊的固定成本会越来越小,所以 AFC(平均固定)成本是拉低 AC(平均总成本)的,现在考虑他雇人的问题,他雇人则要支付工资,这是可变成本,比如他雇了两个人,那门他们三个人可以分工合作,一个锄地,一个灌溉,一个洒农药,显然,在不雇人的情况下,假如那个农民收成 1 000 斤,那么在他雇人之后很可能收成 4 000 斤,这是专业化的结果,这个阶段 AVC(平均可变成本)也递减,但问题是,如果这个农民无限制的雇人,那么可以想象在一亩地上拥挤 100 人或者更夸张的情形,他雇每个人的成本都是一样的,比如一天 100 元,那么当有这么多人在土地上时,显然每个人的贡献会越来愈少,因此 AVC 递增,所以平均可变成本先拉低平均总成本,再拉高平均总成本,而且在后期它的拉高作用要远大于平均固定成本的拉低作用。

而边际成本根本不考虑固定成本,只考虑增量。如果以一定数量为单位来测算,它是总成本变动量 ΔTC 除以产量变动量,即 $MC = \Delta TC/\Delta Q$。

在边际报酬递减规律的作用下,MC 曲线有先降后升的 U 形特征,所以 AC 和 AVC 也必定有先降后升的 U 形特征,而固定成本是一直被平均(摊薄)下去的。如图 5-10(ATC 即 AC),依据此图,我们细分几个阶段进行更详细的解释:

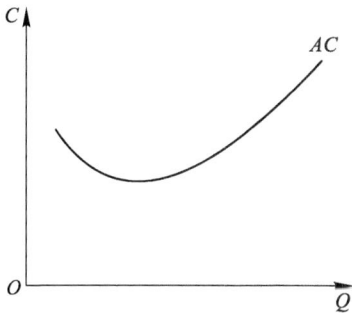

图 5-9 平均总成本

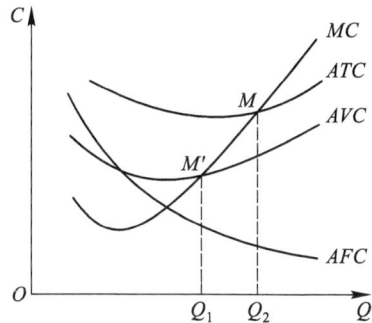

图 5-10 几种成本曲线的关系

(1)MC 下降至最低点之前。这个阶段由于边际成本是下降的,所以新的边际成本数值(设 MC_2)肯定小于旧的边际成本数值(设 MC_1)。可以想象,因为它的到来,一算平均成本(设 AC_2),就是意味着抢夺了之前的较大数值的优势放到自己身上。比如已有 10、9、8 三个数值,它们合计 17,现在加上一个 7,这四个数值的平均数是(10+9+8+7)/4 = 8.5>7。所以,只要 $MC_2<MC_1$,那么 $MC_2<AC_2$。新的边际成本数值会小于它所对应的平均值,即 $MC_1 < AC_1$——这对于这个阶段每个点都是一样持续的。我们看到在此阶段,MC 曲线低于 AC 曲线。

那么,AC_2 与上一个平均数(设 AC_1)的大小关系是什么呢? 如果 $MC_2 = AC_1$,那么 $AC_2 = AC_1$。这意味着新增加的边际成本就是之前的平均数,那么对新的平均数没有贡献(不增不减)。但这是在这个阶段不可能的,因为这个阶段 $MC_2<MC_1$,当然会 $MC_2<MC_1 < AC_1$。把这个新增的、小于旧平均值的边际值加进总数里,再算新的平均值,得出的数值肯定小于旧平均值。如果 $MC_2<AC_1$,那么 $AC_2<AC_1$,所以在这个阶段,新边际成本就会把平均成本拉低。

(2)MC 的上升阶段。为什么 MC 在上升阶段,AC 还会再下降一段时间呢? 也就是说此阶段,$MC_2> MC_1$,但为什么仍旧是 $AC_2<AC_1$?

我们可以设想,原初一个富翁有 1 亿元的现金池,这时候一个穷人向现金池扔进 1 百元之后要求二人平分 1 亿零 1 百元——无疑平均数(AC_1)是远大于 1 百元的。这时又来一个穷人扔进 200 元到现金池,要求三人平分 1 亿零 3 百元——这个平均数(AC_2)是大于还是小于 AC_1 呢? 仍然是 $AC_2<AC_1$。这个有些极端的例子告诉我们,新边际成本的出现所引发的总量增加(分子),其贡献是

75

远远小于它所引发的分母的增加。也就是说加法的正效应远远小于除法的负效应。只不过,在 MC 开始上升后,AC 下降的趋势(坡度)变缓了——这种现象会持续一段时间。

在这个阶段中,依然是:如果 $MC_2 = AC_1$,那么 $AC_2 = AC_1$;如果增加的边际成本还是小于之前的平均值,那么它就会把这个平均成本继续拉低,尽管 MC_2 已经开始大于 MC_1。即 $MC_2 < AC_1$,那么 $AC_2 < AC_1$。MC 在上升,AC 一直在下降,当新增的边际成本持续上升到高于之前平均值时候,新的平均值就会大于之前平均值,即当 $MC_2 > AC_1$,那么 $AC_2 > AC_1$。这时候加法正效应终于大过了除法负效应。新边际成本就会把平均成本开始拉高。

那么根据这个趋势描述,可以想象,当边际成本持续上升到等于之前平均值时,新的平均值等于之前平均值,即如果 $MC_2 = AC_1$,那么 $AC_2 = AC_1$,也就是平均成本的最小值。

总之,边际量变化快于平均量的变化。MC 的变化要比 AC 和 AVC 的曲线敏感得多。AC 和 AVC 曲线具有相对滞后效应。在图形上表现为在 AC 曲线处于下降阶段,MC 曲线低于 AC 曲线;在 AC 曲线处于上升阶段,MC 曲线高于 AC 曲线。MC 必定会分别与 AC 相交于 AC 的最低点(M)、与 AVC 曲线相交于 AVC 的最低点(M')。[①]

最后,为什么 M 点高于 M' 点?也就是说 AVC 曲线降到最低点时候,AC 曲线还没有降到最低点,而且 AC 曲线的最小值大于 AVC 曲线最小值。这是因为在平均总成本中不仅包括平均可变成本,还包括平均不变成本。正是由于平均不变成本的作用,才使得 AC 曲线的最低点 M 的出现既慢于、又高于 AVC 曲线的最低点 M'。[②]

因此,平均可变成本 AVC 曲线、平均总成本 AC 曲线和边际成本 MC 曲线都是先递减,达到最小值以后再递增。这三条曲线都呈现出先下降后上升的 U 形曲线的特征,典型的三个最重要特征是:首先,随着产量增加,边际成本最终要上升;其次,平均总成本曲线是 U 形的;最后,边际成本曲线与平均总成本曲线在平均总成本曲线的最低点相交。

二、文化产品的边际成本

文化产品是否符合传统的边际成本先递减后递增的 U 形曲线,还是要从互

---

① 上述几个阶段,MC 之于 AC,是与 MC 之于 AVC 同样的,因为 AC 里面只是比 AVC 多了一个持续下滑的 AFC。

② 参见高鸿业:《西方经济学(微观部分)第五版》,中国人民大学出版社 2011 年版,第 133—134 页。

联网产品开始讨论。

（一）互联网经济的边际成本递减

网络信息产业具有高科技附加值，那么与之相对应的往往是高额的研发成本。如软件产业，它需要高额的研发成本，属于固定成本的一个重要组成部分。而由于光盘复制成本较低，在一定的生产规模内，其生产过程中投入的可变成本同固定成本相比数额很小。可以这么说，厂商生产第一件产品的边际成本等于固定成本，其数额是巨大的，而从第二件产品开始，其边际成本明显变少。所以，一旦生产过程开始，厂商面临的是一条急剧下降的边际成本曲线。并且，不断增加的产量分摊了巨额固定成本，使平均成本也不断下降。美国微软公司生产的第一张 Windows95 光盘耗资 2 亿美元，但从第二张光盘开始，每张的边际生产成本仅为 50 美分。还比如铺设电信光缆耗资巨大，但一旦建成使用，随着边际消费者接入电信网，其边际成本很低，几近于零。

（二）文化产品的边际成本曲线的细分

文化产品的边际成本随着生产规模化，会持续递减，或是保持一个较低的稳定水平。在提出文化生产新特征的时候，我们首先要认识到文化产业与传统产业的相同之处。通过前面的分析，规模化生产引起的边际成本递减很容易理解，而边际成本递增是因为边际报酬递减。大量的文化企业都存在着传统生产模式和"生产车间"，如图书印刷厂、演出院团的排练厅，或是电影制片厂的片场和后期制作基地，仍然会出现"生产拥挤"的情况，导致边际报酬下降，相对来说就是边际成本上升，所以这些企业也必须要控制生产要素的匹配和规模。

除了这些传统生产模式之外，我们具体讨论一下哪类文化产品的边际成本会出现反传统的变化曲线。

1. 复制产品作为边际产品，复制成本基本相同

如音乐网站会斥巨资购买网络服务器、大容量硬盘阵列，以及大量音乐数字版权，这些都可以算是固定成本。之后网站开始推出付费下载音乐，用户下载一次相当于企业卖出一件产品，企业所耗费的成本包括下载音乐所需的网络通信费、电费、管理人员和技术人员的管理费等，可以看出，在短期生产中，随着复制数量增加，其边际成本几乎是不变的，并且非常低；固定成本越发被摊薄、平均成本持续下降。（图 5-11）

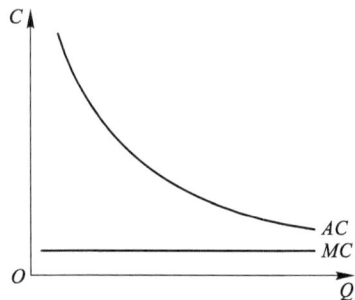

图 5-11 网络音乐下载的平均
成本和边际成本

77

还有在演出市场，一家演出公司先期投入成本排演完成一部高水准演出产品（如音乐会、话剧、舞剧），其固定成本包括：布景、服装道具、导演和演员创作和排练工资、舞台管理员工资、剧院排练时的租用费、首场演出之前的广告费，以及行政办公、法律和审计等费用。这些费用发生在首演之前，就是所谓的"封装成本"。[1]那么这家演出公司的可变成本就是产品开始演出后的每次演出的费用。这部分成本从演出首映夜开始产生，并继续以基本相同的数额和比例存在于以后的每场演出中，主要包括演员工资、剧院租用、公司管理者工资、舞台管理者和技术人员工资、广告宣发费用。

短期内，边际成本等于增加一单位产出所需要（所引起）的总成本增量，实际上就是可变成本的增加量。如果每次演出所需投入的人工和物质材料都是基本相同的（假设工资和原材料价格不变），那么每场演出都是先前"生产过程"的重复，本场可变成本总是和前一场相同，一次又一次的增量都是相等的，也就是边际成本保持不变。可变成本随产量而等比增长，也让平均可变成本保持不变（$AVC=VC/Q$），其实就等于边际成本。即可变成本增量 = 边际成本 = 平均可变成本。

总固定成本（TFC，或 FC）随着演出场次增多被摊薄，因为 AFC（平均固定成本）$=TFC/Q$，Q 是一个常量。一旦 Q 值大于零，TFC/Q 的比值就会迅速下降，所以平均固定成本产出初始阶段会急剧下降，达到一定数量后，曲线就变得很平坦了。

平均总成本（ATC）等于平均可变成本（AVC）与平均固定成本（AFC）之和。因为 AVC 不变，所以 ATC 与 AFC 保持固定的差值，在曲线图中表现为 ATC 在 AFC 之上，并保持固定距离，也是先急剧下降再逐渐趋于平坦。[2]（图 5-12）

2. 二度创新产品作为边际产品

二度创新的边际产品即在原产品基础上的内容升级版本、新外包装、新系列周边衍生产品等。如果企业为了追求更大利益，就会进行产品创新和产品组合，这时候的固定成本和可变成本都可能会大幅度增加。例如进行新的创意工作，加大基础设施的投入，增加新的原材料，从而曲线在一些临界点上表现为边际成本突增。（图 5-13）

---

① 参见詹姆斯·海尔布伦、查尔斯·M.格雷：《艺术文化经济学》，詹正茂等译，中国人民大学出版社 2007 年版，第 110 页。

② 参见詹姆斯·海尔布伦、查尔斯·M.格雷：《艺术文化经济学》，詹正茂等译，中国人民大学出版社 2007 年版，第 113 页。

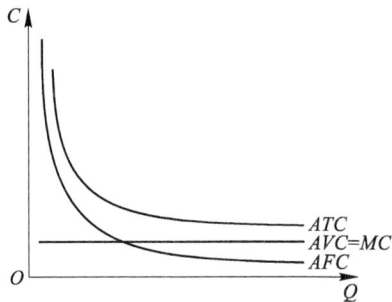

图 5-12 演出公司的各种成本

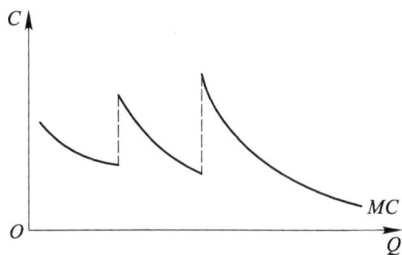

图 5-13 二度创新产品的边际成本

（三）文化产品的边际成本曲线的限定

有的学者对网络经济边际成本低廉的乐观主义进行了质疑:比如网上购物节约了中间物质投入,软件复制几乎不需要物质耗费等,似乎说明边际成本递减法则大量存在,但是仅以某种单一的信息技术产品与服务为例来孤立计算显然是不科学的,而应从整个行业出发,考虑整个行业的基础设施投入、技术开发投入和使用条件成本等。另外,以劳动力这个生产要素为例,网络经济是高科技支撑下的产物,很多工作人员必须接受较高的教育水准,其教育成本也就比较高,知识经济体现出前期隐性投资的特征。①

与网络经济类似,如果说文化产品的边际成本持续递减或保持不变,首先需要一些限定条件:

1. 以产业宏观角度看递减

作为可变生产要素,创意思想之于文化资源,不会像化肥之于土地、工人之于机器那样产生超额配比,导致生产拥挤、效率下降。从文化产业整体来看,创意不断投入可以使边际报酬持续递增,但是具体到一个产品生产和一个企业核算,创意成本并不像传统的可变成本那样是等额的,它可能提高。以前一个创意的价格较低,下一个创意会涨价。"点子"、版权和人才随着大批量采购会出现价格下降,但有的时候则没有"批发价"。这样,虽然边际报酬提高,但是增加一个单位的产量所需要的边际产品成本不一定下降。事实上,新创意往往产生的是新产品,将进入新的体系(新的公司、资金、产品)。

2. 把创意成本作为固定成本,以母版进行标准复制

观察前面列举的演出公司的演出产品,我们发现它们所谓的边际成本不变,是在创作阶段之后开始计算,也就是说把艺术作品创作的成本作为不变成本,不算作可变成本,那么在"封装"之后,边际产品的生产是以劳动力与物质材料的

---

① 参见宋德昌:《网络经济的边际收益递增律刍议》,《武汉理工大学学报》,2004(12)。

一个标准配比来进行的。

演出公司在筹划、组织生产一个个"首演"的过程中,可以改变各生产要素的比例变化,也会产生"生产拥挤"。但是经过不断磨合、修改,第一个产品已经实现了最佳配比。与传统产品相比,首场演出作为一个产品,已经"凝固"为一个既是死的又是活的母版标准,"死"是因为比例和工作流程是不变的,"活"是指这种比例和工作流程需要一次次组合、操作、完成、解散、再组合、再操作……也就是首演之后的复演、巡演。只要不改变"母版"标准,一个个(一次次)的"产品"就会复制出来,如果不把创作的成本计入可变成本,那么边际成本当然就会保持不变。而且因为大量复制,交通费、剧场租赁费、人员工资会下降,从而引起边际成本和平均成本的下降。

唱片的光盘复制、电影的拷贝复制,其实都是传统加工业,必定存在边际成本先下降和后上升的情况。就算是音乐网站的付费下载,如果持续投入音乐曲目,在不增加固定成本的情况下,存储硬盘就会超容,造成损坏。如果持续投入网站管理人员,也会造成"人多瞎捣乱"的局面,所以也必定存在边际成本上升。但如果说,把先期的创作、版权购买和制作的成本作为固定成本的一部分,以一个"封装"好的母版进行复制,复制过程也不再改变生产要素比例,则边际成本不变,并且保持在一个很低的水平,与传统行业相比,这是文化产业的一个成本优势。

三、文化成本

(一)文化成本的概念

"文化"的体现之一是人们后天习得与遵从的特定价值观体系,它成为常识而支配人们的选择行为。我们可以认为,人类接受某种文化或价值观体系是因为这种文化本身具有使用价值,文化同消费品、资本品、制度一样都是满足人类各种需要的稀缺资源,它为人们提供了一套社会评价行为,一种生存、发展的工具体系。这一体系为我们作出选择提供了极大的便捷,减少了人们判断决策的代价。法国政治社会学家托克维尔(Tocqueville)说:"假如每个人都要亲自去证明他们每天利用的真理,则他们的求证工作将永远没完没了,……因此,他还是要相信许多他没有时间和能力亲自考察和验证而早已被高明人士发现或被大众接受的事实与真理。他只能在这个初始的基础上,去构筑自己思想的大厦。"[1]美国经济学家米尔顿·弗里德曼(Milton Friedman)也认识到,在大多数时候,大多数人都必须不加考虑地接受一系列共同的价值观。[2]

---

① 托克维尔:《论美国的民主(下卷)》,董果良译,商务印书馆 2013 年版,第 576 页。

② 参见米尔顿·弗里德曼:《弗里德曼文萃》,胡雪峰、武玉宁译,首都经济贸易大学出版社 2001 年版,第 11 页。

美国经济学家肯尼斯·阿罗(Kenneth J. Arrow)指出："信任及类似的价值观,忠诚、讲真话等,都是商品,它们具有真正实际的经济价值,他们提高制度的运行效率,从而使人们能够生产更多的产品或任何人所重视的东西。"①由于人们普遍地遵从特定文化,那么文化可以成为个人或是群体理解、接受某个文化产品的推动力,为政府、企业节省了大量的宣传和推广成本。当然,文化也可能成为一种阻力。熊彼特发现,文化传统的存在使"在例行事务的边界以外,每行一步都有困难","做新的事情,不仅在客观上比做已经熟悉的和已经由经验检定的事情更加困难,而且个人会感到不愿意去做它,即使客观上的困难并不存在,也还是感到不愿意。这种情况几乎在所有的领域都会存在"。②

传统经济学习惯于解释生产要素、技术水平、管理方式以及经济制度对生产成本和交易成本的影响,但对于宗教、道德、企业文化、地域文化的效应缺乏重视。③关于交易成本和文化成本的关系,有学者论述道:生产要素成本只是产品总成本的一个方面,在产品的生产前与销售过程中,交易成本的数量迅速上升,甚至比要素成本更为重要。特别在不同国家和地区,对产权的保护状况、法律执行状况以及税收、运输、通信等条件都可能会增加或降低产品的交易成本。有些国家的市场化与法制化程度不断提升,新的制度安排极大地降低了本地及外资企业产品的交易成本和总成本。而有些国家和地区的市场制度较为落后,腐败、市场秩序混乱、人情世故等因素造成的过高交易成本不仅遏止了本地企业的生产能力,而且使外资望而却步。

但是,即使两个地域都形成了完善的市场制度和商业环境,其生产能力和吸引外资上的表现差距依然很大。因为我们发现,市场交易双方的文化价值观差异的作用甚至超过了合约效力和贸易准则。这表明,即使要素成本与交易成本相同,产品总成本也并不相等。所以,我们必须认识到某种新成本的存在,即"文化成本"。④只有这样,才能更好地解释熊彼特所论述的"困难",更深刻地认识文化差异对市场交易的影响。

---

① Kenneth J. Arrow, *The Limits of Organization*. New York: W. W. Norton, 1974, p. 23. 转引自高波、张志鹏:《文化成本:概念与范式》,《南京大学学报(哲学·人文科学·社会科学版)》,2005(5)。

② 熊彼特:《经济发展理论》,何畏、易家详译,商务印书馆1990年版,第95页。

③ 交易成本也称交易费用,是指企业用于寻找交易对象、订立合同、执行交易、洽谈交易、监督交易等方面的费用与支出。交易成本是人—人关系成本,它与一般的生产成本(人—自然界关系成本)是对应概念。

④ 参见高波:《文化成本与地点竞争优势——对世界制造中心转移的文化经济学分析》,《南京社会科学》,2005(11)。有学者认为文化成本就是在跨文化经济活动中、由文化差异而带来的交易成本,可参见杨悦:《文化对经济的影响与作用——一种交易成本理论的解释》,博士后出站研究报告,复旦大学,2004年。

文化成本可以解释为在形成、适应(选择)、转变(创新)特定的文化认知喜好中的时间、心理或货币的投入。这三个过程的投入所针对的内容应包括文化的三方面:共同的价值观、语言和符号;相关的作品;文化行为规范和方式。文化成本既需要消费者自身的投入,如学习、体验,也需要生产者、供给者乃至国家层面对消费者的传播、营销和培育。在时间上,既有前期的、日常的投入,也有围绕特定产品时的投入。人们接受一种文化,需要长期的成本投入;同样,人们放弃原有文化、接受新的文化,也会付出很大的心理代价,这种代价也可视为文化成本。

(二) 文化成本的特征

文化消费有着鲜明特征,"文化成本"也就随之体现出一些特点:

1. 地域性和传统禀赋

美国经济学家哈耶克(Hayek)指出:"文化既不是自然的也不是人为的,既不是通过遗传继承下来的,也不是经由理性设计出来的。文化乃是一种由习得的行为规则构成的传统。这种规则可能起始于人类所拥有的在不同的环境情势下知道做什么或不做什么的能力。"①经济运行中,非正式制度的地域文化和传统禀赋的力量是显见的。特定的文化精神构成经济行为主体的潜在的行为规范,使不同文化人群的市场交易活动维持不同的秩序和趣味。如我国陕西的唐代文化、山西的晋商文化、安徽的徽商文化,这种影响是持久的。

2. 非量化

文化对人的经济行为的影响,是通过经济主体内在的价值理性认同过程和外在行为习惯重复过程实现的,是潜移默化、自觉自愿的过程。投入经济活动中的文化成本无法准确计量,只能依各类文化的结构与发展速度来定性地评价"合理与否"。

3. 外部性

如果说成本就是"生产中所使用的各种生产要素的支出",一个创新的产品在销售过程中所面临的文化阻力大,则它要支付很多的文化成本,反之则少。那么,有的企业支出了"文化成本"("造势"),有的企业则没有支出,而是"借势"和"搭便车"——这种文化成本是历史沉淀的,是政府或其他行业及企业支出的。所以文化成本有一定的外部性:它可以为投入方带来效益,也会因为文化消费的外部性和融通性,而为他者"做嫁衣"。文化成本是一柄双刃剑,进行艺术创新的先行者、试水者,可能成功获取了市场份额和竞争优势,也可能失败。由于创造一种文化需求需要支付文化成本,因此成功企业可能并不能马上盈利,而

---

① 哈耶克:《哈耶克论文集》,邓正来译,首都经济贸易大学出版社 2001 年版,第 671 页。

失败企业更会损失惨重;对风尚潮流的追逐者来说,却可能节省了大量文化成本支出,获得很大利润。

文化成本越大,就意味着越难以改变和放弃固有的文化惯习。文化成本的高低可以反映在人们对待创新的态度上,反映在文化沟通的复杂程度上。本书第三章中谈到,卡西尔认为人是创造符号、并以此创造文化的动物。文化产业是符号的创新和传播,因此绝不能是一种盲目的、突发性的活动,不能照搬照抄,而是建立在充分的文化认知、学习和适应基础之上,重视消费者的审美偏好,形成"约定消费"、从而在产品竞争中获得成本优势。

四、文化产品的成本构成

文化产品的成本是指文化产品生产过程中所耗费的物质资料和劳动力的货币支出。文化产业与传统行业有相同的地方。文化产品的固定成本包括制作、加工所用的设备,企业用来办公、生产、展示的场地费用等;可变成本包括原材料、各种人员的工资。但是,文化生产又鲜明地体现出精神劳动与物质劳动(原材料加工)的分离,创造性劳动与技术性劳动的分离,个体化工作与集合性、批量化生产的分离的特征,所以文化产品的成本还涉及了个体才赋、创作过程、历史时间和社会交往等因素。如果忽视这些因素会出现成本核算误差、定价过低或是过高的问题,直接影响产品利润。

如果我们以"一个文化产品的流通过程"为研究对象,将其分为创作(构思和实施)—"母版"创制—复制—宣传发行—终端零售几个阶段。在传统生产成本基础上,尝试进一步分析这一系列产业活动中需要付出和消耗的各种成本。

(一)初始创意成本

大部分文化产品在后期表现为工业化生产,但在初始期却需要进行大量的创意策划劳动。这个过程与传统的工厂流水线不同的是:原创的、与众不同的想法、符号和文本都弥足珍贵,甚至可遇不可求,因此企业付出了很大的成本,一方面用于原创,另一方面用于购买和囤积知识产权。创意成本虽然基本用于头脑和案头工作,但已经产生了策划费用、创作稿酬、调研采访费用、版权费等,还可能产生场地租用和饮食交通费用(供策划、创作使用)。那么,在进行大规模批量生产(印刷、拷贝、下载、常态演出或巡演等)之前,这些"初创成本"算是固定成本还是可变成本呢?

如果把文化企业等同于传统企业,这些成本应是可变成本,因为初始创意成本是随着企业预定开发的项目数量变动而变动的。如影视公司一年计划要做几个剧本,购买几个版权,就决定了初始创意成本的多少。

但是,如果从文化生产的创意特殊性来讲、从特定一个文化产品的生产流程来讲,这些先期投入的、铺开摊子的成本也应该与日常办公、设备费用一样,算作产品的固定成本,因为无论在此之后该产品成型与否、产品复制数量多少,以及投入市场盈利与否,都不能改变这些成本支出。

初始创意成本产生于产品的创研、开发阶段,但并不意味着创意和创作劳动只存在于此阶段,后续阶段同样需要和存在。另外,无论是原创还是购买知识产权之后进行二度开发,都凝聚了创作者、艺术家的才赋和劳动,这需要创作者在早期、"学徒"时期的大量知识储备、教育投入和技艺训练,也需要文化企业日常性地搜索、寻找和"偶遇"——这些成本也是固定的,又是沉没的成本。[①]供给方付出这些成本不会保证事后能有相应产出和卖出;消费者可能会理解,但不会补偿,也不愿在"票价"上承担这部分无法计数的成本。从这个意义上说,文化生产是奢侈的,无论是创作者还是企业都要承担很大的市场风险。

(二) 母版成本

一些文献认为,文化产品在经过初始创意之后,马上进入批量制作。事实上,一个文化产品从初始创意到消费者接受的过程中,在制作阶段还需要细分为母版和复制版两个小阶段。如一本书的手稿撰写、一部电影的拍摄、第一张唱片的录制、一个演出的首演编排、展览初次筹备、原版照片的拍摄,雕塑原件和原模的塑造乃至文化主题公园初建。

母版(原版)的成本依然凝聚了创作和制作劳动,它与初始创意成本的区别是:前者需要更为具体的"专业技能"劳动,是构思、技艺与物质三者的真正结合,供给者要经过反复推演、排练、打磨和修改,精益求精,才能完成母版,以供其后的复制和传播。在母版阶段,原材料、设备器材、场地、人员都需要支出成本。如果按照前面的设定,母版创制与初始创意一样,都是固定成本。有的文献中把这部分成本形象地称为"封装成本""装配成本"[②]。母版、原版的成本大大高于复制成本,并且具有本雅明所谓的"灵韵"之光。

(三) 复制成本

母版产品完成之后,进入复制阶段。如图书印刷、电影拷贝、演出的复演(与初演编排相比只需简单排练和复习)、唱片 CD 复制和数字化下载等。文化产品的复制成本包括原材料、设备、工人、日常行政和管理等方面的开支,呈现出低廉化特征,边际成本很小,有时甚至趋向于零。但是有些大型的演出、展览或是文化主题旅游公园的复制仍需要较大的边际成本。

---

① 沉没成本(Sunk Cost)是指由于过去的决策而已经发生了的、不能由现在或将来的任何决策改变的成本。

② 参见詹姆斯·海尔布伦、查尔斯·M.格雷:《艺术文化经济学》,詹正茂等译,中国人民大学出版社 2007 年版,第 110 页。

（四）宣发成本

由于文化产品的销售存在着创作者水平、艺术生命周期、消费者心理以及政策等诸多风险,所以文化企业会大量复制原创产品以增加利润,同时要推动市场需求,拓展传播面积和分销渠道。这种强烈的"受众最大化"倾向导致了文化产业的宣发与制作同等重要。如在商业电影的总成本中,宣传成本常常会与制作成本相当。

宣发已经成为文化产业独立完整的体系,涵盖了创意、人工、材料、场地、交通食宿的各项成本。随着文化产业各行业的发展成熟,不同规模和等级的产品已经形成了相应的宣发成本,并在产品初创时期就已经制订了预算。当然,如果在产品宣发期间,企业随着市场变化而改变宣发规模,则会追加或是减少这部分成本。所以宣发成本一部分是固定成本,一部分是可变成本。

（五）销售成本

有的文化产品的销售与传统行业一样,销售与生产分离,如手工艺品、图书画册、音乐唱片、电影院放映。有的文化产品的销售是生产和销售同时发生的,体现出服务业的特征,如现场演出产品。这些成本包括人员、场地、交通运输等费用。

在以上的各个流通阶段中,"文化成本"是隐蔽存在和发挥影响的,很多文化企业往往意识不到或是忽视。如一部中国电影分别面向中国市场和美国市场进行销售,初创、母版、复制的成本可能是相同或接近的,但是利润和社会反响却差距很大,这是因为在宣发成本上没有考虑文化差异和文化成本;再如将表现东北农民文化的电视剧或是小品推广到广东和香港地区,其难度会高于北方市场。当新制度经济学不再把经济行为仅仅视为企业行为、而作为整个社会范围内的交易行为时,文化产业中的分工协作组织和跨文化传播都必须意识到文化成本。虽然它不能被准确测量和完全收回,但它的确会渗透在各种成本之中,引起总成本提升,这提醒我们在创意、宣发的时候要实施针对性策略,合理安排生产要素组合,并且要着眼于文化产品成本与收益的长远关系。

第四节　利润最大化与文化生产的边界

一、利润最大化:边际收益等于边际成本

微观经济学认为企业利润最大化的一个必要条件就是边际收益(MR)等于边际成本(MC),这并不是价格的最高点,而是利润的最高点,它是以边际收益递减规律为基础的传统企业追求的临界值。利润等于总收益(TR)减去总成本(TC)的数值,利润最大化就是 TR 与 TC 的最大差值。

（一）完全竞争市场

在一个完全竞争的市场中,既然价格是市场给定的,单个生产者产量的变化无法影响市场的定价,厂商是价格的承担者。对于整个行业来说,价格需求曲线是向右倾斜的曲线,但是对于一个厂商来说,它所面对的需求曲线是一条由既定市场价格水平出发的水平线。

对完全竞争市场中所有企业而言,平均收益等于产品市场价格,即 $AR=(P×Q)/Q=P$。对竞争企业而言,多增加一单位物品的销售,得到的收入(即价格)是固定的,即边际收益也等于价格。所以,完全竞争厂商的平均收益曲线 AR、边际收益曲线 MR 和需求曲线 D 三条重叠,它们都是用同一条由既定价格出发的水平线表示。[①]

那么,完全竞争市场中厂商如何达到市场均衡和利润最大化呢?

厂商必须不断调整产量使得自己的边际成本等于市场价格,以实现最大利润。另一种方法是:通过比较每生产一单位的边际收益和边际成本,来找出利润最大化的产量。只要边际收益大于边际成本,增加的产量就能增加利润。一旦当边际成本超过边际收益时,厂商在这种产量下就纯粹是赔钱的了(如图5-14)。

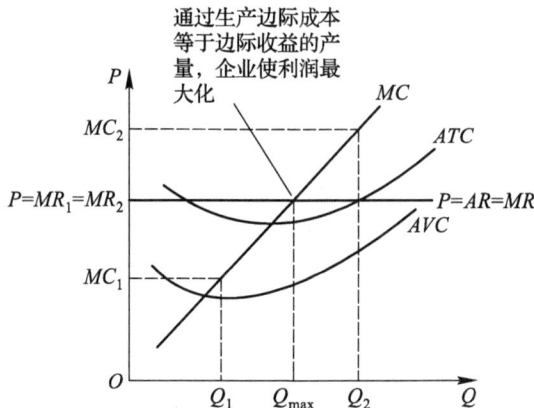

图 5-14   完全竞争市场中的厂商利润最大化

我们看到在图5-14中,边际成本曲线 MC 与平均总成本曲线 ATC 相交于平均总成本的最低点。市场价格是一条水平线。只有边际收益大于边际成本时,企业才是有利润的。在 Q_1 的产量时,边际收益 MR 是高于边际成本 MC 的,所以此时增加产量是有利可图的。而在产量 Q_2 下,边际成本 MC 就高于边际收益 MR 了,此时降低产量才是有利可图的。只有在边际收益=边际成本时,它们的相交点那一处的产量 Q_{max},才是利润最大化的产量,Q_{max} 是最大产量。

---

① 参见高鸿业:《西方经济学(微观部分)第五版》,中国人民大学出版社2011年版,第151—152,154—155页。

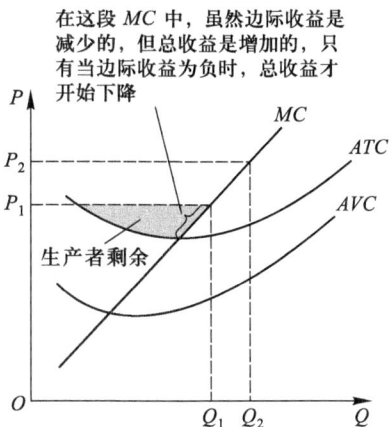

在这段 MC 中，虽然边际收益是减少的，但总收益是增加的，只有当边际收益为负时，总收益才开始下降

图 5-15　完全竞争市场中的厂商成本与市场价格

再用图 5-15 解释一下，一个完全竞争企业的边际收益等于市场价格，竞争企业可以通过观察价格与边际成本曲线的相交，来找出总利润最大化点。当市场价格从 P_1 上升到 P_2 时，企业发现，现在在 Q_1 产量下，边际成本 MC 是低于边际收益 MR（即市场价格）的，因此企业增加生产，直到 MC = P 时，即达到 Q_2 的产量为止。实际上，由于企业的边际成本曲线 MC 决定了企业在任何一种价格时愿意供给多少，因此，这就是竞争企业的供给曲线。

（二）完全垄断市场

在完全垄断市场上，一个行业只有一家厂商，垄断厂商是独家卖主，是价格的制订者，它可以制订高价，也可以制订低价，但它也要受市场需求规律的限制。如果他制订高价，销售量就必然下降，要扩大销售量，就必须降低价格，这意味着完全垄断市场上需求量与价格呈反方向变动，垄断厂商所面临的需求曲线也就是整个市场的需求曲线，即一条向右下方倾斜的曲线。

1. 关于垄断厂商 MR 总是小于 AR(P) 的解释

由于在完全垄断市场上，厂商是价格的制订者，厂商每出售一单位商品所获得的收益等于商品的价格，即平均收益等于商品的价格，平均收益曲线与需求曲线重叠。厂商的平均收益随着产品销售量的增加而减少。在完全垄断市场上，不仅厂商的平均收益随着商品的销售量的增加而减少，而且边际收益也是随着商品销售量的增加而递减的。

我们知道，由于垄断市场不像完全竞争市场那样价格一直不变，而是随着商品销售量的不断增加而下降，这样就导致了平均收益 AR 也是不断下降的；对于边际收益 MR 来说，多生产出来的产品不仅无法按之前的价格销售出去，并且因为多增加了单位产品（边际产品），导致整体产品量的售价（单价）进一步下滑，所以当新的产品量上市销售后,增加的销售额与"之前产量的销售额"相比,多是多了一点,但是存在一种更加急剧下降的趋势。在每一个销售量点上,边际收益值都小于平均收益值,即 $MR<AR$。

还可以从价格(P)来解释,因为 $AR=TR/Q=(P\times Q)/Q=P$。假设卖方对所有消费者的定价是相同的,为了多售出一个单位的商品而降低价格,当卖出这一个单位商品后,总收入增加了一个单价(P)数量,但这个增量(P)被抵消了一部分——因为本来能够以较高价格出售的之前的商品实际上只能以较低价格出售,从而也引起了总收入的减少——所以边际收益必然小于价格(P,也即 AR)。[①]

为了更直观解释,我们假设一个只有唯一水生产者的小镇,水厂的各种收益可用表5-2显示:

表5-2　小镇水厂的各种收益

水的生产量 （加仑） （Q）	价格 （美元） （P）	总收益 （美元） （$TR=P\times Q$）	平均收益 （美元） （$AR=TR/Q$）	边际收益 （美元） （$MR=\Delta TR/\Delta Q$）
0	11	0	—	
				10
1	10	10	10	
				8
2	9	18	9	
				6
3	8	24	8	
				4
4	7	28	7	
				2
5	6	30	6	
				0
6	5	30	5	
				-2
7	4	28	4	
				-4
8	3	24	3	

[①]　参见詹姆斯·海尔布伦、查尔斯·M.格雷:《艺术文化经济学》,詹正茂等译,中国人民大学出版社 2007 年版,第89—90 页。

还是那句话:边际量的变化快于平均量的变化。我们从表 5-2 中还发现,MR 在增长的时候,AR 在增长;MR 到了零甚至是负数时候,AR 还是在增长,这是因为之前的 AR 庞大的正数值在"消化"和分担 MR 的负效应。在这种情况下,当企业多生产一个单位产品时,尽管企业销售了更多单位的产品,但价格下降之大足以引起企业的总收益减少。[①]因为平均量的曲线是"消化"了边际量的变化的结果,是滞后于边际量曲线的。所以边际收益曲线总是位于平均收益曲线的下方(图 5-16)。另外,厂商的总收益则是先增加后减少,当 $MR>0$ 时,TR 曲线上升;当 $MR<0$ 时,TR 曲线下降;当 $MR=0$ 时,总收益的增加趋势停止了,即 TR 曲线达到最大值点(图 5-17)。

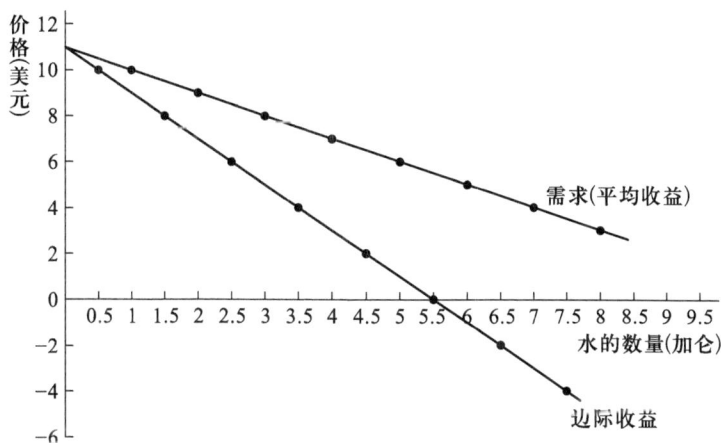

图 5-16　小镇水厂的边际收益与平均收益

2. 垄断厂商的利润最大化点为什么也是 $MR=MC$?

垄断厂商如何找出在其利润最大化时的价格呢?需求曲线回答了这个问题。当 $MR>MC$ 时,意味着厂商多生产一个单位产量的产品,所获得销售额大于为单位所付出的成本额,那么利润是增加的。当 $MR<MC$ 时候,情况相反。所以,当 $MR=MC$ 时候,意味着厂商得到了增加产量的全部好处(利润)。即图 5-18 中阴影的面积。

我们再进一步分析。厂商的利润 $=TR-TC=P\times Q-TC$,因为垄断市场的 P 与 Q 是此消彼长的,所以关于利润最大化,垄断市场涉及的变量比完全竞争市场更多。那么是否存在以下两种情况和疑问:

---

①　参见曼昆:《经济学原理·微观经济学分册(第 6 版)》,梁小民、梁砾译,北京大学出版社 2012 年版,第 312 页。

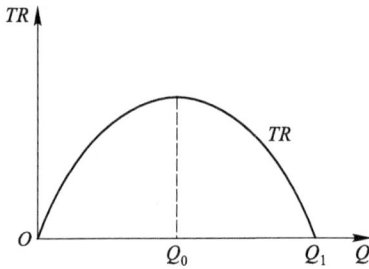

图 5-17　小镇水厂的总收益

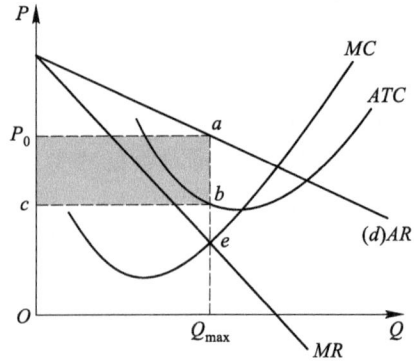

图 5-18　垄断厂商的利润最大化

（1）在某一个产量上，由于产量上升而单价下跌，那么是否可能出现边际成本小于边际收益时，总利润矩形面积已经小于之前的总利润面积了。

对此的解释是：不会，因为边际收益只要是一直增加的，那么总利润面积就会大于之前的总利润面积，也就是 TR 一直是增加的。

（2）那么，当边际成本等于边际收益的时候，总成本的数值已经非常大了，TR 减 TC 的差值会是最大吗？

对此的解释是：边际收益大于边际成本的意义是：厂商在新的产量点上所引发的总收益增加量是大于所引发的（付出）的总成本的增加量的。即 $MR > MC > 0$（成本肯定大于零），所以 $TR - TC$ 的差值会加大。无论完全竞争还是垄断市场，这个差值（利润）是在原来的差值基础上的增量减增量。当然差值会越来越大。

所以，在 Q_{max} 的左边产量时，边际成本小于边际收益，此时增加产量能使利润上升。在 Q_{max} 的右边产量时，边际成本就超过边际收益了，边际收益是负值了，这样越多生产越亏，所以企业要减少产量。只有当不断上升的 MC 不超过 MR 时、在 $MC = MR$ 的这个产量下，企业才能得到最大化的总利润。

当然，在 MR 与 MC 相交的 e 点的右边区域之中，某个产量点（假设为 e'）的 AR 还是可以大于 AC 的，也就是说，厂商在这个产量点还是有利可图的（也可以解释为总收益大于总成本），但是已经在用之前的庞大利润空间在"消化"$MC > MR$ 所带来的负效应。所以 e' 不是利润最大化的产量点，它只是等同（重复）e 点左边区域中的某个产量点。收益主要是受到外部市场需求和价格的影响，而成本则主要是因为内部生产过程中边际报酬递减规律的影响。总收益最大化，并不等于利润最大化。因为在 TR 最大化时候，边际成本可能会大于边际收益，如图 5-19、图 5-20。

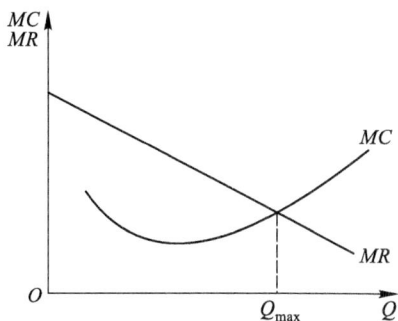

图 5-19　厂商最大产量:边际成本
　　　　　等于边际收益

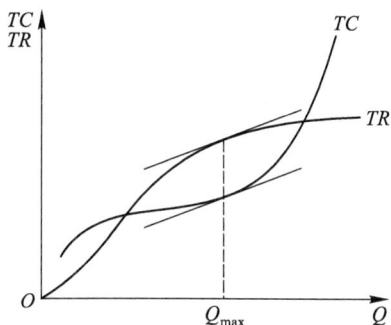

图 5-20　总收益最大化不等于
　　　　　利润最大化

　　既然利润是总收益与总成本的差值。垄断者可以根据边际收益等于边际成本的原则确定自己在最大利润时候的产量,然后再根据自己的"产量—价格曲线"确定产品的价格。不管是垄断企业,还是竞争企业,都选择边际收益等于边际成本的产量,以实现利润最大化或是亏损最小化。[1]垄断企业和完全竞争企业的不同点是:

　　对于完全竞争企业:$P = MR = MC$

　　对于垄断企业:$P > MR = MC$[2]

　　3. 关于垄断厂商边际收益的疑问

　　曼昆以垄断水厂的例子论述到,如果企业把水的生产从 3 加仑增加到 4 加仑,为了卖出第 4 加仑水,垄断企业必须降低所有销售的产品的价格。这是为什么呢?在现实生产中,垄断企业是否可以先生产 3 加仑水,按照 8 美元卖出去;接着生产第 4 加仑水,然后按照 7 美元卖出去,为什么还要把之前卖出去的 3 加仑水也降到 7 美元呢?难道要把产品召回吗? 也就是说,垄断厂商难道只能是先根据需求价格表进行预设判断,确定产量值,然后再进行一次性

---

　　① 　短期内,造成企业亏损的原因是既定生产规模过高,固定成本过大;再有就是市场需求过小。参见高鸿业:《西方经济学(微观部分)第五版》,中国人民大学出版社 2011 年版,第 157,178—179 页。

　　② 　参见曼昆:《经济学原理·微观经济学分册(第 6 版)》,梁小民、梁砾译,北京大学出版社 2012 年版,第 311 页。另外我们注意到:我们是用市场需求曲线和企业成本曲线来分析垄断市场的价格的,而没有提到市场供给曲线。为什么垄断厂商没有供给曲线? 因为供给曲线是企业在任何一种既定价格时选择的供给量,这个概念对作为市场价格接受者的完全竞争企业是有意义的,但垄断企业是价格制定者,而不是接受者,所以,这种企业在选择供给量的同时确定价格。垄断者需求曲线的形状决定了边际收益曲线的形状,边际收益曲线的形状又决定了垄断者利润最大化时的产量。在竞争市场上,我们可以在不了解需求曲线的情况下分析供给决策,但在垄断市场上,这是不正确的。因此我们不谈论垄断者的供给曲线。参见曼昆:《经济学原理·微观经济学分册(第 6 版)》,梁小民、梁砾译,第 314 页。

生产,而不是一拨拨投放市场吗？如果 $AR = TR/Q = P \times Q/Q = P$,那么 TR 就不是一个边际收益加上一个边际收益这样算出来的,而是静态的、预设的一个产量点。

对此的解释是:理论分析是静态的。垄断厂商面临的需求曲线是整个市场的,因此生产是一次性的,无须多次一拨拨生产。4 加仑水统一定价是一般情形,垄断企业和完全竞争企业的常规定价模式都是这种。如果 3 加仑定价 8 美元,第 4 加仑定价 7 美元,这就属于一级价格歧视定价。"卖一单位、再造一单位"实际上是沿需求曲线"以销定产",把消费者剩余全部转化为生产者剩余了,这是厂商希望达到的,但生产和销售都需要时间,而市场瞬息万变,"以销定产、随时调价"的想法由于信息、成本、管制等因素,实际中是达不到的,并且之前购买的消费者也是不答应的。[1]

二、文化产品的边际收益与边际成本的关系

企业是要素的集合体,要素包括有形要素和无形要素。企业对收益的追求就是研究边际收益与边际成本的关系变化。边际收益等于边际成本时候的产量是企业应该采取的最大产量,也是企业生产规模的边界。

仍拿音乐下载来说,从收益角度看,对于每个下载用户,企业每首歌曲收取的费用是不变的,因此满足边际收益不变。如果考虑到文化需求会随着传播面扩大而增强,引起价格上升,边际收益可能还会随之上升。那么理论上边际成本曲线和边际收益曲线不会出现交点,产量是没有限制的。(图 5-21)

企业可利用的有形要素主要包括厂房、设备、资金、土地等;无形要素主要是指可以占有和利用的文化符号、创新力、信息、网络、受众资源等。传统企业主要依靠有形要素,而文化企业主要依靠无形要素,如表 5-3 所示。

经济学认为企业边界是由有形资源决定的。此时的企业关注的目标是内部经济,即实现单位产品成本最小化。由于存在组织成本和协调成本,因此,对企业来讲,必定存在一个转折点,超过了这个转折

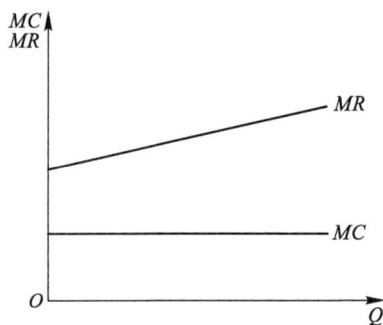

图 5-21 网络音乐下载的边际
成本和边际收益

① 可参见曼昆:《经济学原理·微观经济学分册(第 6 版)》,梁小民、梁砾译,北京大学出版社 2012 年版,第 311 页。詹姆斯·海尔布伦、查尔斯·M.格雷:《艺术文化经济学》,詹正茂等译,中国人民大学出版社 2007 年版,第 89—90 页。

表 5-3　传统企业与文化企业的生产要素

无形要素	有形要素
共享性使用	排他性使用
无限次使用,用一次多一次,越用越多	一次性使用,用一次少一次,越用越少
以无形资源为基础形成的产品,卖得越多,利润越高,"厚利多销"	以有形资源为基础形成的产品,卖的越多,利润越低,"薄利多销"
以无形资源为主体形成的经济,边际成本递减,边际收益递增	以有形资源为主体形成的经济,边际成本递增,边际收益递减

点,企业会从规模经济转入规模不经济。这个转折点就是企业的边界。如果企业边界是由无形资源决定的,此时,企业关注的目标是外部经济,即实现无形资源的收益最大化。由于无形资源可以共享、且无限次重复使用,因此,企业可以专注于文化创意和文化资源挖掘,将其作为自身核心生产要素和核心生产力,然后以市场契约的形式自由地与其他企业进行联盟生产,在整个市场范围内动态地配置其无形资源的使用权,使核心能力成倍发挥。这样,企业变得更加小微、轻型和弹性,可合可拆,从而使企业边界趋于无穷。

　　如果循着文化创意是无形生产要素的这种描述方式,我们可以说文化企业的生产是可以无边界的。企业可以投入创意要素、打造母版产品、采用高科技和互联网进行复制和传播。这种"打造体系、复制体系、推广体系"的方式确实会带来边际成本不变(下降)、边际收益不变的经营景象。

　　但通过本章的具体讨论,我们又不可盲目乐观。文化产品仍然存在着边际效用递减、边际收益递减的现象。时间过长,重复消费过久,音乐网站的用户已经不再下载该歌曲,再好的演出和再忠实的观众也已经不愿意再看同样演出。此外,很多文化企业的内部生产依然追求传统的利润最大化产量。企业的开放协作、虚拟办公和资源共享带来了无限制生产,其实是发生在不同生产流程、市场体系之中,边际收益和边际成本的概念关系已不是围绕同一个产品和同一生产规模来讨论的。

第六章

价值和价格

"价值何在"是对所有学科的哲学式追问。文化产品的价值涵盖了经济价值、艺术价值、社会价值几个层面,评估方法和体系也随之复杂起来。只有追本溯源,从几种价值论出发,逐步厘清文化产品的价值层次,才能最终进行产品定价和评估。

第一节　四种价值论

价值概念一直是经济行为的原始驱动点和最终衡量标准。而文化产品包含的创意劳动、社会价值和载体成本都使得产品价值的评估成为一个难题。在经济语境里,价值意味着成本、劳动量、需求和效用;在文化语境里,价值不仅存在于产品本身,还存在于人的价值观和文化现象之中。价值的探讨可以联结起经济生产和文化创造。

学界目前有几种比较流行的价值定义,实体说者认为价值是有价值的事物本身;功能说者认为价值是客体固有的某些属性或功能;观念说者认为价值是人类的一种精神或心理现象或客体满足主体需要的关系。根据不同的判定尺度,大致可分为劳动价值论、要素价值论、效用价值论及均衡价值论。

一、劳动价值论

英国古典政治经济学家威廉·配第(William Petty)于1662年在《赋税论》中提出劳动创造价值的观点,之后经过亚当·斯密、大卫·李嘉图(David Ricardo)、马克思等人的发展与完善,形成了现在一般意义上的劳动价值论。劳动价值论认为商品价值是指凝结在商品中无差别的人类劳动,即人类脑力和体力的耗费,其衡量标准是劳动时间:"价值不是由某个生产者个人生产一定量商品或某个商品所必要的劳动时间决定,而由社会必要的劳动时间、由当时社会平均生产条件下生产市场上这种商品的社会必要总量所必要的劳动时间决定"。①

　　劳动价值论区分了"使用价值""价值""交换价值"等概念,认为价值是物化在商品中的人类一般劳动,没有价值就不能称为商品。商品的使用价值是由劳动创造的,是价值的物质承担者(载体)以及应用于实际中体现出来的能力,即能够满足人们某种需要的属性,如粮食能充饥,衣服能御寒。商品是使用价值和价值的统一体。②交换价值是一种使用价值同另一种使用价值相交换的量的比例或关系。一个物品如果没有使用价值也就没有交换价值,但使用价值是商品的自然属性,交换价值是商品的社会属性,反映的是生产者之间的社会关系。

　　劳动价值论把价值界定为一个纯粹的、抽象的范畴——"劳动"。马克思分析交换价值时发现:"某种一定量的商品,例如一夸脱小麦,同 x 量鞋油或 y 量绸缎或 z 量金等交换,总之,按各种极不相同的比例同别的商品交换,因此,小麦有许多种交换价值,而不是只有一种。x 量鞋油、y 量绸缎、z 量金等都是一夸脱小麦的交换价值。"如果拿两种商品例如小麦和铁来说,不管二者的交换比例怎样,总是可以用一个等式来表示:"一定量的小麦等于若干量的铁。"这说明在两种不同的物里面,有一种等量的共同的东西。"这种共同东西不可能是商品的、几何的、物理的、化学的或其他的天然属性。商品的物体属性只是就它们使商品有用,从而使商品成为使用价值来说,才加以考虑。另一方面,商品交换关系的

————————————

　　①　马克思:《资本论》(第 3 卷),《马克思恩格斯全集》(第 25 卷),人民出版社 2003 年版,第 722 页。马克思在谈到商品价值量计算问题时说:"那么,它的价值量是怎样计量的呢? 是用它所包含的'形成价值的实体'即劳动的量来计量。劳动本身的量是用劳动的持续时间来计量,而劳动时间又是用一定的时间单位如小时、日等作尺度。"他进一步写道:"可能会有人这样认为,既然商品的价值由生产商品所耗费的劳动量来决定,那么一个人越懒,越不熟练,他的商品就越有价值,因为他制造商品需要花费的时间越多。但是,形成价值实体的劳动是相同的人类劳动,是同一的人类劳动力的耗费。体现在商品世界全部价值中的社会的全部劳动力,在这里是当作一个同一的人类劳动力,虽然它是由无数单个劳动力构成的。每一个这种单个劳动力,同另一个劳动力一样,都是同一的人类劳动力,只要它具有社会平均劳动力的性质,起着这种社会平均劳动力的作用,从而在商品的生产上只使用平均必要劳动时间或社会必要劳动时间。社会必要劳动时间是在现有的社会正常的生产条件下,在社会平均的劳动熟练程度和劳动强度下制造某种使用价值所需要的劳动时间。例如,在英国采用蒸汽织机以后,把一定量的纱织成布所需要的劳动可能比过去少一半。实际上,英国的手工织布工人把纱织成布仍旧要用以前那样多的劳动时间,但这时他一小时的个人劳动的产品只代表半小时的社会劳动,因此价值也降到了它以前的一半。"参见《马克思恩格斯全集》(第 5 卷),人民出版社 2009 年版,第 51 页。

　　②　马克思认为:一个物可以是使用价值而不是价值。在这个物不是以劳动为中介而对人有用的情况下就是这样。例如,空气、处女地、天然草地、野生林等;其次,一个物可以有用(有使用价值)、而且是人类劳动产品,但它仍不是商品。要成为商品,必须是要为别人生产使用价值,即生产社会的使用价值,这个产品必须通过交换,转到把它当作使用价值使用的人的手里;最后,没有一个物可以是价值而不是使用物品。如果物没有用,那么其中包含的劳动也就没有用,不能算作劳动,因此不形成价值。参见《马克思恩格斯全集》(第 23 卷),人民出版社 1972 年版,第 54 页。

明显特点,正在于抽去商品的使用价值。在商品交换关系中,只要比例适当,一种使用价值就和其他任何一种使用价值完全相等。"如果把商品的使用价值撇开,商品就只剩下一个属性,即劳动产品这个属性。"如果我们把劳动产品的使用价值抽去,……它们不再是桌子、房屋、纱或别的什么有用物。它们的一切可以感觉到的属性都消失了。它们也不再是木匠劳动、瓦匠劳动、纺纱劳动或其他某种一定的生产劳动的产品了。"各种劳动不再有什么差别,"剩下的只是同一的幽灵般的对象性",即全都化为相同的人类劳动,抽象人类劳动:"这些物,作为它们共有的这个社会实体的结晶,就是价值——商品价值。"①经过以上论述,马克思得出结论:交换价值是价值的表现形式,表现为价格。而价值的本质就是凝结在商品中的无差别的人类劳动。即便是现代社会化大生产使用最复杂的生产工具和机器设备,如果向前层层推移,最终都归结于人类的活劳动。价值的源泉是劳动。

劳动价值论在其产生和发展的历史时期成功地解释了人类之间的劳资关系问题,肯定了劳动和劳动者的作用和地位。但是随着社会经济的发展,劳动价值论遇到西方经济学的挑战。

二、要素价值论

法国政治经济学家萨伊(J.B.Say)在著作《政治经济学概论》中系统地提出了生产要素价值论,认为价值是由劳动、资本和土地(或工资、利润、地租等)三种生产要素共同创造。"一切价值都是来自劳动的作用,或说得正确些,来自人的劳动加上自然力和资本的作用"。②美国经济学家萨缪尔森(Paul A. Samuelson)也认为在资本主义经济生活中,现实的价格并不能单独地按照生产商品所需要的劳动量决定,从而并不能按照马克思的从价值分析开始的论证方法来解释,他主张用生产费用论来代替劳动价值论。

劳动价值论和要素价值论的分歧集中于"非劳动要素创造价值"的问题。劳动价值论者认为萨伊混淆了价值和使用价值(即财富)。③劳动价值论不否认

---

① 参见马克思:《资本论》(第1卷),人民出版社1975年版,第49,50—51,57—58页。

② 萨伊:《政治经济学概论》,陈福生、陈振骅译注,商务印书馆1963年版,第39页。

③ 马克思在《哥达纲领批判》中说过:"劳动不是一切财富的源泉,自然界和劳动一样,也是使用价值(而物质财富本来就是由使用价值构成的)的源泉,劳动本身不过是一种自然力的表现。""只有一个人事先就以所有者的身份来对待自然界这个一切劳动资料和劳动对象的第一源泉,把自然界当作隶属于他的东西来处置,他的劳动才成为使用价值的源泉,因而也成为财富的源泉。"又如,恩格斯在《自然辩证法》中也说过:"政治经济学家说,劳动是一切财富的源泉。其实劳动和自然界才是一切财富的源泉,自然界为劳动提供材料,劳动把材料变为财富"。转引自许有伦:《劳动价值论与效用价值论的辩证关系——与卫兴华、晏智杰教授交流》,《经济评论》,2006(3)。

商品的使用价值或财富是由生产过程中所投入的全部要素(包括劳动和生产资料)创造的,但是并不等于说生产资料也能创造价值,它只能转移其价值,但不能创造新价值。"机器不创造价值,但它把自身的价值转移到它所生产的产品上"。①而关于"自然资源是否具有价值"的问题,马克思说过"劳动是财富之父,土地是财富之母"。②当自然资源取之不尽、用之不竭,不需要人们付出具体劳动就自然存在、自然生成时,这时的自然资源只有使用价值而没体现出价值。但是随着经济市场化、货币化程度的不断提高,自然资源再也不能仅仅依赖其自然作用就能够与社会经济发展保持协调了,为了实现可持续发展,必须投入大量劳动,使自然资源再生产与社会再生产结合起来。如今几乎已经没有一种自然资源完全是未经初步生产过程即未经劳动介入,人类即可自由使用的,人类经济活动已经由过去对自然的无限索取转变为对自然直接和间接的大量投入,如森林的维护、水土的保持、矿藏的测绘等生产活动都是劳动投入。这使得整个现存的、有用的、稀缺的自然资源都表现为直接生产和再生产的劳动产品,并且参与交换与流通,因此开始具有了价值,其价值量决定于再生产所需要的社会必要劳动时间。③

要素价值论者的反对意见是:诚然,在生产的诸要素中,只有人或劳动是能动的要素,是具有积极性和创造性的要素,其他要素则不具有这种能动性和创造性,因此,说资本和土地"创造价值"也许是有些牵强附会。但是,我们能一方面说"资本、土地是价值的源泉",而另一方面又说"资本等非劳动要素没有创造价值"吗?"没有创造价值"的非劳动要素能同时成为"价值的源泉",这一说法实在令人难以理解。在非劳动要素不可或缺的情况下,劳动要素究竟是如何创造价值的呢? 例如农业,不仅劳动要素重要,而且从某种程度上讲,非劳动要素更加重要,农业中不能没有水、土地等自然要素。认为劳动要素唯一重要,是因为没有注意到农业生产中甚至部分工业中(如酿酒业)所存在的"自然力"的作用问题。例如在干旱的时节,本来应该组织农民去抗旱,但是由于"老天爷"帮忙,在农民"准备付出劳动"之前,"老天爷"意外地下了一场喜雨,从而免去了农民的人力劳动投入,结果农作物不但没有受到损失,反而还获得了大丰收。在这里,如何分析农产品的价值创造与价值形成呢? 一方面,客观事实是"老天爷"的帮忙使农作物获得了丰收,实物产量得以增加;但另一方面,我们能依据传统的价值源泉一元论说"因为人类劳动付出较少",所以"农产品的价值

---

① 马克思:《资本论》(第1卷),人民出版社1975年版,第424页。
② 马克思:《资本论》(第1卷),人民出版社1975年版,第16页。
③ 王俊:《全面认识自然资源的价值决定——从劳动价值论、稀缺性理论到可持续发展理论的融合与发展》,《中国物价》,2007(4)。

量低"吗？

　　进一步地，非农业生产一定要在土地上进行，没有土地或地皮，厂房盖在何处？工人难道是在空中作业吗？因此，土地是现代工业生产中必不可少的重要要素之一。在我国的土地属于国家所有的制度安排下，如果我们再否认土地的要素性质和作用，其后果必将是导致国有资产严重流失。而所谓的"小生产不一定需要资本"的观点也是十分错误的。在现代社会，生产规模再小，也是需要资金或资本投入的，这种资金既包括流动资金，还包括固定资金。总之，依据"劳动是价值的唯一源泉"理论，相同产量的两种不同生产方式下，产品的价值是不同的，劳动投入量少、非劳动要素投入量多的生产方式下，商品价值量较小；而劳动投入量大、非劳动要素投入量少的生产方式下，商品的价值量却大——这显然难以令人信服。① "马克思专注于价值实体以及价值形成、决定、运动等问题的分析，而不再涉及使用价值对交换价值的影响和决定作用，并因此使得其交换价值论表现为一元的劳动（耗费劳动或劳动费用）论，从而使得其劳动价值论具有了内在的局限性"。②

三、边际效用价值论

　　边际效用价值论是在 19 世纪 70 年代初，由英国的杰文斯（Jevons）、奥地利的门格尔（Menger）和法国的瓦尔拉斯（Walras）等几位经济学家提出的，后由奥地利的庞巴维克（Eugen Bohm-Bawerk）和维塞尔（Friedrich Freiherr Von Wieser）加以发展。要素价值论强调的是生产商品过程中的"代价付出"或生产费用，边际效用价值论则是强调消费者消费商品时"所得到的满足"或边际效用。决定商品价值的因素并非供给方面的生产费用大小和社会必要劳动，而是商品给消费者所带来的边际效用大小。西方经济学者认为，边际效用价值论能够显示出价值量由稀缺性带来的变动，彻底地解决了亚当·斯密在《国富论》中所提出的"水与金刚石的价值悖论"难题。③持此观点的学者认为劳动价值论没有考虑市

---

　　① 参见许成安、杨青：《劳动价值论、要素价值论和效用价值论中若干问题辨析——兼评〈劳动价值论与效用价值论的辩证关系〉一文》，《经济评论》，2008(1)。
　　② 郝云宏：《关于价值问题的若干思考》，《山东社会科学》，2002(2)。
　　③ 亚当·斯密在《国富论》中提出了价值悖论："没有什么能比水更有用，然而水很少能交换到任何东西。相反，钻石几乎没有任何使用价值。但却经常可以交换到大量的其他物品？"换句话说，为什么对生活如此必不可少的水几乎没有价值，而用作装饰的钻石却索取高昂的价格？边际效用理论对此解释为，钻石十分稀缺，因此得到钻石的成本很高，而水相对丰裕，在世界上许多地区都几乎可以不花什么成本就能得到水。即水的价格不取决于它在整体上的效用，而是取决于它的边际效用，即取决于最后一杯水的有用性。由于有如此之多的水，所以"最后一杯水"仅仅用于浇灌草坪或洗汽车，几乎一文不值，所以像水这样非常有用的日常商品往往以很低的价格出售。

场供求关系的因素,而这正是新古典经济学的稀缺性理论的出发点。

稀缺性理论认为:当某种资源能满足消费者的需要,即对消费者产生了效用时,就导致了对这种资源的需求。如果该资源供给充裕,不存在限制和选择性使用,即使我们非常需要,但只要不具有稀缺性,也就没有价值和价格,例如空气;但如果这种有用的资源可以供给的数量是有限的,则该资源就是稀缺的。稀缺性导致竞争性使用,以价格调节供求,于是产生了价值。在市场经济条件下,价格是资源商品相对稀缺性的信号和度量,是供给与需求的综合反映,必须进行合理定价,否则会导致市场混乱,使资源配置失当。

边际效用价值论的"效用"与劳动价值论的"使用价值"相比,前者偏重于主观心理评价,而非客观功能属性。"边际效用"为我们提供了价值判断的新的现实因素。① 但是,由于主体认知的局限性及信息的不完全,效用的大小往往不能确认。门格尔、杰文斯、瓦尔拉斯、马歇尔先后提出效用可以用基数衡量,边际效用可用微积分方法无限细分,这在实际经济活动中难以做到。后来,意大利经济学家维弗雷多·帕累托(Vilfredo Pareto)提出序数效用论,认为效用只可以以经验事实为依据进行比较,而不能具体测定。美国经济学家约翰·贝茨·克拉克(John Bates Clark)则以"社会效用论"对边际效用论进行修订,但他仍以主观效用为基础,因此在理论上没有大的突破。20 世纪 30—40 年代,希克斯(John Richard Hicks)以主观价值理论为基础,运用序数效用理论分析价格变动的经济效应,又将效用论推进了一大步。由于分析角度不同,边际效用价值理论的兴起并未完全取代要素价值论,而是发展成为现代微观经济学中需求理论和价格理论的重要基础。

四、均衡价值论

边际效用价值论不仅成为对抗马克思劳动价值论的又一种重要理论,而且对西方经济学中的传统价值理论体系(要素价值论或成本价值论)提出了重构的要求。马歇尔在 19 世纪末进一步发展了西方经济学中的价值理论体系,他直接指出,所谓价值,就是指交换价值或价格。在他看来,价值既取决于供给因素,又取决于需求因素。从供给方面看,生产费用(劳动、土地、资本、企业家的组织管理)是决定产品价值的因素;从需求方面看,边际效用是决定产品价值大小或有无的因素。商品的最终价值取决于供求双方的共同作用,均衡价值论从此

---

① 对于效用,恩格斯也曾经明确指出:"价值是生产费用对效用的关系。价值首先是用来解决某种物品是否应该生产的问题,即这种物品的效用是否能抵偿生产费用的问题。只有在这个问题解决之后才谈得上运用价值来进行交换的问题。如果两种物品的生产费用相等,那么效用就是确定它们的比较价值的决定因素。参见《马克思恩格斯全集》(第 1 卷),人民出版社 1956 年版,第 605 页。

形成。

马歇尔认为价值是商品交换过程中相互间的比率并体现在价格上,主张直接从价格入手进行分析。这实际上是以价格取代价值,不再使用价值概念。现代西方经济学在这一问题上表现得更为突出。由于供给方面的"费用"因素属于客观范畴,需求方面的"效用"因素属于主观范畴,因此,价值这一概念被马歇尔认为既带有主观性,又带有客观性(表6-1)。

表6-1 不同价值理论的异同点①

价值决定的 主客观性	价值理论	价值的源泉	价值的 决定因素	主要代表人物
客观价值论	劳动价值论	劳动	单一要素	李嘉图、 马克思等
	要素价值论或 费用价值论	劳动、资本、土 地、管理等要素	三要素、四要 素或多要素	斯密、萨伊等
主观价值论	边际效用价值论 (边际革命前为 效用价值论)	效用、稀少性 (边际效用)	边际效用要素	门格尔、杰文斯、 瓦尔拉斯等
主客观混合价值论	均衡价值论或 均衡价格理论	供给(费用或 边际成本)与需 求(边际效用)	混合多元	马歇尔等现代 西方经济学家

纵观西方经济学说中价值理论的历史演变,我们可以看出,早期的经济学家在研究价值问题时,更多的是从商品的供给角度或成本付出(代价)方面着手的。在物质资料相对匮乏的早期社会,人类所言及的"价值"范畴更多的是强调客体(商品)对主体(人类本身)的被动满足,而非强调人对物品的主动选择和主观感受。商品或实物产品的"价值大小"更多的是通过产品创造过程中的各类投入多少来体现的。

---

① 参见许成安、杨青:《劳动价值论、要素价值论和效用价值论中若干问题辨析——兼评〈劳动价值论与效用价值论的辩证关系〉一文》,《经济评论》,2008(1)。

随着商品经济实践的深入和扩大,对价值的探讨从生产环节发展到消费环节、从生产领域发展到流通领域,从物质满足上升到精神体验,从单独考察商品供求拓展到综合分析社会文化环境,几种价值论为我们思考文化产品的价值提供了丰富的理论依托和启示。

第二节　文化产品的价值

一、劳动价值论与文化产品价值

劳动价值论在衡量文化产品的价值时一般会遇到以下问题:

(一) 个体差异和复杂劳动

文化产品在制作过程中分为两种情况:一是文化产品的复制。其价值量大小由提供这种复制产品的社会必要劳动时间来决定,如图书的印刷出版,这部分的价值消耗了人们的劳动,这部分劳动是可以被量化的(原材料价值也转移到产品中),书价就是由社会必要劳动时间决定的价值量的货币表现。二是文化产品的创意。文化产品的创作过程是复杂的智力劳动,具有独创性和不可重复性的特点,因此文化产品所包含的劳动绝不只是写作、演讲、绘画或演唱所耗的劳动,还应当包括产品酝酿、构思、研究、考证和试验等所有劳动,还要考虑作者长时间积累的知识储备、教育和训练。可见,创作文化产品的劳动不是社会必要劳动,而是个别劳动(包括天赋、脑力劳动)。如果一个天才艺术家与一个庸才都耗费了一小时的创作时间,前者创造的价值无疑大于后者,那又如何拿"一小时"计算价值呢?

(二) 时间沉淀和稀缺性

例如一件珍贵的文物,它所蕴含的人类无差别的人类劳动与普通器皿几乎没有差别,当它被挖掘出来后,凝结在这件物品内的抽象劳动几乎没有改变,但随着时间沉淀,几千年前与现在相比,该商品的价格可能相差上千倍,这个用"价格围绕价值作上下波动"来解释似乎过于牵强。由于历史遗留,或是艺术家创作周期长造成的稀缺性,也会使得艺术品升值,但这不是复杂繁重的劳动造成的。

(三) 艺术偏好

由于我们每个人的艺术偏好是不一样的,因此,一个人对某件文化产品的价值判断,其他人并不容易精确地把握。正是由于这个原因,尽管我们可以用比较具体的货币单位来定量地表示艺术品的价格,却只能用比较抽象的词汇来定性地对艺术品进行价值判断。

对于上述现象,劳动价值论也作出了解释,首先,生产商品的劳动是具体劳动和抽象劳动的统一,复杂劳动等于倍加的简单劳动(如天才的劳动是复杂劳动),因此可以创造更多的价值。在商品经济条件下,复杂劳动与简单劳动这种交换比例的折合,是在生产者背后,在无数次的竞争和交换活动过程中自发确定的。劳动价值论没有继续深入探讨复杂劳动如何转化为简单劳动,只是抽象地说天才艺术家的创作时间相对较短,大量庸才艺术工作者却花费太多时间,二者互相折合相加,全社会所有商品的价值量应等于所有劳动量(时间)。对于文物这种特殊情况,劳动价值论认为价值高的文物,都是技艺高超、做工精湛之物,凝聚了先人大量的劳动时间。但一些古代的日常器皿如今也非常昂贵,这是劳动价值论解释困难的地方。

对于艺术品的价值与价格相悖的现象,劳动价值论认为真正具有价值(所谓的"真实价值")的艺术品最终会得到人们的认同。他们将这种认同的过程称为艺术品的价格向其真实价值回归的过程。真实价值的产生应该是以劳动时间、劳动复杂程度作为基床的。但不能把劳动时间作为唯一因素,还需要把相对稀缺性、边际效用也作为文化产品、文化历史资源的价值考量维度。

二、文化价值

(一)价值作为一种"关系"概念

国内经济学者晏智杰曾提出应当重新界定经济学的价值概念,主张将它定位于商品与消费者需求之间的关系。这就是说,商品价值是一个关系概念,不是一个实体概念;商品体和人的需要两者的组合构成价值,离开其中之一,价值关系便不能成立;商品有没有价值,价值是多少,以其能否满足人的需要及其能在多大程度上满足这种需要为转移;衡量商品价值量的是市场价格,市场价格决定于市场供给和需求的关系,等等。晏智杰主要基于如下几点考虑:第一,经济学的价值论应当同一般的哲学意义上的价值观保持一致;第二,应当将需求引进经济学的价值概念,因为离开个人需求和市场需求,经济学的价值概念就失去了它的主体,价值关系无从建立,而劳动价值论的社会必要劳动概念只是将需求视为价值形成的一个外在条件;第三,应当将价值和价格统一起来,市场价格就是市场经济普遍的本质的要素,企图在价格之外还去寻求什么价值,不过是搞神秘主义。事实上,劳动价值论所说的价值不过就是市场价格的一种,即长期的稳定的价格而已,因而价格和价值这两个概念在一定意上是"等价的"。①

马克思也说过,价值这个普遍的概念是从人们对待满足他们需要的外界物的关系中产生的,离开人这个价值的主体,商品无人问津,价值就无从谈起。②文化产品的价值实现更加体现了商品与人的关系,"其价值增值对消费主体有一定的要求,包括要有相应的审美能力和审美心境"。③

(二) 文化价值

西方经济学更多的是研究价格而不是价值,这意味着一种经济价值的观念——产品和企业在市场交换中的货币收益和折现。为什么要单独提出"文化价值"? 原因在于文化产业普遍存在着价值难以用货币计量的现象,例如:在一定历史时期和地域内,一部戏剧、电影的票房收入是否就体现了它的文化价值? 一个博物馆的日常门票收入是否反映了它所收藏的艺术品价值? 一个废旧厂房及失效的机器设备所能卖出的价钱能否等价于它们被改装为艺术展示空间的价值? 一件耗费大量物质成本和人工劳动的"鸿篇巨制",是否就具有极大的艺术成就? 一个拥有巨大粉丝群和巨额出场费的热点艺人,其表演作品的艺术价值是否很大? 一件少有人问津的作品其价值是否就微乎其微? 古典音乐的经济价值低但文化价值高,电视肥皂剧收视率和广告收入(经济价值)很高,但是文化价值可能较低。诸如此类的疑问在文化产业界比比皆是,经济价值与文化价值高低差异和错位时有发生,二者可能是正相关也可能是负相关。

文化价值不可能完全脱离经济价值,但经济价值及价格不能完全涵盖和评估文化价值。文化产品体现了认知、审美、教育、伦理和历史的诉求,"文化价值"应拥有以下特征:

1. 审美超越和真实创新

文化产品在展示、传播和分享过程中,可能其物质载体的市场价值不大,但是产品在消费者心中的地位是高雅和崇高的。这是因为一般商品的使用价值是单向度地满足消费者直接功利性需要,而文化产品是拥有和实现一种艺术自律的产品,体现了美学规范、技艺水准,呈现出一种超物理功效、超经济、超世俗的价值诉求,没有艺术含量的"文化"产品,无论如何新奇、稀缺和古老,也没有价值。此外,真正原创、独一无二的文化产品显示出真实、探索、不愿墨守成规的生命力,本质上是人的价值。"彰显着完善自身品味和生存状态的理想,趋向自

---

① 参见晏智杰:《劳动价值论新探》,北京大学出版社 2001 年版,自序、再序、绪论、第一篇等。

② 转引自许有伦:《劳动价值论与效用价值论的辩证关系——与卫兴华、晏智杰教授交流》,《经济评论》,2006(3)。

③ 杨承志:《关于文化产品价值的哲学思考》,《光明日报》,2007-8-14。

由、真善美和人的全面发展"。①

2. 非消耗性、非排他性

文化价值不像一般物质商品的使用价值那样,要通过占有和消耗的方式获取。一般商品会由于使用磨损,价值会逐渐降低,而文化价值不会被损耗消磨,具有普适性、恒常性。劳动价值论认为,物质商品的价值与使用价值不能同时兼得,要获得价值就要让渡(出卖)使用价值。而在大多数文化产品的交易中,产权出现了所有权和使用权的分离,这导致了文化产品的四种市场交易形式:(1)同一文化产品一次仅卖给一个买主;(2)同一文化产品同时卖给数个买主;(3)同一文化产品在不同时间相继卖给数个买主;(4)同一产品的版权卖给不同衍生产品,所以,文化价值是开放的,可以得到多层次不同形式的实现。不光是消费者消费,生产者自己同样可以消费,还可以不断地由原初状态扩散延伸,推动人们进行新的创意开发和生产,从而实现增值,它"先产生,后汇集,再之后形成价值通道、价值线,有时形成价值链"。②

但是也要指出的,文化价值的无法损耗也不是绝对的,一种文化类型、风格和潮流的价值会因为差异竞争、重复消费、时间冲淡以及丑闻等因素被遗忘和抛弃。随着社会认知的变化以及时间沉淀,文化价值有可能出现一个从低到高的动态增值,也可能呈现衰减的趋势。

3. 约定和共鸣

西方经济学家玛吉(Magee)指出:"关于什么是价值这一话题,我们或许可以展开一场为期 100 年的论战,最终也未必能够得出令人心悦诚服的结论。但是,如果我们能够意识到,价值就像'美'一样,只存在于个人眼中的话,价值就是人们对某一事物的估价。它意味着,某件事物对你而言,到底值多少。价值,并非客观存在的事物,它只是我们内心中的一种看法,一种高级的抽象概念,而不是现实存在的客观事实。"③而长期以来,与经济学界的价值讨论一样,"美在客观"还是"美在主观",一直是美学界争论不休的课题。

文化价值有自身的客观独立性,但正如马克思所说:"对于没有乐感的耳朵,最美的音乐也毫无意义。"④不同文化偏好和素质的消费主体对同一文化产品的文化价值的获得是不同的,价值评价必然有很大的差异性和相对性。文

---

① 孙美堂:《从价值到文化价值——文化价值的学科意义与现实意义》,《学术研究》,2005(7)。

② 戴维·思罗斯比:《经济学与文化》,王志标、张峥嵘译,中国人民大学出版社 2011 年版,第 30 页。

③ 转引自马健:《我看古玩艺术品价格的影响因素——兼答张天琚先生》,《艺术市场》,2007(3)。

④ 马克思:《1844 年经济学哲学手稿》,中共中央编译局译,人民出版社 2000 年版,第 87 页。

化消费主体总是以自己的知识背景、认知图式去"解读"文化产品。"解读",不是一对一的单向吸收,而是一种艺术家—作品—观众三者的价值观约定和共鸣。在第四章讨论时尚潮流对文化产品需求的影响时,我们认识到孤独和闭塞是文化消费的"抑制剂",文化价值最可能爆发于某种集体意识和社会空间之中,是与消费者群体的文化成本紧密联系的。这类似于信息产业的中的"网络效应",人们消费文化产品(符号)的目的是更好地交流,文化产品的总体价值会在交流中呈现几何级数增长。

文化价值不是无源之水,它既来源于艺术家的天赋、劳动和供给,也萌发于约定受众的需求和感受。文化价值不是依据要素价值论,在劳动、资本、土地等要素上再加上一个文化要素,它是另一种价值论阐述——基于社会关系的价值论提示我们,"文化价值"应是一种主客体统一关系,包括美学价值、历史价值、社会价值。美学价值可涵盖文化产品的艺术形式、意义象征功能和人生超越情怀;历史价值体现了文化产品可以将历史与现在连接,以及启示未来;社会价值指的是文化产品可以展现人与人之间的社会关系、身份等级,有助于我们了解社会的本质。

三、文化产品的价值构成

文化产品的价值"是一种社会建构现象。因此价值决定——进而言之,价格决定——不能脱离其发生的社会环境"。①基于上述几种价值观的阐述,对于文化产品的价值构成,我们应从下面几个角度进行理解和概括:

(1)在劳动方面,凝结在产品上的创意劳动和复制劳动产生价值(包括原材料的劳动转移)。创意劳动体现了艺术原创价值,尤其是开启了一个新的艺术文化历史时期和流派的作品,复制劳动体现了原材料的价值、本产品的制作加工的精度和质量,可以叫载体价值。两种劳动合力凝结和创造了产品的物质价值和文化价值。

(2)在自然力方面,文化资源、文化遗产等产品,它以艺术形式记载和传达着人类历史某个发展阶段的精神文化风貌,与现实和未来达成文化延续。随着时间和环境的沉淀、洗礼,存世量逐渐减少,稀缺性逐渐加大,历史价值更显珍贵。我们应该承认,历史时间为文化遗存类产品增添了文化价值,而不是仅仅影响了价格。

(3)在效用方面,我们认为价值是一种人与外界(产品)互动产生的一种精神心理层面上的感受、需求和共鸣,所以也必须考虑到市场供求和效用价值论,

---

① 戴维·思罗斯比:《经济学与文化》,王志标、张峥嵘译,中国人民大学出版社2011年版,第23页。

尤其是边际效用。这种效用有可能是作品的艺术审美带给受众的效用,也有可能是作品产生的符号效用,即受众可能根本不理解该作品真实的艺术成就,但对它的社会符号意义非常看重。文化产业是符号的创意、生产和传播,符号价值也需要付出大量创作、宣传的劳动,并且可以对消费者产生很大的边际效用,从而影响市场需求。

但是我们也要警惕的是,人们从文化产品获取的效用往往是分散多元的,这就为文化产品的价值蠡测带来困难。并且相对于艺术审美效用,符号效用往往占据更大比例,当一个符号潮流引发跟风消费时,价格会飙升,潮流过后又可能价格急降。这就说明单独、孤立地用符号效用大小来确定产品价值会出现很大误判。

依据主客观统一的价值观念,我们必须有所限定:判断文化产品价值并不能唯"新"是举、唯"广"是举,也不能被分成无数琐碎的主观判断和观念,而是要用一段历史时期、专业的美学规范来限定和评判。任何一个历史时期的一种艺术门类都会形成一套自己的自律法则,那么就要看该产品和艺术家是否创造和总结了自身较为完整和复杂的新美学规范和专业技艺,是否引发大量同样风格的产品和作品出现,从而成为文化艺术史上的一个原创点乃至里程碑;另外,要看这种艺术文化产品是否契合、反映了一定历史时期的社会风貌特征和变迁,得到了一个较广泛的受众群体的共同认可。符号效用必须依托和围绕艺术审美效用而产生,否则这种符号效用就不能用来计算和评估文化产品的价值,尽管它可以让价格上涨。当一件文化产品引发狂热的符号消费、价格飙升时,我们要冷静观察它的创作、制作的品质,甚至暂时搁置一段时期再回顾和总结,从而准确评估其价值大小。

第三节　文化产品的价格

价值分析是一种抽象的、本源性的分析。劳动价值论没有对价格进行具体研究,而西方经济学着重研究了供需与价格的关系,以及如何实现资源的最优配置。在西方经济学中,可以说价值论就是价格论,投资者、企业关心的是产品定价和价格竞争,即价值取决于其他人愿意支付的价格。此外,西方经济学还特别强调知识在生产过程中的作用,即知识和教育可以提高劳动的复杂程度,从而创造更多的价值,这更加贴合文化产品的价格研究。

一、价格理论

价格是商品交换中最活跃的因素,价格理论是揭示商品价格形成和变动规

律的理论,在长期价格实践中,逐渐发展成几派观点:

(一) 劳动价值价格论

从劳动价值论出发的价格理论认为价值决定价格,价格受供求关系影响而围绕价值上下波动。所以,可把生产费用作为主要依据进行定价,如马克思说的:"价格由生产费用决定,就等于说价格由生产商品所必需的劳动时间决定,因为构成生产费用的是:(1) 原料和劳动工具,它们的生产耗费了一定数量的工作日,因而也就是代表一定数量的劳动时间。(2) 直接劳动(工人劳动),它也是以时间计量的"。[①]或者说,价格由四个部分形成:耗费的原材料成本+固定成本摊销+工资+利润。[②]

(二) 效用价格论

效用价格论者认为,很多产品的生产不存在平均化的社会必要劳动,其价格只有借助于其边际效用才能正确描述。价格由供求双方的主观评价来调节,并由能使供求达于均衡的边际评价来决定。效用价格论是对劳动价格论的补充。但是,由于效用的主观性,价格的确定也面临困难,并且忽视了商品供给方的影响力。

(三) 供求均衡价格论

供求关系是一般商品生产与消费矛盾运动的基本关系,供求价格论者认为,产品的价格由买卖双方在市场交易中讨价、还价、相互制约而决定。价格下降,将引起需求增加,供给减少;价格上升,将引起需求减少,供给增加。当市场竞争使某种商品的供给与需求相一致时就形成了供求均衡。"供求决定价格"是劳动论和效用论的混合,可以较全面地解释市场成交价格的形成,但忽略了信息不透明、垄断力量或国家干预等因素对价格的影响。

(四) 垄断价格论

垄断价格论者认为,决定产品价格的因素主要在于卖家的垄断性。一方面,产品具有独特性,或是只开发一次,缺乏市场竞争;另一方面,人们为保护产品的所有权,制定了各种产权保护法,如版权法、专利法等,两方面交互作用形成了产品的垄断价格。这种价格论反映了垄断对价格的影响,但它抛开了价值对文化产品价格的制约作用,使其价格的确定带有某种神秘色彩,随意性较大。[③]

[①] 《马克思恩格斯选集》(第 1 卷),人民出版社 1974 年版,第 360 页。

[②] 注意,工人的工资体现的是(直接)劳动力的价格,不是(直接)劳动的价格,工人的活劳动在原材料和工具的(死劳动)基础上创造了新的价值。利润里包括税金,即毛利润＝纯利润+税金。

[③] 参见秦霖、邱菀华:《论文化产品的价值实现与价格形成》,《东北大学学报(社会科学版)》,2004 (11)。

（五）新价格理论

新价格研究了供求与价格的因果作用关系,否定了传统价格理论认为价格可以决定供求的观点,认为供求决定了价格,供求与价格是单向的因果关系:供给不变,需求增加,价格将会上涨;需求不变,供给增加,价格将会下降。而价格对供求的作用是反馈作用,既有负反馈作用,也有正反馈作用,作用结果是不确定的。

此外,市场自由竞争形成的价格称为内生价格,非市场因素形成的价格称为外生价格,如政府管制价格、情感因素下的价格。内生价格求效率和激励,外生价格求公平和稳定。

二、文化产品价格的影响因素和定价空间

价格是价值的体现者,这是合理的。但是,从上一节总结到,文化产品的价值具有个人独创性、非消耗性和无形扩散性,随着文化约定关系和文化潮流的变化而呈现出增值或是贬值的动态可能性。因此,作为文化价值体现的价格也具有很大的不确定性,应建立相对独立、自成体系的价格形成机制。

（一）文化产品价格的影响因素

在前文关于文化产品的价值探讨基础上,影响文化产品定价的几个因素包括:

1. 产品自身因素

（1）艺术性和制作水准。包括物质成本、制作水准、完整程度（品相）、原创性、艺术美学成就、历史体现和遗存等。产品自身因素意味着艺术原创性—美学规范—制作水准—历史性的统一。我们认为,文化艺术作品都是反映和表达人类的情感、意志和心理——这些是相对稳定和传承的——尽管可能在形式上发生巨大的变化;另外,如前所述,在特定的一个艺术门类、行当、流派和历史阶段,都会有一个普遍认可和崇尚的美学规范和技巧水准。只是,这种规范常常由后世逐渐发现、认可和总结出来,因此作品的艺术价值在它产生的时期可能会被低估,这也是艺术产品价值和价格不确定性的体现。[1]但是我们仍必须指明:原创性不能失去特定的美学规范和技巧水准,否则会导致盲目的价格炒作和生产消费。总之,艺术性和制作水准是产品价格的基础,它们与物质成本相关,但更取决于艺术家的艺术造诣和劳动。

---

[1] 例如凡·高的画在今天具有极高的艺术价值和市场价格（可达几亿元人民币）,但在凡·高在世时其才华不被人看好,画作仅卖掉一张。

（2）作品、艺术家的符号意义。在文化消费中，很多买家较少关心专业艺术价值，更多关心艺术品或艺术家的社会声誉和评价，更关注所购艺术品能给自身带来社会身份和品位象征。产品的符号效用被专家评论、媒体曝光率、宣传炒作等方式建构出来和扩散出去。正如美国社会学家霍华德·贝克尔（Howard S.Becher）指出的，"艺术并非少数天才的个人创造。从艺术品的创意产生、制作到后期的呈现，整个过程都离不开多方行动者共同参与的集体行动，这一复杂的协调过程得以完成有赖于艺术世界内共享的一组艺术常规。与一般集体协作规则略有不同的是，艺术常规不仅包含了合作的方式，同样也包含着审美价值和'解码'艺术符号意义的原则"。[①]体现得更为明显。

符号意义在集体生产下会引发注意力，而注意力可以赢得高价。美国经济学家哥德哈伯（Goldhaber）谈道："如果你用美元数量测量一个艺术家的生产力，你会发现，最引人注意的艺术家最赚钱。艺术主要是诉诸情感的，一旦注意力被吸引，理智就会不知不觉退隐到背后。"[②]有些符号化的文化产品具备一定的艺术质量，但有些不尽然。符号意义会造成价格与价值分离，放在长期实践和广泛人群的评判尺度下，其价格未必符合其价值水准。所以，发掘能够经得起时间的检验、并能够持续地吸引人们注意力的艺术品，才能获得较稳定的高价。

（3）产品的高附加值。如果该产品形态具有很强的开放性，具备可以开发后续衍生产品的可能，蕴含很高的附加值，那么就会产生较高的授权价格（或是卖出不同载体的版权）。但是产品的附加值的大小也要看需求方的认可度和预期，并且版权买家可能只针对该产品的单一用途（某一个版权）进行出价和购买。

2. 供给因素

（1）艺术家和企业的供给规划、方式、周期和数量。文化市场中很多艺术家不会急迫或是无法提供大量产品。如果改变生产者数量、生产规模、供货商数量，都会改变产品的供给数量和质量，从而影响价格。

---

① 转引自严俊：《艺术品市场的定价机制——关于美学价值与艺术声誉的理论讨论》，《上海财经大学报》，2013（4）。

② 转引自马健：《注意力：影响艺术品价格的决定性因素》，《金融时报》2006-2-17。齐白石作品价格就是一个例子。20世纪20年代齐白石初到北京的时候，由于他的艺术风格与当时的主流审美情趣和艺术理想相去甚远，因此"生涯落寞，画事艰难"。不过，当陈师曾携齐白石的书画作品参加1922年在日本举办的中国画展，并且将这些书画作品全部售出之后，齐白石在日本一举成名，他的书画作品在国内的"润格"也随之上涨了几十倍之多。对此，齐白石也感慨道："曾点胭脂作杏花，百金尺纸众争夸。平生羞杀传名姓，海外都知老画家。"

（2）存世量。在艺术家过世、产品无法复制的情况下，时间积累、作品存世量会影响作品价格。一般情况下，存世量稀缺的作品价格较高，反之，价格较低。

3. 需求因素

需求与供给是对立统一的价格影响因素。面对一个特定产品价格，不同购买群体会产生不同的购买量，大大小小的需求量就组合成该产品的市场总需求量，总需求量再与该产品的供给量相对照，买卖双方经过复杂的博弈，从而产生该产品最终的交易价格。前面章节已经列举了影响文化产品需求的因素，包括经济水平和文化教育程度、特定的文化偏好群体和社会背景、炫耀性和跟风消费，等等。

此外，包括同行业、同类产品的竞争方或是替代品生产方，它们会与原艺术家和企业形成价格竞争。互补品的价格也会对产品价格产生影响，这里不再赘述。

（二）文化产品的定价空间

文化产品价格是由供求、效用、成本、垄断等因素共同作用和决定的。在现实交易中，文化产品价格表现为上下限之间的波动，上限就是效用价格，以文化产品使用者获得的最大效用为限；下限就是生产耗费价格，以文化产品生产成本加上最小盈利为限。[①]

1. 生产耗费价格：文化产品的价格下限

生产耗费价格包括：首先是制作和流通过程中的物质耗费和员工工资。这是每一次出售产品都必须达到的，否则文化企业将入不敷出，发生亏损；其次是平均利润，即同类或近似产品行业的社会平均利润规律或更多的利润。这就自然确定了文化产品出售的价格下限，即：文化产品价格≥文化产品生产耗费+社会平均利润。

这一价格下限同时为生产者是否选择生产该文化产品提供了依据。前面分析过文化产品的成本，其母版（或是版权购买）的成本较高，复制的成本较低，同时文化产品的创新成本和营销成本都相对较高。[②]在考虑成本的时候都需要依据上述特点充分估算成本，并且要计算消费者需求量，特别是结合目标

---

① 参见秦霖、邱菀华：《论文化产品的价值实现与价格形成》，《东北大学学报（社会科学版）》，2004（11）。

② 按西方经济学理论，产品定价的目的就是实现厂商利润最大化，即商品价格等于边际成本时（$MC=MR=P$）利润才能最大化。这是基于边际产量递减规律以及边际成本递增规律这两个规律。但对于很多文化创意产品，其初创固定成本往往很大，但在之后的大规模生产阶段，边际成本 MC 迅速下降，并保持稳定低水平甚至趋于零，MR 与 MC 曲线无法相等相交。因此，如果按照传统边际成本定价方法，文化创意产品巨额成本将无法收回，企业也将无法达到应有的利润水平，这是需要区别对待的。

市场上客户对广告的反馈情况,这样才能制定出一个较准确的以生产为基准的价格。[1]

2. 预期效用:文化产品的价格上限

需求者购买文化产品的目的是希望在使用后能够获得更大的效用,这一目的决定了文化产品交换中的价格上限。当消费文化产品预期效用大于等于消费价格时,消费者会考虑消费或扩大消费。预期效用与消费价格正差额越大,越能刺激消费者的消费欲望,增加消费量。当预期效用小于和等于消费价格时,消费者会停止消费。显然,消费文化产品的预期效用就是消费者愿意支付的最高价格。即:文化产品价格≤消费文化产品的预期效用。文化产品的价格只有在此上限以下,需求者才会根据市场供求状况和市场价格决定是否购买这种文化产品。

效用价格是消费者对该产品的认同价值的体现。超出这个价格,大多数消费者就不愿意掏钱。但是,"效用"需要计量的支持,可苦于找不到合适的计量方法——西方经济学从基数效用理论、序数效用理论到显示偏好理论,都无法很好地解决这个问题。如今面对文化产品的社会效用,则更加难以确定。阳春白雪或下里巴人,各有所好,每个人的效用难以达成统一。有的消费者可能始终不认可某个文化产品的成交价格。但是,如第一章里我们谈到,雷蒙·威廉斯认为文化是社会化、群体性、普遍性、复制性的表意系统,人们对于文化产品效用的评价可能在一定程度上获得较为一致的看法,从而表现出一定的客观性,因而我们时常可以看到在一定时空条件下价格大致相同的情况。

那么,一定客观性的"效用价格""心理价位"是如何形成的?可以发现,文化产品中的"文化价值"是"效用价格"的决定因素。艺术品质、消费者的认同和约定的程度、社会扩散和影响力都可以提升效用价格。我们可以从价格弹性的角度来分析,如果是创新和引领程度低、品牌符号意义较弱、替代品较多的产品,其相对价格弹性就高,价格稍偏高,消费者就会放弃购买。在具体操作时,一方面要经过市场调研,把握消费者的消费习惯和需求,另一方面要观察竞争对手,结合自身和竞争对手的市场占有情况、产品特点、品牌价值来综合考虑定价。最后,还要对文化艺术潮流走向有较为深刻和准确的把握判断,注意同类产品边际效用递减规律的作用。

三、文化产品的定价策略

企业在战略上对市场、利润、现金流、品牌等的追求决定了定价的基本方向。

---

[1]　参见但红燕、蒋强:《我国文化产品定价机制研究》,《价格理论与实践》,2011(11)。

而文化产业在产品、企业、需求都存在多元差异,形成不同的市场,为价格提供了策略性变化的广泛前景。

（一）价格歧视的市场条件

定价策略的基本原理是利用差异化产品价格,获取不同的利润和市场地位。差异化定价销售也被称为"价格歧视",分为一、二、三级价格歧视。所谓一级价格歧视就是每一单位产品都有不同的价格,即假定厂商知道每一个消费者对任何数量的产品所要支付的最大货币量,并以此决定其价格,也就是说厂商对每一单位产品都按照消费者所愿意支付的最高价格出售,这是最极端、产生最大利益的情况,所以又称为完全价格歧视;如果厂商针对产品不同的消费数量(或版本)而给出不同的价格,是二级价格歧视;厂商将同一种产品针对不同的消费群体收取不同的价格,则是三级价格歧视。

如果是完全竞争市场,各企业均是价格的接受者,则价格差异化无法实现,价格策略也无从谈起。所以价格歧视必须满足以下几个市场条件:

（1）市场是不完全竞争的,甚至是垄断的。

（2）市场买卖双方信息不畅通。

（3）不同购买者的需求价格弹性不同,市场的消费者具有不同的偏好。

（4）不同买家群体是隔离的,厂商阻止不同购买者之间的贱买贵卖的转卖行为。

现实的文化产业市场满足以上几个条件。首先,厂商竞争地位高低不同,产品差异大,一些拥有独家版权和创意资源的厂家往往可以通过控制市场供给而影响需求和价格。其次,买卖双方关于文化市场和产品的信息很难对称,普通实物产品完全可以用生产的尺度和经济的杠杆来判断其在市场中的价值,而文化艺术品则除了涵盖上述因素之外,更重要的价值参照来自于文化价值。买家对文化价值往往不太了解,产品价格标准往往由掌握话语权的专家和权威机构来制订。需求偏好更是文化消费的特征,不同买家之间的偏好差异、教育程度差异以及信息不通畅,会形成地理和精神层面的买家群体隔离。另外,很多文化产品需要现场体验和消费,这也形成地理隔离。

（二）定价策略

结合文化产品价格空间,我们确定文化产品价格的三个梯度:以成本确定价格、竞争对手价格、以消费者认同价值(效用)确立价格。根据文化产品的特性,可以确定一些定价策略:

1. 产品版本组合定价

针对不同购买量设定不同价位的二级价格歧视在文化市场中很常见。除此之外,由于文化产品具有衍生性,通常都不是单一的产品,而是组合式、延续性产品,也会发生版本的二级价格歧视。文化企业根据客户对产品需求的急迫程度、使用时间和地点、产品内容的完整性、容量、用户界面、使用的灵活性以及技术支持等来划分版本,给出不同价格,努力实现边际效用递增,使产品的总价值最大化。

2. 消费群体定价

文化产品的消费者需求是多元化的,市场细分化程度高,需要结合市场中消费者的价格弹性来分析和实施三级价格歧视。几乎任何人都会对文化创意产品产生兴趣,但是不同消费者喜欢的该产品的象征意义是不一样的。所谓"内行看门道,外行看热闹",艺术从业者、评论家、受过相关教育的忠实受众,都会非常关注文化产品的生产过程(如艺术家的创作努力、表演和展示的形式和技巧、创新的方面等);而普通观众一般注重表演效果,而非产生效果的专业技能。不同的主客关系、观演关系会导致不同的需求。

对消费者群体进行差别定价要求充分了解客户。对客户的文化消费行为进行跟踪、分析。现代信息技术带来的"大数据"分析使得针对群体乃至个体的营销越来越容易和精准,厂商的三级定价策略越来越有效,甚至逐渐接近一级价格歧视、得到全部的消费者剩余。[①]

以画廊业为例,画廊经营很容易造成垄断和信息阻断。第一,由于画廊与画家签约,全权代理画家的部分甚至全部作品的市场运作,形成了对画家的部分或全部垄断。对于代理费用和创作细节,如果画廊和画家均不愿意公开,外界无据可考。第二,艺术品购买者的购买行为并非刚性需要,到画廊购买画作或用于消费、或用于收藏、或用于投资,其需求价格弹性差别很大。第三,不同买家群体是隔离的,所有的代理都希望买家长久持有作品,画廊会阻止不同购买者之间的贱买贵卖的转卖行为。由此,画廊能够针对具有不同需求价格弹性的购买者,制订不同的价格策略,出现了所谓的"折扣价""结缘价""割爱价"。

"折扣价"是针对 VIP 客户或者有良好关系的客户,在定价之下的打折价。这部分人是画廊最稳定的客源,其经济实力雄厚、收藏行为理性,对艺术和市场行情都有很深的了解。享受"折扣价"的客户,其资格由每年的购买量获得。通常,跟画廊越熟的 VIP 客户,得到的折扣率越高,但双方默认的潜规则是:价格"可议不可杀"。通过扩大销量和适中的价位,画廊对 VIP 客户仍然有利可图。

"结缘价"是知名艺术家沉寂多年后复出、或者新秀刚出道时,画廊给某些客户比"折扣价"还低的价格,以示结缘。例如,一个艺术家初入市场,画廊对此

[①] 马歇尔从边际效用价值论演绎出所谓"消费者剩余"的概念,它是指消费者购买一定数量的某种商品时愿意支付的最高价格与这些商品的实际市场价格(消费者实际支付的价格)之间的差额。消费者剩余衡量了买者自己感觉到所获得的额外利益。

类艺术品的定价要花上一些心思。画廊主需要考虑市场行情、作品风格技巧、精品比例、作品的认知度、艺术家的才华、修养等因素,最终才能定出一个较低的价格,让艺术家给消费者"送红包"。艺术家通常都会有异议——他们会将其他同类画风、级别的艺术品价格与自己对比,从而觉得不合理。但从市场策略角度看,这个结缘价("红包价")并非代表其艺术品的价值,它仅仅作为奠基市场的根基。"结缘价"的受惠者,多是忠实的艺术爱好者,但经济未必很宽裕,其需求价格弹性较高,低价格对他们很有吸引力,他们对作品会倍加珍视、长期收藏。该类藏家越多,市场行情价就越稳固,接着画廊再逐步涨价。

"割爱价"是当画家已经成名、或在拍卖场上表现极佳时,作品供不应求,蜂拥的购买者多为投资需要,其需求价格弹性极低,他们求画廊"割爱",画廊开出的价格通常比市场公定价高出许多,获利更大。①

3. 时间周期定价

对于生命周期较长的产品来说,时间是用于差别定价的很好的标准。

(1)产品市场的第一个阶段——市场投放期。喜爱创新、时尚的人群以及忠实粉丝对新的文化产品的支付意愿是最高的,因此,高价限购策略是可以采用的。厂家经过预先反复评估调查,确立了一些消费者能承受的最高价格。同时为了防止盗版行为,生产者要慎重考虑高消费者的选择,控制一定数量和范围,所以这一阶段产品销售价格高,销售范围小,迅速收回部分成本——主要是初始的创意研发固定成本。

(2)产品市场的第二阶段——市场成熟期。因第一阶段使产品有了一定认知和声誉,厂家可扩大范围,寻找到更多的高支付意愿消费者和部分低支付意愿消费者。由于初始固定成本已经被分摊下来,因此可以定一个适中价格,稳步扩大市场,收回全部成本,并赚取利润。同时这时候同类竞争产品和替代产品会出现,所以原产品要推出新的产品版本组合及差异价格,获取竞争优势。

(3)产品市场的第三阶段——市场衰退期。在此阶段,高支付意愿消费者已经退出市场,一些低支付意愿消费者成为消费主体,因而可以采取低价策略,定价可接近产品边际成本,甚至免费。生产者不图赚取利润,只为保留一定市场和为一定消费者考虑,同时为新产品生产做准备。当然,很多厂家为了维护自身品位形象和高支付意愿消费者利益,产品价格从上市到退市始终不变,只是推出不同的产品版本。

除了上述定价策略外,文化市场还存在权威评价定价、品牌形象定价等策

---

① 参见《画廊生态报告之二:理想的画廊定价模式》、《画廊在"割爱价"中获利更大》,雅昌艺术网 http://www.artron.net.

略。文化产品包含了无形的文化价值,在定价的时候,不能仅以其生产成本和边际成本来定价。文化价值的非消耗性使文化产品的增值空间很大,那么在定价时就要考虑市场远景。文化价值的非排他性和可复制性使得产品更容易被拷贝。盗版商可以用低廉的复制价格迅速占领市场,因而盗版是极其强大的竞争对手,定价策略也必须考虑这个问题。

第七章

资源和遗产

文化资源是创意的素材来源,因此文化资源可被称为文化产业的根本之根本,它是一个国家、民族发展文化产业的"家底"。对文化资源的保护和开发,是衡量文化产业发展水平的标准之一。从船工号子到历史文化村落,从古代巫术、戏曲到(正在成为历史的)现代流行文学、歌舞,文化资源可谓包罗万象。本章主要从历史、区域的视野来讨论文化资源的保护和开发,这里的文化资源范畴也可以说是体现代际传承、有形加无形的区域文化遗产。

第一节　资源和文化资源

一、资源和资产

(一) 资源

联合国环境规划署对资源的定义是:"所谓资源,特别是自然资源是指在一定时期、地点条件下能够产生经济价值,以提高人类当前和将来福利的自然因素和条件。"这个定义偏重于对自然资源的解释。

资源指的是一切可被人类开发和利用的物质、能量和信息的总称,它广泛地存在于自然界和人类社会中,是一种可以用以创造物质财富和精神财富的、具有一定量积累的客观存在形态。如土地资源、矿产资源、森林资源、海洋资源、石油资源、人力资源、信息资源等。经济学把"资源"定义为"生产过程中所使用的投入",这一定义很好地反映了经济学内涵,即资源就是生产要素的代名词。

(二) 关于资源价值的理论

资源价值关乎经济发展中资源的有偿使用,正确衡量资源价值是合理保护与利用资源的前提。

1. 稀缺性理论

在上一章价值论中,我们知道用劳动价值论来解释资源价值决定时没有考虑市场供求关系的因素,而这正是新古典经济学的稀缺性理论考虑该问题的出发点。稀缺性理论认为:资源(环境物品)可以被用作种种目的,一旦某种环境因素的边际成本大于零,即意味着该因素和资源已具有稀缺性,而稀缺性导致竞争性使用,供求开始发生相互作用,于是产生了价值,要以价格来调节供求平衡。

2. 可持续发展理论

1987年4月联合国世界环境与发展委员会提交了标题为《我们共同的未来》(Our Common Future)的调查报告。这份报告首次正式提出了"可持续发展"的理念,成为于1992年举行的联合国环境与发展大会的主基调,得到世界各国政府的共识。可持续发展是指既满足当代人的需求,又不损害子孙后代满足其需求之能力的发展理念和方式。人类应与自然和谐一致,可持续地发展并为后代提供良好的生存发展空间;人类应珍惜共有的资源环境,有偿地向人自然索取。

以可持续发展理论指导资源开发利用,主要包括以下几个方面:

(1)公平性。资源是前人留下的财富,因此,既应该允许当代人平等享受,还应该保持代际间的公平分配与发展,反对为满足自身需要而损害或剥夺后人公平开发利用资源的权利,同时还应做到公平地分配有限的资源。这一公平性应充分体现在人与人之间、民族与民族之间、国家与国家之间。

(2)持续性。资源是不可复制的,绝不能采取掠夺性的开发利用,最终导致资源枯竭,应做到有序、科学、合理和再生,从而延长资源寿命。

(3)全球观、多样性。每个国家和每个地区的文化资源,因其历史、文化、经济发展水平的不同有很大的差异性,但都是世界文化资源的不可缺少的组成部分,是全人类的共同财富和文明进步的标志。世界各国应联合起来,共同行动,肩负起共同保护人类资源的责任。①

从上面可以看出,稀缺性理论合理解释了商品经济条件下资源价格的形成,有助于规范资源市场秩序,实现资源的有效配置。但仅通过市场调节形成的价格却无法反映资源生产和消费的外部性成本,包括代内外部性成本和代际外部性成本。而可持续发展理论包括人类需求、环境限度两个层面。衡量可持续发展有三方面的指标:经济、环境和社会,缺一不可。就其经济观而言,主张建立在保护地球自然系统基础上的持续经济发展;就其环境观而言,主张人与自然和谐

---

① 联合国教科文组织每年将一些国家具有世界意义的世界文化和自然遗产、人文景观经过严格审核、考察后列入《世界遗产名录》也正体现了这一精神。

共处，经济发展和环境保护相协调；就其社会观而言，主张公平分配，因资源使用带来的外部性成本必须得到合理补偿，既满足当代人又满足后代人的基本需求。①

（三）资产

1. 资产

资源更体现了"源"的意义，它是物质财富和精神财富的"源泉"，具有封存、待发掘以及公共物品等特征。而资产的概念更具有经济权益和会计核算的特征。1992 年财政部发布的《企业会计准则》把资产定义为"企业拥有或者控制的能以货币计量的经济资源，包括各种财产、债权和其他权利。"2001 年国务院发布的《企业财务会计报告条例》对资产进行了重新定义："资产，是指过去的交易、事项形成并由企业拥有或控制的资源，该资源预期会给企业带来经济利益。"《国际会计准则》将资产定义为："资产是指作为以往事项的结果而由企业控制的可望向企业流入未来经济利益的资源。"

我们可以从以下几个方面理解资产概念：

（1）资产是一种经济资源，企业能够借助于它的运用而在未来获得一定的经济利益。从经济学角度所说的资源一般指稀缺资源，效用是经济资源能够成为资产在自然属性上的必备条件。此外，作为资产，在社会属性上又必须存在稀缺性，即为了获取它必须付出一定的代价。

（2）从其所有权特征上来看，资产是由某个企业实体所拥有或者控制的资财。一项资源能否被视为某经济实体的资产，关键要看该实体有无对其自主支配的权利，而不应与法律上"所有"的概念相混淆。

（3）从存在形态上来看，资产可以是有形的物质，也包括无形的经济权利。

（4）资产由过去的交易或事项形成，因而能够用货币尺度或实物等量度对其进行计量。

本书把资产描述为在一定的时间点上，能够体现、储存和提供价值，可以被用于从事生产经营活动，为投资者带来未来经济利益的资源。

2. 资源性资产

资源具有自然属性，如天然性、有限性和稀缺性、地区差异性、生态性和与其他资源的高度相关性。资源也具有资产属性，体现在以下几个方面：

（1）具有使用价值，同时要为投资者带来收益。

---

① 王俊:《全面认识自然资源的价值决定——从劳动价值论、稀缺性理论到可持续发展理论的融合与发展》,《中国物价》,2007(4)。

（2）能够以货币来计量。

（3）能够进入生产过程，为经济主体占有和控制。

（4）可以实现产权或使用权的让渡和流转。

资产属性其实就是经济属性和法律属性，具有以上特征的资源被称为"资源性资产"。

二、文化资源和文化遗产

（一）文化资源的概念和特征

目前学界对文化资源的界定莫衷一是。广义上的文化资源泛指人们从事一切与文化活动有关的生产和生活内容的总称，它以精神状态为主要存在形式；狭义上的文化资源是指对人们能够产生直接和间接经济利益的精神文化内容。从产业角度讲，文化资源是"可作为文化产业生产经营原材料的各种物质要素和精神要素，以及生产经营所必需的各种环境要素"。[①]或者可以说，文化资源是指那些具有文化历史内涵，能够对其进行投资、创造、加工并产生经济收益的资产。这一概念强调三点：第一，文化资源的核心是文化含量；第二，文化资源具有经济价值，可以创造出产值；第三，文化资源需要再加工或包装，才能发挥出它最大的价值。[②]

文化资源是人类社会实践的产物，随着时间流逝和社会发展，它曾经新颖流行，慢慢变得传统古旧；它曾经日常普通，慢慢变得珍惜奇特；它曾经有形存在，逐渐只剩口耳相传。文化资源以历史积累的方式，广泛存在于产品、习俗、制度、器物、审美、语言和人才之中。它具有以下特征：

（1）精神性、文化性：与自然相比，文化资源更多强调的是一种精神性资源、非物质资源。当然，文化资源的存在离不开物质载体，但是，文化资源的核心价值来源于人类的文化观念和创造力，来源于它自身体现的艺术之美和文化品格。

（2）民族性、群体性：文化资源存在于一定的民族、地域或其他性质的群体中，形成各自的文化特色和优势，具有相对稳定和传承的形态。

（3）流动性、动态性：一方面，一种文化资源经历了久远的历史年代，每个时期都会被注入新的成分和创造，会有一些新的面貌以及新的代表人物。它可以不断增值、丰富、变异，也可能会衰退和消亡。另一方面，不同民族、不同群体所拥有的文化资源可以以一定的方式实现彼此之间的交流、借鉴和学习，在此意义上，民族文化资源也是全人类的，具有共享性。

---

① 牛淑萍：《文化资源学》，海峡出版发行集团、福建人民出版社 2012 年版，第 12 页。

② 参见唐月民：《文化资源学》，山东大学出版社 2014 年版，第 2 页。

（4）未进行开发：文化资源无论是有形还是无形，都是一种未开发、待利用的"源"状态。无论它是奇珍异物、历史典籍，还是某一地区的日常文化习俗，都是没有进行产业化提炼和运作，没有产生巨大商业价值以及更广泛的社会公益价值。

（5）可多次开发和重复利用：与自然资源不同的是，文化资源的存在和传承更依赖于精神和身体。移风易俗，文化资源会发生衰微、停滞、再生、衍变，但只要注意保存和传播，文化根脉很难断裂，文化记忆很难湮灭，其内蕴是取之不竭的，如我国的四大古典文学名著作为文化资源被开发成影视剧，可以常看常新，常拍常新。所以很多文化资源具有非消耗性和非稀缺性，可以重复利用，并且开发和使用次数越多，载体就越多，影响越广，价值也就越高。

（二）文化遗产

1. 文化遗产

"文化遗产"这个概念是在文化资源的基础上提出的，体现了文化资源的代际之间传承和公平的意义，并且把文化资源置于"全球统一保护"和"多样性交流"的视野和语境之中。

1972 年 10 月 17 日至 11 月 21 日，联合国教科文组织大会在巴黎举行了第 17 届会议，会上通过了《保护世界文化和自然遗产公约》。在这个公约中，文化遗产的现代含义得到了充分的界定。首先，它把"文化遗产"定义为：从历史、艺术、科学或人类学角度看具有"突出的普遍价值"的文物、建筑群和遗址；其次，它明确规定了在"本国领土内的文化和自然遗产的确定、保护、保存、展出和遗传后代，主要是有关国家的责任"，即国家主体承担遗产传承的责任；第三，认为文化遗产是世界遗产的一部分，因此，整个国际社会有责任合作予以保护；最后，在联合国教科文组织内，建立一个保护具有突出、独特的普遍价值的文化和自然遗产的政府间委员会，称为"世界遗产委员会"，由这个委员会制订、更新和出版一份《世界遗产目录》。

"普遍价值""国家主体""世界遗产"和"专家认证"，这四者构成了一个现代世界遗产保护体系。其中"普遍价值"和"世界遗产""国家主体"和"专家认证"又分别构成这个体系中代表着"普遍"与"特殊"的两极。

2. 非物质文化遗产

"非物质文化遗产"的提出是文化遗产史上一个标志性的事件。它第一次出现在世界遗产委员会 1982 年的墨西哥会议的文件中，联合国教科文组织在 2003 年通过的《保护非物质文化遗产公约》将"非物质文化遗产"定义为"被各共同体、团体、有时或为个人当作其文化遗产之一的各种实践、表演、表达形式、知识和技能,以及与之相关的(也就是辅助性的)工具、实物、工艺品和文化空间"。"各个共同体和团体随着其所处环境、与自然界的相互关系和历史条件的变化,不断使这种代代相传的非物质文化遗产得到更新,并使他们自己得到一种认同感和历史连续感,从而促进对文化多样性和人类的创造力的尊重"。

《保护非物质文化遗产公约》提出"非物质"的观念,其价值在于:首先,它突出强调了文化资源的精神性内核,以及载体的特殊性。非物质文化遗产涵盖了口头传说和表述、表演艺术、社会风俗和礼仪节庆、有关自然界和宇宙的知识和实践以及传统的手工艺技能在内的五个方面的新内容,从而拓展了世界遗产的领域;其次,该公约区分出"非物质文化遗产"的两种类型:传统与民间文化的"表现形式"与"文化空间"。前者指传统与民间文化活动本身以及它所产生和创造的成果,如某个民间艺人吟唱史诗的活动以及他所吟唱的史诗;后者指的是当这个诗人有规律地在某个节庆日回到某个固定的场所去吟唱他的史诗时,就涉及了所谓的"文化空间"——"一个集中呈现民间与传统文化活动的场所,同时也是一种周期性的或由某个事件标志的时段"。可以看出,所谓的"文化空间"并不局限于空间范畴,还包括时间范畴。

(三) 文化资源的分类

文化资源的开发与分类直接相关,因为一个国家或地区只有对自身文化资源的类型有充分了解,才能有针对性地进行开发和利用。文化资源的分类可依据不同的标准而有不同的体系。如可以有物质文化资源与非物质文化资源、历史文化资源与当今文化资源、宗教文化资源与非宗教文化资源、自然文化资源与人工文化资源等的分法。

从可持续发展角度把文化资源分为可再生文化资源和不可再生文化资源两大类:

1. 可再生文化资源

在一定条件下,树木被砍伐后,可以再长出,所以树木和森林是可再生的自然资源。而石油是储量有限的不可再生资源。与此类似,可再生文化资源是容易保存、复制和传播的文化资源。如文学名著、历史典藏。

2. 不可再生文化资源

这是指被破坏或毁灭后不能修复的文化资源。其中,物质形态的不可再生文化资源主要是指人类文化遗存,如出土文物、石窟等;精神形态的不可再生文化资源主要是指无文字记载、依赖传承人身体表演的非物质文化遗产,如一些口耳相传的民间传说和音乐、言传身授的技艺才能。当然,一些有文字记载的精神文化资源也存在不可再生问题,如历史上的一些天灾或人祸,造成大量优秀书籍的失传即属于此种情况。

文化资源的可再生和不可再生的地位并不是一成不变的,而是在一定条件下可以发生相互转化的。如果我们对可再生文化资源进行掠夺式和毁灭式开发,那么可再生就可能变成不可再生了。[1]

第二节 文化资源的保护

文化资源如果开发不当会造成毁灭性的破坏。在文化资源的现实开发实践中,有许多惨痛的教训。文化资源需要可持续发展,这就要求把保护提到首要位置。任何类型的文化资源都需要保护。

一、文化资源的保护体系

文化资源和遗产的保护体系包括观念、立法、组织机构和管理方式等几个方面,具体包括:(1)关于文化资源和遗产的认同、理解和保护的观念水平和意识层次;(2)国家颁布的法律法规。规范了文化遗产的管理、登录、评估、保护、产权、定价、经营开发、节日活动等问题;(3)政府和社会各种保护机构、协会的设置以及各自的工作职能和成果。

无论有形或无形、个体或规模的文化资源,基本上是以"区域集中"的形式存在着,所以区域化是有效的保护方式。下面以区域视角描述文化资源的保护体系。

(一)观念与立法

从上到下建立起来的科学严密的法律体系,既厘清产权,又分配了各层各方的职能,大大提高了管理水平和效率。

1. 从建筑到区域——整体保护观念

随着社会发展,人们已经意识到:历史建筑只是构成环境的一项因素,历史建筑与围绕它的空间是不可分离的,因此当今文化资源的保护已经确立了从"历史建筑"—"景观地"—"历史建筑周边环境"—"保护区"到"建筑、城市和景观遗产保护区"的观念,文化遗产的管理工作范围逐渐扩展,并愈发融合到区域经济发展体系之中。

如法国在1943年通过了一个"历史建筑周边环境"的法律,建立了一个个以历史建筑为中心的区域保护范围,在其中的建设活动都受到严格控制。包括:在其中不能有任何没有得到特殊准许的建设,保护和历史建筑息息相关的自然

---

① 参见唐月民:《论文化资源的开发和利用》,《齐鲁艺苑》,2005(4)。

元素(独立的树木、树篱、成行的植株、树林等),保护围绕历史建筑的建筑物,保护基地上或街道上的特征(城市家具、铺地材料、公众照明等),这些周边环境都具有"珍藏首饰的首饰箱"的作用。接着,为了保护和发展较为落后的老城区和历史特色景观,出现了"保护区"的概念:"保护一个历史街区需要同时保护其外立面和更新其室内。修复的具体实施方法包括保护街区特有的性格,并且对建筑物进行整治,使得建筑物居住起来更加现代、更加舒适。总之要达到如下两个目的:保护我们的历史文化遗产和改善法国人民的生活和工作环境"。[①]文化遗产管理真正与城市远景规划密切契合。

2. 分区规划——法律对资源处置权的解决

区域保护方式存在的问题之一是,国家与地方的土地资源处置权力如何分配?即名义国有和事实私有的矛盾。为此,一些国家在法律上规定了不同等级的区域,进行权限设定和管理。

如日本,由于历史的原因很多土地属私人所有,政府立法建立国家公园土地管理分区制,按照生态系统完整和风光秀丽等级、人类对自然环境的影响程度、旅游游客使用的重要性等指标将所有国家公园土地划分为特别区、海洋公园区和普通区。其中特别区又分为特殊保护区、I级、II级、III级,相关法律规定如表7-1[②]所示。

表7-1 国家公园土地划分

分区类型		定义	行为规范法律规定
特别区	特殊保护区	需要严格保护风景区,优美景色的区域	原则上禁止建筑物的建筑
	I级保护区	保护级别仅次于特殊保护区、需要比较严格保护风景区优美景色的区域、最大限度地保护现存优美景色	原则上禁止建筑物的建筑
	II级保护区	最大限度地调整农业、林业和渔业生产行为的区域	原则上允许原住居民日常生活所必需的设施,如房屋和用于一般农业、林业、渔业的生产性设施。在不阻挡景观的条件下,允许修建食宿设施,小型别墅等

---

① 转引自邵甬、阮仪三:《关于历史文化遗产保护的法制建设——法国历史文化遗产保护制度发展的启示》,《城市规划汇刊》,2002(3)。

② 转引自陈琳:《世界遗产保护与开发管理模式研究》,硕士学位论文,西北大学,2007年。

分区类型		定义	行为规范法律规定
特别区	Ⅲ级保护区	在不过分影响景观的前提下,允许一般的农业、林业、渔业生产行为	慎重对待修建建筑物,法规适用范围与Ⅱ级特别区相似,允许林业和清理性砍伐
海洋公园区		由于拥有丰富的海洋动植物并具有优美的海洋景色	法规适用范围同特殊保护区
普通区		指特别区周边具有优美景色的区域,属于需要保护的过渡性地区,区域内有居住点和农业生产活动	如果有阻挡景观的大型建筑出现,管理者会加以处理

与日本类似,意大利法律规定重要的文化遗产一旦得到文化遗产部的认定,政府有权以特别行政令的方式加以保护,同时规定不得私自销毁、易主、改变和修复,也不得用作不符合或有损于其历史或艺术特点的用途。在尊重私有财产的前提下,国家拥有监护权、考古挖掘专控权和对流通文物的优先购买权。澳大利亚的《大堡礁海洋公园法》建立了分区制度,规定了游客游览大堡礁之时,可以到哪里,在每个区域可以做什么以及其他进入限制,规定旅游经营者必须要有许可证才能在海洋公园内开展经营活动。

(二)组织机构和管理方式

1. 垂直管理和地方自治

除了确立观念和立法基础上,各国一般都设立从中央到地方的各个层级的管理部门,采取中央与地方、政府与民间的合作管理模式。根据法律规定的权限不同,也体现出垂直管理与地方自治的不同特征。

美国主要采取垂直管理的方式,各种文化景区由联邦政府内政部下属的国家公园管理局直接管理,国家公园管理局将全国 50 个州划分为 7 个大区,分别管理全国三百多个不同类型的国家公园。国家公园内的土地资源使用、规划设计均由国家公园管理局全权负责。公园的管理人员都由总局直接任命、统一调配,运营经费列入联邦政府财政预算。美国的垂直管理能够有效杜绝外来干扰

和公园管理者的不当牟利动机。①(图 7-1)

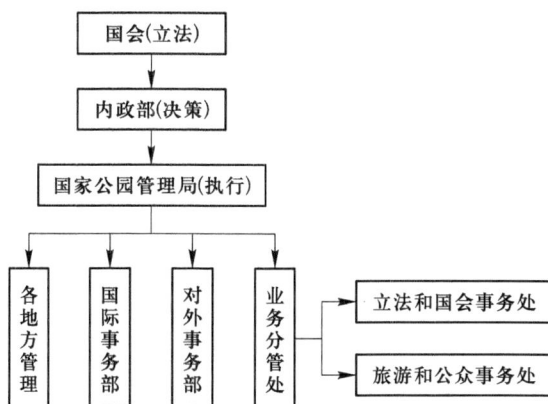

图 7-1　美国的垂直管理

澳大利亚与美国的最大差别是"地方自治"的色彩更加浓厚。中央与地方之间并无绝对的上下级隶属关系,中央不能直接干涉地方的管理行为。这一特征源于澳大利亚联邦宪法中对土地权利的规定:各州在各自土地上实行自治,拥有立法和执法的权利;除了领海、部分海外领地和特别地区之外,联邦政府对各州土地并无直接管辖权。

日本则介于美国和澳大利亚之间,将所有的国家公园划分为三个级别:国立公园是能够代表本国自然风景的地域,并由国家制定并直接管理;准国家公园具有与国立公园相同的自然风景地域,国家规定由都道府县进行管理;都道府县自然公园是能够代表都道府县的自然风景地域,由都道府县制定并直接管理。

我国的文化资源管理模式是在原有风景名胜区管理体制的基础上演变而来的,一方面形成了从中央到地方的"条"状格局,分别行使行业规划、行业法规颁布及执行监督等职责;另一方面又实行属地化管理。文化资源和景区处于建设、环保、国土、林业、水利、文物、旅游等多个部门管理之下,文化资源所在地的政府部门要对上述各管理部分行使人事、投资、决策等权力,形成横向"块"的序列。

---

① 1916 年美国国家公园管理局组织法、1970 年国家公园管理局一般授权法及 1978 年的修正案规定:"国家公园管理局改善和规范国家公园、国家纪念地、国家保护区的联邦土地的利用方法和手段,通过这些方法和手段确定国家公园、国家纪念地、国家保护区的基本目的,这个目的就是保护风景、自然和历史遗存、野生动植物,让人们以保护的态度和方法欣赏它们,并让它们得到子孙后代的永续利用。"1978 年红木修正案强调:"内政部部长有绝对的权利,即不折不扣地按照 1916 年组织法规定,不管采取什么样的行动,不管采取什么样的方法,都要保证国家公园系统的安全。"1965 年美国国会通过《特许经营法》,要求在国家公园体系内全面实行特许经营制度,即公园的餐饮、住宿等旅游服务设施向社会公开招标,经济上与国家公园无关。国家公园管理机构是纯联邦政府的非营利机构,专注于自然文化遗产的保护与管理,日常开支由联邦政府拨款解决。参见李如生:《美国国家公园的法律基础》,《中国园林》,2002(5)。

当前我国这种管理体系存在着条块分割、体制不顺的问题,地方利益与中央利益相冲突,部门之间互相牵制,容易导致"都管都不管"的局面。

2. 政府与民间合作

私人企业、民办博物馆和公益组织对民族文化资源和遗产的保护,具有反应迅速、收藏细微、经营灵活等优势,是国家保护的重要补充,更是民间资本参与文化事业的一种新的路径。

如法国文化部下设了文化遗产局,地方上也有相应机构,负责调查和监督文化遗产的现状和维护情况。文化部决定重大文化遗产的保护工作,但实际上由法国政府管理的重点文化遗产不足5%,近一半的文化遗产由市级部门管理,以及私人管理。在资金投入制度方面,国家财政和地方政府的财政拨款是保护资金的稳定来源,包括公用事业拨款、减免税收、贷款、发行债券等形式,同时,辅以社会团体、慈善机构及个人的多方合作,通过税收优惠等政策鼓励企业赞助文化遗产保护项目。

类似地,意大利政府专门设有文化遗产部,摸索出"意大利模式":政府负责保护,私人或企业进行管理和经营。这种模式有利于调动私人和企业的积极性。不但有相当数量的私人小企业从事文化遗产保护、展示、修复与经营,一些著名大科技公司也常投入巨资进行文化遗产保护手段及新材料的研发。

英国文化遗产保护的最高责任机构是文化、媒体与运动部,但真正负责实施工作的是其下设的两个非政府法人机构:英格兰遗产委员会和英格兰皇家历史遗迹委员会,具有更多的半民间半官方色彩。除此之外,英国还有许多民间组织如国民信托、国家遗产纪念基金会、教堂维护信托20世纪学会等等。这些组织的功能分两类:一类负责历史建筑的保护与维护,一类负责政府方面的技术咨询。它们的经费一部分来源于文化、媒体与运动部"遗产补助基金"的支持,一部分来自自己的经营所得,还有一部分来自彩票收入。

(三)外部的评估、监督和研究部门

在明确资源处置权之后,管理部门外部的评估、监督工作也尤为重要。国家应建立专业机构咨询和公众参与的机制。对重大建设项目、重大决策(如门票价格、商业准入等)进行"集体选择",从规划开始就必须经过专业评估和公众监督程序,并且与舆论监督紧密对接,以最大限度保障和发挥公共利益。除此之外,还要充分利用学术和教育机构进行文化资源的普及推广。

如日本成立了国立文化财研究所,下设无形文化财研究室,专司资料调查和分析工作。除此之外还有许多民间研究机构分布在日本的大学和图书馆,比较有名的如早稻田大学演剧博物馆、松竹大谷图书馆等。这些博物馆和图书馆除了做有形文化财和无形文化财文献资料的保管工作之外,还做一些启蒙和推广活动,成为日本有形文化财和无形文化财保护、研究和教育的基地。韩国成立了文化财委员会,隶属于韩国文化财厅。委员会下设有形文化财、无形文化财等8个分课,各分课均由各文化财保护团体、大学、研究机构的专家组成。除专职专家外,韩国政府还聘请了180名各界文化财专门委员。一旦发现值得保护的文化项目,委员们便会提出报告,经过论证后将该项目确立为国家重点保护项目。同时这些专家学者和委员会负责定期对文化财进行审议。

二、文化资源的保护方式

文化资源"包括历史资源、民俗资源、知识资源、信息资源等。文化资源蕴藏在历史文化传统之中,存在于社会文化现状之中,弥漫在整个物质生产、精神生产的创造过程之中。"[①]

(一)历史文化建筑物的保护

1. 保护旧状、修旧如旧

历史文化建筑景观主要包括具有文化历史价值的自然遗迹、历史建筑、园林、人物故居、纪念碑等。保护旧状就是利用各种维护方法和技术保持历史文化建筑的原貌,阻止和延缓时间和气候环境的侵蚀和损害。修整是针对建筑风貌较好,但历史造成质量下降的古建筑物。具体做法是进行整体检查,然后对损毁的部分进行恢复。这种方式的原则是修旧如旧,只修不建,最大程度恢复原貌。

欧洲的意大利等国家对古建筑的维修基本秉承这样的规定:在历史中心区和遗址内,所有建筑物的外部结构管理权属于国家。房产开发商、居民和商店经营者,只能拥有房屋的所有权和内部的使用权,而不拥有对建筑物整体外观改造的权力。对房屋外部结构做任何性质的维修,必须按国家相关法律和获得批准的方案进行,不能自作主张。超过一百年以上的建筑物,其内部装修改造亦须经过政府批准。一切具有考古价值的历史遗存物——房基、残墙、断柱、洞穴、树木等等,必须原地保存,未经政府文物保护部门的批准,禁止任何形式的拆除、移动、修改或修复。正因为政府严格地执行及市民自觉地配合,欧洲国家闹市区的百年古建筑群得以世代相传。

2. 适度改造,人与建筑互动

这种方式是突破"只许看不许摸"的限制,通过适度改造,建立人们的主人翁保护意识,提升了古建筑物的效用。

如德国在保护旧建筑的同时,在一定程度上允许对建筑进行改造。德国政

---

① 贾松青:《论文化资源转变为文化资本的现实途径》,《2005(成都)文化产业发展论坛文集》,第80—81页。

府每年定期举行全国传统民居艺术大赛,并且给予一定的财政补贴,鼓励那些使用古建筑的企业和平民用各种创意和方法,对旧建筑进行内部和外部的修缮和设计,用这种互动方式提高民众的责任感、荣誉感和归属感,并通过这些创意改造活动扩大了历史建筑区的社会知名度。

日本百姓保护旧城的意识也很强烈,他们有一个明显的理念是:建筑物材质的改变不会改变古建筑的原有价值,相反还会增加价值,因为经过替换材质使得建筑物更加坚固。所以,日本人更关心建筑的风格样式是否依循传统,而不强调材质的相同。很多城市会定期或不定期的将一定数量的不稳固的古建筑拆除,然后按原样进行翻建。①比较典型的例子是伊势神宫的"造替制度"。作为日本神社的主要代表,伊势神宫从公元 7 世纪起就实行"造替",即每隔二十年就重建一次。具体做法是先建后拆,在与旧宫相隔二十米左右的地方建新宫,新宫建成后,再将旧宫拆除。拆换下来尚未损坏的材料,送给其他神社。

意大利威尼斯的米开朗基罗画馆是由一个旧式庭院改造的博物馆,其内部的装修十分考究,监控照明更是专业,而建筑主体的外观基本没有改造。博物馆主体的外墙面及门窗尽管有些残破,但都尽量保留了原状。然而房前的平台上却被加上了通透的玻璃廊道,以供游人休憩、喝咖啡。博物馆建筑陈旧的材质和新空间的组合颇具情趣,不仅使建筑风貌保存完好,又增加了一些现代文化因素。

(二)历史文化街区和区域的保护

随着人们的文化资源观念的改变,历史建筑物保护的范畴已逐渐扩大,由单纯保护年代久远的文物建筑,扩展到对城市和乡村的历史环境、活动空间以及晚近历史建筑的保护。

一个历史文化区域有大量居民世代生活,他们与自然环境一起形成了文化聚落和生活氛围,拥有大量的物质文化遗产和非物质文化遗产。现代城市的扩容与改造,使各个历史文化区域都面临着改造甚至拆除的命运,很多建筑、器具都被分割移置到室内博物馆和展览馆,当地居民被迁出。原始群落变成了封闭保存、适度开放的景区,出现了空心化、空壳化的现象,徒留景观,失去了人气。"历史街区保留了真实的历史信息、延续了动态的历史发展"。②随着社会发展,文化资源保护逐渐趋向完整、活态的理念。

1. 生态博物馆

1971 年,联合国教科文组织推出了"人与生物圈"计划,100 多个国家结成

---

① 胡慧平:《日本是如何保护古建筑的》,《中国建设消息》,2004(6)。
② 杨新海:《历史街区的基本特性及其保护原则》,《人文地理》,2005(5)。

了国际环境同盟,人与环境、人与生态的关系受到空前关注。1971 年的国际博物馆协会(ICOM)第九届大会在法国举行,法国博物馆学家乔治·亨利·里维埃(Georges Henri Rivière)和雨果·戴瓦兰(Hugues de Varine)提出了"生态博物馆"(Ecomuseums)的概念。关于此概念的界定经过了多次学术讨论,里维埃的定义非常冗长,包括"由公共权力机构和当地居民共同设想、共同修建、共同经营的一种工具;是当地居民了解自己,向参观者展示自己的一面镜子;为研究本地区的过去和现在及其环境提供资料的一所实验室",等等。[1] 勒内·里瓦德(René Rivard)对生态博物馆和传统博物馆进行比较研究后提出了简洁的公式:传统博物馆=建筑+收藏+专家+观众,生态博物馆=地域+传统+居民+记忆。[2]

国际博物馆协会给出的权威定义是这样的:生态博物馆是一个文化机构,这个机构以一种永久的方式,在一块特定的土地上,伴随着人们的参与,保证研究、保护与陈列的功能,强调自然与文化遗产的整体,以展现其代表的某个区域及继承下来的生活方式。这里,生态博物馆是文化保护的工具,是地方民众参与社区发展与规划未来的平台,是获取经济收益的资源和媒介。[3] (表 7-2)

表 7-2 生态博物馆概念的演进过程

时间	定义提出人	定义着重点
1973	乔治·亨利·里维埃	强调生态学和环境的存在
1978	乔治·亨利·里维埃	强调生态博物馆的实验性质,在描述自然公园的进化意义的同时,阐述了地方社区的作用
1980	乔治·亨利·里维埃	被冠以"一个进化的定义",在于强调生态博物馆处于不断进化之中
1981	法国政府官方定义	时间上强调永久性,对象上强调自然和文化遗产的整体

---

[1] 乔治·亨利·里维埃:《生态博物馆——一个进化的定义》,《中国博物馆》,1986(4)。转引自苏东海:《生态博物馆的思想及中国的行动》,《国际博物馆(全球中文版)》,2008 年第 1—2 期,译林出版社 2008 年版,第 30—31 页。

[2] 转引自苏东海:《国际生态博物馆运动述略及中国的实践》,《中国博物馆》,2001(2)。

[3] 转引自潘守永:《生态博物馆及其在中国的发展:历时性观察与思考》,《中国博物馆》,2011 年合刊,第 26 页。

时间	定义提出人	定义着重点
1988	勒内·里瓦德	传统博物馆:建筑+收藏+专家+观众 生态博物馆:地域+传统+记忆+居民
1988	国际博协自然历史委员会	强调居民参与,用科学的方式管理、研究和开发一个特定社区的包括整个的自然和文化环境的整个传统
2001	毛里·吉奥	生态博物馆是建立在当地公众参与社区发展的基础之上的,致力于场所认同感的博物馆。

有国内学者将生态博物馆与传统博物馆的特征对比总结如表7-3:①

表7-3 生态博物馆与传统博物馆的特征对比

	传统博物馆	生态博物馆
形态	静态的独立建筑或者建筑群	整个特定的社区。社区的自然和文化遗产被原状地、动态地保护在其原生环境之中
功能	为公众的娱乐与教育而公开展览所收集的有关美术、历史、科学或工艺方面的收藏	"镜子"效应,用于所在地居民立足现在、借鉴过去、掌握未来以及向参观者充分展示自身文化艺术,张扬文化多元主义和价值观; "实验室"作用,为外界了解和研究当地居民的过去和现在服务; "资源保护中心",用以保存自然和人的文化遗存

---

① 刘艳:《基于生态博物馆理论下的生态旅游开发与实证研究——以贵州堂安侗族生态博物馆为例》,硕士学位论文,西北师范大学,2004年。

	传统博物馆	生态博物馆
服务对象	服务对象是普通的观众、公众,是一个提供教育、娱乐、增长知识的场所	首要的服务对象是社区的居民,为社区居民提供了解本社区历史文化的机会,提高社区居民的创造能力,掌握自己未来发展方向。其第二服务对象是来社区参观的访问者、公众,给公众提供一个体验异质文化的动态情感过程
博物馆主位	专家学者	社区居民
展示内容	藏品多是具有文物价值的经过历史沉淀的具体实物遗存	更注重社区中的一切资源,包括文化的,也包括自然的。这里的文化资源不仅仅是具体的有文物价值的实物遗存,传统的风俗等一系列仪式文化是更为重要的
展示方式	静态地、孤立地陈列于博物架上,脱离了大众的	原状地、动态地、鲜活地保护于原生环境之中

但必须指出,虽然生态博物馆不再仅仅围绕"藏品"(Objects),而是围绕着社区(Community)和社群(Population),但它并不等同于整个街区、村寨。生态博物馆包括封闭场馆,用于信息整理、展示和互动体验;也包括有选择性地新建、修缮和保护一些最具代表性的场馆、屋舍群、街道、广场和舞台。所以,无论封闭还是露天的"馆",都是在特定空间和时间中对文化资源进行集中保护和浓缩展示,只是这些"馆"是建造、设置和限定在原生所属的环境之中,它们是"活化石",并且在这里可以进行大量非物质文化遗产的展示和人际交流。如果说传统博物馆可以做到静观性、条理性、科学性和多样性,生态博物馆则可以做到原真性、流动性以及更大的多样性。

生态博物馆的理念在法国、瑞典、加拿大、美国和日本都得到了广泛的实践探索。如作为法国"第三代生态博物馆"代表之一的亚尔萨斯生态博物馆,其建造者是 1971 年一群受环境主义思潮影响的年轻人。这些人成立了"亚尔萨斯农民之家"协会,在恩格珊市政府提供的一块占地 25 英亩的矿区上,对原有的农村建筑进行了重建,这些农村建筑与矿区的工业建筑共 70 余座得到了分类保护和展示,凸显出 15 世纪至 19 世纪末的当地特色。虽然这是一个"人造"的农村,但对文化遗产保护起到了巨大的作用。1986 年,"亚尔萨斯农民之家"协会正式以"亚尔萨斯生态博物馆"的名义开放。博物馆除了藏有较高价值的民族学和社会史藏品及文献外,还以社区居民"回忆"的方式进行了口述历史的录影工作;与地方教育局合作,为教学参观提供必要的场所;同时配有穿着当地传统服饰的解说或展演人员,将当地的传统工艺、农耕、铁器制作等立体地展现给观众,并在不同季节推出不同的传统节庆活动,以此吸引更多的观众到访参观。

20 世纪 60 年代以来,日本的"造乡运动"也产生了很多生态博物馆。由于日本经济飞速增长和城市进程加快,城乡落差加大,人口疏密失衡,对日本传统文化和生活方式造成了极大冲击。那么,如何挖掘乡村的特色人文资源,营造一个优美、自然、富有人情味的故乡,以吸引都市人群? 于是,"造乡运动"应运而生。"造乡运动"强调内发性,即一村一品,各不雷同,居住在城市的人们只要交纳一定费用,全家都被视为特别町民。他们可以自由出入,让孩子们呼朋引伴在小溪中捕虾,到山上采蘑菇。并且,村里成立了生活工艺馆,馆内设木工、陶艺、编织、涂装等工房设备。观光客只要交纳一定的费用,便可以亲手体验器物的制作,并有专人指导。有些地方则建起了供人参观的民艺村落和供住宿的农舍。这些民艺村落集工艺制作、表演、收集、陈列、研究、培训、销售于一体,民间艺人一边箍桶、竹编、织布、打草鞋、制陶,一边授"徒"。游客们既可以参观,也可以亲自动手参与制作,并把自己的作品买走。这些村落以自然风光和传统文化特色吸引了大批的观光客。

1995 年,中国与挪威两国的博物馆学界提出了在贵州六枝特区梭戛乡苗族地区创建梭戛苗族生态博物馆,这支久居深山只有 4 000 余人的苗族,头饰独特,有繁多的婚丧、祭祀礼仪,有别致的音乐、舞蹈和精美刺绣,是一个活生生的文化遗存。这里第一座生态博物馆的"信息中心"建设面积为 420 平方米,按要求配有档案室、展览室、视听室等,濒临消失的有形和无形文化遗产被储存在这里。同时,用传统工艺、传统材料整体维修保护了村内 10 幢百年以上极具特点的民居,初步解决了村内水、电、路问题,新建了希望小学等。随后,我国的广西、内蒙古、浙江、云南等地纷纷建立起一批生态博物馆,在 21 世纪的最初十年,生态博物馆的建设达到顶峰。如浙江省西北部的安吉县,当地留存着方言文化、竹文化、茶文化与水乡文化、蚕桑文化、书画文化等共生文化。这里采用"1 个中心馆+12 个专题馆+26 个村落文化展示馆"的馆群模式进行保护与展示。"1 个中心馆"即信息资料中心;"12 个专题馆"分布于各乡镇,涵盖了历史类、民俗类、产业类和景观类博物馆;"26 个村落文化展示馆"分布于安吉各村落,大多是村民自建、自行管理的"民间博物馆"。

2. 历史街区、文化生态保护区

在广义上,生态博物馆可以扩充到更大范围的历史地段、街区乃至更大区域。按美国"历史性场所国家登录制度"的定义:"历史地段是指一个有地区性界限的范围——城市的或乡村的,大的或小的——由历史事件或规划建设中的美学价值联结起来的场地、建筑物、构筑物或其他实体,在意义上有凝聚性、关联性或延续性。"[①] 1976 年,联合国教科文组织第 19 次大会正式提出保护城市历史地段的问题,提出了《历史性地区的保全及其在现代的作用的国际建议》(简称《内罗毕建议》),该《建议》指出:"历史地区是丰富多彩的文化、宗教及社会的最生动的写照,必须延续到后世,保护历史地区并使它与现代社会生活相结合是城市规划与土地开发的基本要素","在保护与修缮的同时,要采取恢复生命力的行动"。1979 年,澳大利亚的《巴拉宪章》中更是明确提出了"改造性再利用",并对建筑制定了相应的维护、改建措施。1987 年国际文物建筑与历史地段工作者协会(ICOMOS)通过的《华盛顿宪章》首次提出居民参与历史地区保护的建议,特别是要鼓励当地居民积极参加。"保护历史城镇与地区意味着这种城市的保护、保存和修复及其发展并和谐地适应现代生活所需各种步骤。"

可以看出,历史街区具备的特征是:(1) 它是有一定规模的片区,能集中反映一定历史时期的整体风貌;(2) 区域内必须有一定数量的真实历史遗存,建筑物和设施必须是历史原物,当然也不绝对排斥重建;(3) 该区域应在现今城市生活中仍起着重要的作用,其内部和外部的生活资源仍然互通、具有活力。对于街区、古城的保护,可以用城墙、护城河或是绿化带划分出新城与旧城,在旧城内禁止毁坏古老建筑,禁止建造新建筑,拆除不合传统风貌保护要求的建筑物及设施,不干涉当地居民日常生活,限制游客容量和交通流量,保护文化聚落的微观环境和天际线。

意大利提出了"历史中心区"和"大遗址"保护原则:必须保持古城的原有格局和风貌,不准以任何名义进行任何形式的破坏。政府还提出了"大遗址"的整体保护原则,遗址发掘出来时是什么样就是什么样,决不搞重建或"修复"。在历史遗迹之上制作任何一种复制品,都将破坏遗迹的历史真实性,扭曲它所传达的历史信息。所以,政府采用遗址公园或露天博物馆的形式将遗址出土时的现

---

① William J. Murtagh, *Keeping Time*: *History and Theory of Preservation in America* (*Preservation Press Series.*), John Wiley Press, 1997, p. 107.

状全面完整地保护起来。游客可以在这里贴近历史,怀古思今。专家学者可在此进行科研考察。

我国台湾地区提倡"整旧如旧"的社区营造,重视改善当地居民环境,而不仅仅是营造旅游点和展示场馆。事实上在全国各地,不一定采用新建生态博物馆的方式,有些地区在保留下来的原住民会议室、庆典室等原址上建立社区文化中心,通过举办文化活动,同样可以实现生态博物馆的大部分功能。这样既能保护当地原生态文化,又能提高当地居民生活质量。

我国正式提出"历史街区"的概念,是在 1986 年国务院公布第二批国家级历史文化名城时。"作为历史文化名城,不仅要看城市的历史及其保存的文物古迹,还要看其现状格局和风貌是否保留着历史特色,并具有一定的代表城市传统风貌的街区"。2002 年修订后的《中华人民共和国文物保护法》正式将历史街区列入不可移动文物范畴,规定了"保存文物特别丰富并且具有重大历史价值或者革命意义的城镇、街道、村庄,并由省、自治区、直辖市人民政府核定公布为历史文化街区、村镇,并报国务院备案"。此外,我国还首倡了"文化生态保护区",也是对生态博物馆的外延,它是指:"在一个特定的区域中,通过采取有效的保护措施,确保非物质文化遗产与相关的物质文化遗产(不可移动文物、可移动文物、历史文化街区和村镇等)、自然环境、生产生活方式、经济形式、语言环境、社会组织、意识形态、价值观念等构成共生共存、相互作用的文化生态系统的真实性、活态性、完整性,使其自我调节、自我发展的能力得以充分实现。"[1]我国已经建立闽南文化生态保护实验区(福建)、徽州文化生态保护实验区(安徽、江西)、热贡文化生态保护实验区(青海省)等 10 多所文化生态保护区。

从生态博物馆到历史街区、文化生态保护区,体现了对历史文化资源的保护观念正在从"纪念碑"式的文物保护转向历史街区、城市文脉的保护。过去常用保护、保存、修复等词,着眼于被动式的保护;当今多用再循环、适应性再利用、建筑再生等词,着眼于主动式的再利用。如英国已不用旧城改造的提法,而改用激活(再生)(Regeneration)、翻新(Refurbishment)旧城的提法。[2]

3. 乡村旅游

欧盟和经济合作与发展组织将乡村旅游(Rural Tourism)定义为发生在乡村的旅游活动。其中"乡村性"(Rurality)是乡村旅游的核心卖点。

乡村旅游不仅是一个旅游概念,更是一个文化资源保护的概念,它是指依托城郊、农村区域的自然环境、建筑和非物质文化遗产等资源,进行以游居、野行、体

---

① 宋俊华:《关于国家文化生态保护区建设的几点思考》,《文化遗产》,2011(3)。

② 参见李苿:《城市历史文化街区的保护与再生——以大连地区春满街历史文化街区为例》,硕士学位论文,大连理工大学,2009 年。

验、学艺为特色的旅游形式。早期的乡村旅游具有比较明显的贵族化特点。20 世纪 60 年代，西班牙开始发展现代意义上的乡村旅游，随后，美国、日本、波兰等国先后推出乡村旅游产品，乡村旅游逐渐盛行开来；到 80 年代，在欧美一些发达国家的乡村旅游已具有相当的规模；近年来围绕乡村旅游提出很多原创新概念和新理论，如游居、野行、居游、诗意栖居、第二居所、轻建设、场景时代等（表 7-4）。

表 7-4① 乡村旅游的基本原则

可持续发展	可持续发展原则	（1）符合地方社区的需要和欲求，即能够使其生活水准及生活质量得以改善 （2）满足旅游者和旅游业的需求，并不断保持对它们的吸引，以实现经济上的可持续 （3）保护旅游业赖以生存的环境资源基础，包括自然环境资源，人造环境资源
	生存门槛与可持续动力	乡村性是乡村旅游可持续发展的依托，保持乡村性的关键是小规模经营、本地人所有、社区参与、文化与环境可持续。虽然旅游者希望接触村落所在地方特有的"真实"文化，但为了保护乡村旅游的命根——乡村文化景观，要求游客被限制在"舞台化"真实的"前台"地区
	政府与NGO 协作	这种协作尤其对于基础设施建设、促销、公共安全危机管理、遗产保护等起重大作用
社区参与与开发模式	旅游业健康可持续发展的必然需求	
乡村文化景观保护	保护乡村文化景观是维持乡村旅游可持续发展的前提。保护乡村性核心就是保护作为乡村性的载体的乡村文化景观	

　　前面提到的日本的"造乡运动"也体现了乡村旅游的行为方式，它是生态博物馆的进一步拓展和"活化"，回归了"整体保护""当地保护""社区参与"的体系，实现从树冠到根脉的本地化过程。如果说生态博物馆模式奉行"严格的可

---

　　①　参见邹统钎：《乡村旅游理论·案例》，南开大学出版社 2008 年版，第 10—15 页。

持续",那么乡村旅游奉行的是"温和的可持续",[1]它更体现了保护与开发并举,通过人与文化资源、居民与游客的动态互动来实现文化资源的保护和传承。尤其是非物质文化遗产,不论是故事、歌舞、手工艺技能还是礼仪、节庆,都是存在于人们口头传说、身体表演和操作实践中,其传承基本上靠人。由古老、珍贵又脆弱的历史建筑组成的遗迹和群落,应保护大于开发、观赏大于利用;对于技艺习俗与日常生活一直紧密结合、稳定延续的区域,大量非物质文化遗产扎根于此,则适合于采取乡村旅游的模式,确切地说是"乡村文化旅游",乡村文化包括田园景观文化、农耕文化、民俗风情节庆文化、家庭生活文化、传统艺术和技术文化等。消费活动包括游览古迹和民俗景观、参加节日活动和宗教仪式、民宿餐饮起居体验、观赏和学习传统文化技艺等。可以说,乡村文化旅游作为"绿色生态经济"和"体验经济"相结合的产物,是现代都市人追求心灵回归的精神家园,是至今保存得最好,开发潜力最大的旅游文化资源。

（三）非物质文化遗产的保护

根据前文非物质文化遗产的定义,"非遗"包括了口头文学、美术、音乐、戏曲戏剧、舞蹈、艺术和劳作的技艺、礼仪、节日、文化空间,等等。它们根植于民众的衣、食、住、行、用、娱、祭等民俗生活的方方面面。在生态博物馆、历史文化区域和乡村旅游中,非物质遗产均可以得到很好地保护和弘扬。除此之外,"非遗"的保护方式还包括建立数据库、博物馆和传承人保护制度。

1. 数字化技术的采集和呈现

数字化技术对于无形的文化资源是一种适合的保存手段,主要包括数字化采集、存贮和数字化视觉呈现等方面。

（1）制作非物质文化遗产的完整音视频口述史。按照"无形文化有形化"的观念,不仅采集摄录产品,更要记录"过程"。如对于一些老艺人的唱腔、唱段,除了录音和录像以外,更重要的是把老艺人口传心授、耳提面命、现场演示的全部信息都记录下来;对于传统手工艺,以数字技术对非物质文化遗产的原料采集、营造工艺、制作流程进行一一记录,这样就制作形成每项"非遗"技艺的完整音视频口述史、表演史。摄影、摄像技术主要采用数字化记录设备,采摄更便捷、图像更清晰,记录的数据便于后期处理。

（2）建立数字化数据库。将无形技艺的展示过程以及创造出的有形产品,制作成图形、音频、视频、动画、三维模型等,再分门别类地加以归纳和存储,建成内容丰富、调阅便捷的数据库。

---

① 张成渝:《村落文化景观保护与可持续发展的两种实践——解读生态博物馆和乡村旅游》,《同济大学学报（社会科学版）》,2011(3)。

（3）建立工艺流程的虚拟演示场景。现在的数字技术已可以满足人们对影像的多种要求。在当今非物质文化遗产项目生存状态恶化，传承人相继老去，一些古老技艺面临消亡的情况下，以三维动态成像技术和虚拟现实技术演示非物质文化遗产的制作过程，还可以利用实景与虚拟场景相结合，历史与当下相连接，配上声音、灯光、模型等，使人产生身临其境的感觉。

（4）建立数字虚拟博物馆。随着社会的发展，非物质文化遗产不可避免地要进入博物馆。利用数字互动技术，可实现非物质文化遗产的生动完美展示，提高观者的参与感，营造良好的人机互动环境和显示效果。此外，利用计算机的存储优势和宽带网络的快速传播优势，建立非物质文化遗产的网上数字博物馆，使民众摆脱交通、地域、时间的限制，实现其远程观展的意愿，亦促进了城市形象的有效传播。①

2. 传承人保护制度

"传承是非物质文化遗产的基本特点，通过口传心授的方式传承，才能使某种非物质文化遗产的表现形式得以世代相传，在自然淘汰中逐渐形成一种相对稳定的文化传统或文化模式。"②传承人一旦消失，原形态的非物质文化遗产也将不复存在。

（1）建立完整的传承人档案：建立档案是保护非物质文化遗产的基础。除记录其个人基本资料及其代表作之外，还应当通过音像、现代多媒体等科学手段完整地采集、记录非物质文化遗产存在的生活环境和背景资料。同时，在日后的工作中，有计划地进行后续走访，不断丰富非遗档案的材料，只有这样，才能为将来非物质文化遗产的研究和决策提供更可靠的依据。

（2）经济补贴和称号授予：在世界范围内，很多国家或地区都有通过政府津贴、公布名号等方式来保护传承人的做法。如日本，国家级非物质文化遗产传承人通常会被授予为"人间国宝"的称号。在韩国，则被授予"重要文化财保护者"称号。我国从 2007 年开始公布首批国家级非物质文化遗产传承人名单，2008年首批省（市）非遗传承人名单也相继出炉。同时，津贴由中央财政统一调拨，按级别拨发。各级政府及相关文化部门也为传承人的生活改善、技艺传习提供资金支持。

象征荣誉和符号意义的称号所产生的激励作用不亚于甚至超过物质奖励，它不仅仅是一种荣誉，更代表着义务与责任。但是这种称号和身份也有严格的限定。日韩两国均有认定和解除传承人称号的制度。日本的遗产传承人在拥有

①　参见陈日红：《基于数字化非物质文化遗产的城市形象传播》，《包装工程》，2015（3）。

②　刘锡诚：《传承与传承人论》，《河南教育学院学报》，2006（5）。

经费使用权的同时,需要在获得"重要无形文化财"称号的三个月内公开该项遗产的技艺记录。当传承人出现住所变更、死亡或其他变化时,其子孙或弟子要在20天内向文化厅长官提交正式文书。传承人去世后,其称号也不能由其徒弟承袭。韩国则在为遗产"履修者"(即学习者)发放"生活补助金"的同时,要求他们必须跟从传承人学习6个月以上,并在相关领域工作一年以上。政府还定期对各类非物质文化遗产的传承状态进行审查。比如,他们要求国家级的表演类遗产每年必须有两场以上的演出,此举一来是对国民进行遗产知识普及,二来则是为了对遗产传承现状进行质量检验,如果认定该项遗产已不符合国家级的要求,政府就会解除它的称号。①

三、文化资源的保护原则

生态博物馆、历史街区、文化生态保护区和乡村旅游这几种理念和模式都对文化资源的保护和宣传发挥了巨大的作用,也推动了区域经济发展和生活条件提高。但在长期运营中也产生了很多问题。诸如保护范围盲目扩大、后续资金不足、日常管理松懈、组织活动不多、专家和技术缺乏、居民的保护意识不强、商业气息过浓等。②文化资源和文化遗产的保护没有固定模式,也允许因地制宜的实践,允许出现阶段性成功和失败,但是我们应该以文化的多样性、不可再生性和可持续发展为总指导方针,坚持以下几个原则:

第一,立法规划原则。无论是有形还是无形,无论是可再生还是不可再生,不管采用哪一种保护模式,文化资源的保护首先应制定规划,严格按照国家《城市规划法》《文物保护法》等法律规章,做到规划先行,科学管理贯穿。

第二,普查、编目和命名原则。运用各种现代技术对资源的类别、特征、基本内容、工艺流程和相关文化历史背景进行编目、描述、存储,命名一批非物质文化遗产保护名录及民间艺术家。通过教育、解说、表演、展览及亲身体验等方式进

---

① 参见李韵:《非物质文化遗产怎样传承》,《光明日报》,2007-11-26;方一姗:《非物质文化遗产保护机制探析——兼论福建非物质文化遗产保护》,硕士学位论文,福建师范大学,2010年。

② 有学者实地探访某些国内乡镇里的生态博物馆和文化社区,得到以下反馈:摩托车司机小刘:"这个博物馆很早就建了,……有几个老外来这看博物馆,坐一次马往返就160块钱。他们骑马高兴,牵马的人能拿到钱也高兴。博物馆现在就是搞旅游,每年来的人不少,当地人越来越灵了,你不给他钱,他不会梳头给你看。要说对我生活的改变就是这里的路政府给修好了,我能多载点游客,多挣点钱。"当地妇女被问及"生态博物馆给你的生活带来了哪些改变"时说:"我们说不来。我们没读过书,说不好。你要不要看梳头表演嘛,我们换上苗族的衣服,梳头给你看,20多分钟50块钱,你还可以拍相片"。参见于富业:《关于中国生态博物馆的初步研究——以贵州生态博物馆群和浙江安吉生态博物馆群为例》,博士学位论文,南京艺术学院,2014年。

行传播,并运用于地方传统产业发展上,以解决经济问题,增强"造血"的功能,并发展自己的地域特色。

第三,活态保护原则。让物质和非物质两种文化资源自然融合,让艺术家、传承人与游客、消费者更深层的交流。

第四,倡导民主管理原则。回归民间,加强居民教育,激发和培养人们对于历史的尊重,使保护生态博物馆、历史街区成为人们自觉、自发的行动;[1]政府部门应为公众提供更多的参与空间与平台,鼓励民间团体组织加入到保护行列中。

第五,完整性和真实性原则。包括历史街区内各级文物建筑或者优秀建筑等历史遗存的真实保留,历史街区空间格局、典型风貌等有形物质环境的完整保护,历史街区原有社会网络和历史文脉的有机延续,历史街区文化传统的地方艺术的全面继承。[2]

第六,完善生活使用功能原则。突破传统的"封闭""纪念碑"式保护模式,把完善功能原则真正落实到物质形态的保护中去,实现历史街区的功能转变,改善生活质量,提高周围环境的质量等目标。

第七,渐进式更新原则。与集中更新、大规模拆除的传统做法不同,渐进式更新是在整体观点指导下,零星地、渐次地修正,推行居民公众自行更新、创意拼贴、小规模展开、历时推进的新机制,使历史街区永远处于有机生长更新的过程之中。前国家文物局局长、建筑学者单霁翔就曾指出:"对历史文化街区应采取小规模渐进式的'微循环'整治加以改善。这样既有利于保护传统特色,也有利于维护原有社区结构。"[3]

---

① 中挪合作建设贵州生态博物馆群项目的时候达成了核心共识,即"六枝原则"包括:(1)村民是其文化的拥有者,有权认同与解释其文化;(2)文化的含义与价值必须与人联系起来,并应予以加强;(3)生态博物馆的核心是公众参与,必须以民主方式管理;(4)当旅游和文化保护发生冲突时,应优先保护文化,不应出售文物但鼓励以传统工艺制造纪念品出售;(5)长远和历史性规划永远是最重要的,损害长久文化的短期经济行为必须被制止;(6)对文化遗产保护进行整体保护,其中传统工艺技术和物质文化资料是核心;(7)观众有义务以尊重的态度遵守一定的行为准则;(8)生态博物馆没有固定的模式,因文化及社会的不同条件而千差万别;(9)促进社区经济发展,改善居民生活。

② 参见李茉:《城市历史文化街区的保护与再生——以大连地区春满街历史文化街区为例》,硕士学位论文,大连理工大学,2009年。

③ 转引自赵晓霞:《文化遗产是城市发展的资本——访国家文物局局长单霁翔》,《人民日报(海外版)》,2006-6-8。

第三节　文化资源的开发

　　资源开发利用是指通过产权交易和分配,将资源变为资产,进行规划、加工,使其为人类服务的行为。文化资源的开发包括政府公益开发、产业(商业)开发两种类型。公益开发是指政府投资开发,发展文化事业,弘扬民族文化,普及传统文化教育,创造就业岗位等。本书这里所讲的文化资源开发是指在国家和政府的规划和主导下,通过产权交易和分配,由特定的企业和机构占有和使用特定的文化资源,通过创意、加工、改造,运营,有效挖掘文化资源的价值,形成各类文化产品,实现文化资源的传播、流通和增值。

　　通过上一节的学习,我们发现生态博物馆、乡村旅游已经包含了大量的文化资源开发手段,也看到了其负面效应和"阶段性失败"。这凸显出文化资源的经济价值与文化价值的二元矛盾。戴维·思罗斯比指出:"遗产项目是一种文化资本,既具有经济价值,又具有文化价值,因此需要从经济和文化两个角度来衡量项目所带来的净收益流。"①如何同时开发两种价值并能互相促进,一直是文化资源开发的研究课题。

　　从可持续发展角度来看,保护和开发犹如一枚硬币的两面,和则共生,分则两亡。开发可以称为是"生产性保护"。开发文化资源,首先要考虑的是保护问题,但是完全不开发或开发不力也会让"保护工作"步履艰难,让物质和非物质文化遗产埋于腹地、"待字闺中"。这是因为,一方面,"深藏功与名"并不是扩大文化资源价值的态度和方式;另一方面,经济价值方面开发不足,人们的积极参与性也就不高,出现一头冷一头热状况:政府的热情很高,而作为开发主力军的广大民众对此较为冷淡或是创新不足。

一、"富饶的贫困":文化资源的悖论

　　文化资源是文化产业产生和发展的基础。但现实情况却表明,文化资源越丰富的国家或地区往往是文化产业欠发达地区。在文化产业发展中,文化资源是否如其他资源一样,存在"资源诅咒"的问题?

(一)"资源诅咒"理论

　　传统经济增长理论认为,自然资源是经济发展的充分条件,是经济增长的一个有利因素。一个国家或者地区自然资源越丰裕,它的经济增长就越有保障,增长速度就会越快。近代以来的经济发展史表明,自然资源的确对于一国国民财

---

　　① 戴维·思罗斯比:《经济学与文化》,王志标、张峥嵘译,中国人民大学出版社2011年版,第84页。

富的初始积累起到了非常关键的作用,如美国、澳大利亚、加拿大等国的快速工业化与其丰裕的自然资源密不可分。

但是自 20 世纪 80 年代以来,越来越多资源丰裕的国家陷入了增长陷阱的事实引起了经济学家的深思。数据显示,从一个较长的时间范围来看,资源丰裕国家经济增长的速度是缓慢的,甚至是停滞的。这不禁让人联想到:20 世纪 50 年代,荷兰因发现海岸线盛藏巨量天然气,而迅速成为以出口天然气为主的国家,其他工业逐步萎缩。资源带来的财富使荷兰国内创新的动力萎缩,国内其他部门失去国际竞争力。至 20 世纪 80 年代初期,荷兰经历一场前所未有的经济危机。①经济学家将自然资源的丰富反而拖累经济发展的经济现象称为"荷兰病"。

1993 年,英国经济学家理查德·奥蒂(Richard M. Auty)在研究产矿国经济发展问题时第一次提出了"资源诅咒"(Resource Curse)这个概念,即丰裕的资源对一些国家的经济增长并不是充分的有利条件,反而是一种限制。此后,国内外大量学者从不同角度、使用不同的计量方法对"资源诅咒"这一假说展开了实证检验,结果一致表明,资源丰裕度与经济增长存在显著的负相关关系。

(二) 文化资源诅咒

丰厚的文化资源为文化产业的发展提供了强有力的保障。但如同自然资源诅咒一样,文化资源同样也逃不过"富饶的贫困"这一现实的悖论。很多地区的文化资源丰厚,人文古迹、历史传说、名人祠堂比比皆是,成为该地区的文化象征。可是这些富饶的文化资源并没有为当地发展带来应有的经济价值。

四大文明古国的文化产业在世界文化市场上均处于弱势地位。我国西部某些省份的文化产业增加值甚至都赶不上东部沿海地区一个县的文化产业增加值。如我国新疆地区拥有上千年瑰丽的历史文化,是中华民族文化重要的组成部分,但这些文化资源大部分只是作为一种公益文化和日常生活存在着,产业化程度很低。与此相反的是,一些历史较短、文化资源稀缺的地区却凭借取长补短,整合各地文化推动经济,打造了具有世界影响力的文化品牌。如不足百年历史的美国迪斯尼成为世界文化产业的标杆。

根据对文化资源与文化产业的发展关系的分析,我们可以对文化资源诅咒做如下定义:所谓文化资源诅咒,指的是一个地域富饶的文化资源限制了当地文化产业发展的经济现象。②

(三) 文化资源悖论的产生原因

文化资源悖论可以称之为"富饶的贫困,稀缺的富庶"。文化资源诅咒何以

---

① 林伯强:《"荷兰病"与"资源诅咒"的警示》,《南方周末》,2007-3-8。

② 唐月民:《文化资源学》,山东大学出版社 2014 年版,第 8 页。

141

发生？我们可以从以下几个方面进行分析。

1. 文化资源的视野狭窄

随着全球化进程，人们了解外部信息的机会和途径越来越多。长期生活在某一地区的人们，很容易对外来文化产生浓厚兴趣，而对本地区随处可见的文化资源不以为然，认为是稀松平常。人们不愿意花精力来挖掘与开发身边的文化资源来促进经济发展，而是"抱着金碗要饭吃"。

再者，在全国各地文化历史资源开发的热潮中，都瞄准少数几个文化热点、历史名人。如各地申报名人故里，出现了"活人争死人"的场面，不仅耗费了大量政府财力和公共资源，还得不到相应的回报和认可。

2. 产业结构单一

文化资源是一种隐形财富，具有较高的附加值和技术含量，但也存在一个长久的投资回报周期。为了追逐利润最大化，人们往往选择见效最快的行业进行投资，在政策引导和投资推动下，能源、冶金、采掘等上游原材料工业可以迅速繁荣，纺织业、农业、工业等产业也能获得较快发展，这就挤占了的文化产业的发展空间。众所周知，山西是一个集儒家文明、中原文化、三晋遗风于一体的文化大省，但这里的"煤老板"层出不穷，文化产业却始终发展不足。

3. 文化资源的低端和畸形开发

文化资源具有经济价值，忽视它不行，过度依赖它也不行。一个地区的文化产业发展过多依赖历史文化资源，往往产生坐吃山空、仅停留在开发的初加工阶段，忽略了创意的作用和文化的情怀，不愿进行产业升级和长远规划，从而使文化产业的发展类型单一、僵化。

很多地区为了追求经济效益，缺乏对当地文化资源的科学分析和合理利用，强制性、粗暴地开发文化资源，无视文化产业发展的客观规律，陷入了重建设、轻管理的困境。运营方对文化资源进行生硬解读、胡乱嫁接、粗制滥造，商业气息过重，并且打着文化遗产开发的旗号骗取政府财政支持，大搞饭店、度假村、高端会所等产业。有些政府人员、部门在利益的驱动下，官商勾结，混乱开发，对文化群落的原住民没有进行合理补偿，这些乱象导致大量的文化资源和地区形象被损害、被冷落，制约了地区由文化资源优势区域向经济优势区域转化。

二、文化资源的开发条件

（一）经济价值的现实诉求和文化价值的隐忧

文化资源无疑具有巨大的文化价值，但是经济价值和文化价值在资源开发中往往会形成尖锐的冲突。近些年来，我国各地"申遗热"的"投入—产出"模式被人批评为就是"提款机"模式,文化遗产不仅不彰显文化价值,而更多的成为一个用来盈利的商品,背后涌动的是地方政府急功近利的心理。我们看到文化资源开发取得巨大 GDP 成绩的同时,其被破坏的程度也令人触目惊心。如故宫被联合国教科文组织列为"世界文化遗产",但是节假日常常出现游客超容的问题。如敦煌莫高窟申遗成功后,游客数量猛增,由此带来二氧化碳排放过多和文物见光过度,许多壁画出现变色、剥落现象。短短几十年间,莫高窟遭受的人为损坏超过了千余年的自然侵蚀。

近年来,面对文化资源过度开发和商业同质化的现象,我国学界对文化资源的经济属性进行诸多争论,其中学者李舟的观点比较有代表性,他提出:"世界遗产还不能完全属于纯公共物品的范畴,如果我们视世界遗产为纯公共物品,将其完全封闭起来,显然违背了构建世界遗产委员会的初衷。只有在良好保护的前提下,将世界遗产的教育、研究、观光等功能充分地利用起来,造福人类,才真正实现了世界遗产的'永续利用'。"他进一步将文化遗产界定为"非纯公共物品"的范畴,即"在达到一定容量点之前,遗产地增加消费者不会妨碍其他人,消费的竞争性不显著;但消费的排他性是可以实现的,即在设定的有限地域范围内和时段内,采取'支付费用才能消费'及'差异化付费'的方式,可体现一定程度的消费排他性。…… 所以,对消费者采取付费方式还是可行的,消费者'搭便车'的行为较难发生,而借此取得相应收入来弥补世界遗产保护费用的严重不足,在实际操作中也是可行的"。[①]

(二) 文化资源整合和创新

文化资源的产业开发是一个系统工程。因此要对多种文化资源进行整合。在现实中,不同区域的文化资源差异较大,其整合应站在国家乃至全球高度,具体而言有同质和异质文化资源整合。同质文化资源的整合指的是同一类型文化遗产的整合开发。如山东对水浒文化资源的开发就属于此类情况。具备水浒文化资源的梁山、东平、郓城、阳谷、高唐等地可整合资源、联合开发,以避免同质恶性竞争,造成文化资源浪费;异质文化资源整合策略指的是不同类型文化资源的整合开发,如美国文化。此外,跨区域整合也是实际工作中考虑的问题,如中国的运河文化资源、道教文化资源等整合就不是一个区域能完成的。

文化资源的开发需要创新,否则只能是对资源的粗暴短期的开发,不能实现可持续发展和文化多样性。对文化资源的创新可从内容和开发形式两个方面进行。文化资源的内容创新是指深入挖掘文化资源的内涵,不断丰富文化资源的

---

① 李舟:《对世界遗产经营管理的思考》,《中国旅游报(理论版)》,2005-11-14。

内容。如对儒家文化资源中的多重文化内涵挖掘,孔子的诞生地曲阜市就通过对儒家文化资源的深入挖掘,连续举办孔子文化节,推出祭孔大典、尼山春季祭孔等文化产品,带动了当地文化产业的发展。就文化资源的开发形式创新而言,指的是对同一文化主题进行多形式的开发。如对我国的古典名著《西游记》,不但有传统图书,还有影视剧、主题公园、网络游戏、漫画、动漫等多种形式的开发。①

内容和形式相互连接、不可分割。同一内容可以用不同的形式去开发,同一形式也可以表达不同的内容。如故宫作为文化资源可以通过纪录片、邮票、明信片、书籍、光盘、饰物等多种形式去开发出不同种类的文化产品。演艺这种形式既可以表达"封禅大典"这样的历史题材,也可以通过刘老根大舞台展示东北二人转的现代转型。

(三)文化资源的开发条件

文化资源的最突出的优势就是可再生性和拓展性,它的开发是低成本、无污染、集约利用、无限挖掘的创新模式。当文化资源与创意一起作为生产要素投入到文化生产之后,会出现边际效用和边际收益递增的情况。这个过程不仅将资源转化为资本,配置了资源,创造了就业,把更多的利润用于资源保护,而且还可保持和弘扬民族和地域特色、增强文化身份认同感。

对于一种文化资源,无论是区域性的,还是个体性的,其产业开发都需要具备包括以下条件:

(1)历史源流和社会记忆的唤醒。

(2)文化符号、核心图腾崇拜物的提炼和有形化。

(3)设计出能吸引投资的具体产品和商业模式,具备生产衍生品和实现产业合作的空间余地。

(4)文化区域中原住人群的身份"主体性"的突出。

(5)行为仪式的建立、体系化,并与文化符号发生关联,产生节庆类活动。

(6)空间建筑的设计;包括建筑物、植物、水域、地形、街道等有形要素构成的各类空间及其界面,也包括空间的使用功能以及人的活动等变化因素构成的生活氛围。

(7)相关的学术研讨论证和文化知识的普及传播。

(8)建立知识产权保护制度,营造尊重和保护知识产权的法治环境。

---

① 参见唐月民:《文化资源学》,山东大学出版社 2014 年版,第 13 页。

三、文化资源的开发形态

（一）异地复制和集锦

将散布到一定区域范围内的典型民俗通过信息搜集、整理、建设等工作，集中于一个新的地点（主题公园、民族文化村）复古再现出来，如北京的中华民族园集中、拼盘式地表现了中国各少数民族的文化；开封的清明上河园以《清明上河图》为蓝本展现宋代文化。这一传统模式的优点是还原已经消失的历史文化风貌，可以让游客用很短的时间、走很少的路程就领略历史长河和民俗文化的代表内容，其缺点是原真感弱、互动性差，在复制过程中会损失很多原有历史文化信息，还可能会歪曲文化资源。

（二）原地浓缩

在一个民俗文化相对丰富的地域中选择一个最为典型、交通也比较便利的村落对消费者展开宣传，保持村民的自然生活生产和村落的自然形态和生活节奏，除了必要的基础设施建设外不做过多改造。如广东连南三排瑶寨、海南中部苗寨和黎寨风情园、夏威夷毛利人村落以及世界各地的生态博物馆和文化生态区。

以某一个特定民俗文化艺术为创作母题，开发出各种消费产品。它们可以置于园区之内运营，如广西桂林的《印象·刘三姐》大型山水实景演出；苏州名园之一"网师园"传统上仅白天对外开放，后来在原产品基础上推出了"古典夜园"活动，游客可以领略苏州园林的夜色意境；为了抢救和保护意大利西西里岛的傀儡戏，当地木偶艺人们根据一些古代诗歌、浪漫传奇或流行的歌剧情节，用木偶和道具进行即席创作，吸引游客。

原地浓缩形态的优势是，投资规模相比于异地重建要少，以生态博物馆和历史街区的理念营造真实感和开放性，游客能自然地与当地居民交流，亲身参与劳作，有很大的自由灵活性。缺点是难以将旅游开发带来的利益公平地分配给村民，村民的正常生产生活受到干扰后可能产生抵触或不合作，难以保证村民们在接待游客时始终保持热情友好态度、不唯利是图。

（三）特定节庆时间和活动

以上两种形态均可长期存在，旅游者可随时前往。还有一些特定的民俗文化只存在于很短时间，一些重要仪式和活动都是在特定的时节才会举行。如内蒙古的"那达慕"大会、回族的"古尔邦节"、白族和彝族的"火把节"等，在节庆期间会吸引大量的旅游者。因此，政府和开发商可以不必建设固定的园区，省去日常运营维护成本，只在特定时间，联合各方机构，选择特定地点组织节庆活动，进行广场表演和民众狂欢。

从 1997 年开始,意大利政府在每年 5 月份的最后一周举行"文化与遗产周"活动,意大利国家博物馆、艺术画廊、考古博物馆、文物古迹、著名别墅以及其他一些著名建筑等所有国家级文化和自然遗产都免费对外开放。全国各地 150 个城市中数百座平时不对外开放的古迹,一律向公众开放。为了帮助年轻人增加历史知识,培养艺术修养,意大利文化遗产部每年在此期间还以丰富多样的形式举办数百项与文化、历史有关的活动。法国是最早设立"文化遗产日"的国度(1984 年)。从 1992 年开始,"文化遗产日"活动时间由原来每年 9 月的第三个星期天改为 9 月份第三个周六和周日两天。国家层面的"文化遗产日"活动旨在引导和动员社会公众广泛参与文化遗产保护,公民在免费观赏国家历史文化财富的同时,增强民族文化遗产的保护意识,带动起来的社会各方的反应和行动,对民族的历史文化品牌无疑有着巨大的塑造和宣传效益。韩国每年端午举行的江陵端午祭,包括各种巫法和祭祀典礼,并会举行跳绳、假面制作等传统游戏和体验活动,还有巫俗表演、假面舞、农乐表演等。一个民间节日成为江陵文化的标志。

(四) 单一资源开发和流动展示

这是指对特定的典籍或口头承载的传说、故事、人物、礼俗、音乐舞蹈、手工艺进行开发,以及对单独的历史文化建筑、器件、服饰等进行开发和再创造。在特定地域、特定时间之外的更广泛的产业格局中,文化资源也可以以单个产品、单个项目的形式进行开发、运营和销售。如《印象·刘三姐》之后产生的"印象"系列演出在我国其他山水景区进行了复制和创新;杨丽萍取材于云南少数民族歌舞的《云南映象》《孔雀》在各地巡演,展现云南少数民族艺术;四川、广西等地的一些芦笙、舞龙表演团体走出家乡,到国内外进行演出;韩国一些商家把被指定为韩国文化财和无形文化财的东西开发成商品面具、戏装、玩偶和书刊进行供应和销售。

另外,与文化产业交叉的行业,如北京"傣家村"餐厅从建筑外形、内部装饰、员工服饰、饮食风味、歌舞表演均反映傣族民俗文化,形成一个"主题餐厅"。一些主题创意酒店如"丝绸之路酒店""客家宾馆"等,也是这样的经营思路。

目前国际上的文化资源开发已经形成了政府、企业、民间协会组织、居民、游客的合作体系和法律制度,逐渐形成演艺、影视、美术、服饰、会展、体育、旅游、教育、出版等行业互动发展格局,进而带动信息、餐饮、房地产、交通等行业的发展。如何把"诅咒"变为"福音"? 如何发掘文化资源这一"沉睡的金矿"? 需要遵循以下几个原则:

第一,对于国有资产性质明显、文化事业色彩浓厚的文化资源和文化遗产,政府扶持和引导是首要的。在理念上要把文化资源视为与民族、国家紧密联系的财富,从而提升到国家战略高度,坚持经济效益和社会效益并举。各级管理部门要制订有利于文化资源开发的国民经济发展规划。

第二,加强知识产权保护,建立和健全各项补偿机制,这样才能使拥有文化资源的原住民、传承人和艺术家获得应有利益,激发他们的开发积极性。

第三,建立专项资金制度和融资机构,为项目和地区持续融资,还要提供配套的公共技术服务、人才培训、对外宣传、国际交流、产品评估咨询等平台。

第四,坚持创意开发。文化资源是前人留下的财富,也是全人类的财富。对它的开发不仅体现在对历史文化的选择上,更体现在各种不同文化元素、材料的整合和运用上。创意开发可以让文化资源得以重复利用,实现产业结构升级,避免了掠夺式开发的短期行为,保持代际间、区域间的公平分配和发展。

第五,要创造整体性、协作性的社会体系。从公民参与、民间合作、城乡规划乃至整个国家战略等几个层面进行整合,众多文化资源开发项目才会在交互影响中得到延续和发展。

第八章

资　本

　　资源、资产、资本都是存在于企业生产和产业运营之中的。上一章提到的"资源性资产"意味着资源的资产化过程,而资产要进一步资本化,才能实现价值流通和价值增值。资本是"三资"之中最活跃的概念,对于文化产业来说,资本更是涵盖了经济学和社会学的理论,出现了社会资本、文化资本、象征资本等新概念,在这一章中我们将探讨文化产业中的资本形态,以及投融资方式。

第一节　资本和文化资本

一、资本

(一)从资源、资产到资本

　　上一章我们介绍了几种关于资产的概念,国际会计准则委员会发布的《国际会计准则》将资产定义为"资产是指作为以往事项的结果而由企业控制的可望向企业流入未来经济利益的资源";我们把资产描述为"在一定的时间点被企业所拥有或控制,能够储存价值,可以被用于从事生产经营活动,为投资者带来未来经济利益的资源"。

　　当然,资产不仅仅是矿山、厂房设备等,它的类型很多。按照耗用期限,可分为流动资产和长期资产;按照是否实体存在,可分为有形资产和无形资产。在企业运营和会计核算中,资产的形态非常丰富,这里我们可以把资产简单理解,它包括矿区、房屋、建筑物、机器设备等有形的实物资产;包括货币、股票、债券这样的金融资产,它代表了一种索取实物资产的权利;还包括专利权、商标、版权、特许经营权、商誉、知识、技术、组织制度等无形形态。有的经济学者还把顾客资源、思想文化、习俗传统、非物质文化遗产也纳入广义的无形资产的范围之中。①

　　资源可以看作是"沉睡的金矿",当它变为资产,就开始怀抱增值、盈利的目的,而资本的增值欲望更加强烈,资本就是为"逐利"而生的。将资源开发和盘活,成为能保值或增值的资产,才能形成资本,经过资本运营、市场交易实现其原有资源和资产的价值转移和增值,整个过程称为资产资本化。

　　在经济学上,资本被定义为用于生产的基本生产要素之一,是"投入"的一部分。"投入"包括:劳务、土地、资本。广义上,资本是人类用来创造物质、精神财富的各种社会经济资源。资本必须具备和满足以下特征:

　　1. 流通和增值

　　资本和资产的实物指向是一致的,二者也怀抱共同的目的,但资本更加强调流动性、投入性。资本是(预期)能创造价值的价值,是企业的本金,通俗地说是预期能赚更多钱的钱。所以马克思指出,资本"只有一种生活本能,这就是增值自己,获得剩余价值",它"是一种运动,是一个经过各个不同阶段的循环过程……它只能理解为运动,而不能理解为静止物"。②还没有进入流通去创造新价值的价值不能称之为资本,只能称为未经开发利用的资产、资源。

　　2. 稀缺、排他、占有

　　稀缺性是经济学的逻辑出发点之一。稀缺性是指相对于人类无限的需求而言,资源总是有限的,而占有资源就可以获取一定利润。资本必须通过继承、购买、法律、人力等手段占有,从而获得产品差异和竞争优势,为个体和企业带来收益。

　　3. 积累、生产、再生产

　　资本不能始终保持原有存量状态,当它被投入到生产过程中,可以与其他生产要素进行组合、生产,获得现金、智力技术、品牌形象、社会知名度等各种收益,从而实现不断的积累、增加,用于再生产。(图8-1)

---

　　①　要注意的是,从哲学角度看,金融资产似乎应归为"无形"资产,因为它没有物质实体,但在会计学上,金融资产不算在无形资产之内。如《国际会计准则》规定:"无形资产是指用于商品或劳务的生产或供应而出租给其他单位的,抑或为管理目的而持有的,没有实物形态的可辨认非货币资产"。美国财务会计准则委员会1976年《征求意见稿》也认为:"无形资产是那些不具有物质实体的经济资源,其价值取决于特定的权利和未来经营中获得的利益;不过货币性资源(如现金、应收账款和投资)不是无形资产。"我国财政部2001年颁布的《资产评估准则——无形资产》认为无形资产是指特定主体所控制的,不具备实物形态,对生产经营长期发挥作用且能带来经济利益的资源,它包括专利权、非专利技术、商标权、商誉以及著作权、特许权等。这一狭义限定对于后面的"无形资本"也是同样使用的。

　　②　马克思、恩格斯:《马克思恩格斯文集(第6卷)》,人民出版社2009年版,第121页。马克思:《资本论(第2卷)》,人民出版社1975年版,第117—120页。

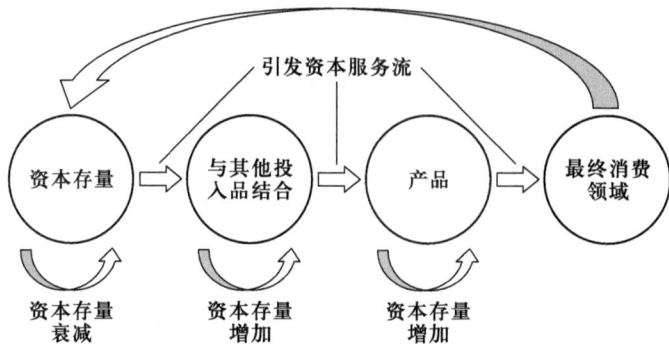

图 8-1　资本的流通和增值

（二）资本的经济学分类和社会学分类

1. 经济学的分类

资本和资产的根本指向是一致的,资本的形态也可以分为:

（1）实物资本:指用于生产的自然资源、人造资源。如土地、矿藏、厂房、设备、原材料、成品、半成品。

（2）金融资本:也叫资本的价值形态,包括现金、有价证券等。

（3）无形资本:有价值无实物的资本。包括产权、智力、知识、品牌形象、商誉、技术、生产经验等。各种产权、技术、品牌属于可辨认的无形资本,商誉、经验是不可辨认的无形资本。[①]

2. 社会学的分类

文化产业的文献常常采用法国社会学家布尔迪厄（Pierre Bourdieu）的资本观点。布尔迪厄以文化社会学视角把资本描述为"积累性的劳动（以物化的形式或具体化、肉身化的形式存在）,这种劳动在私人性即排他性的基础上被行动者或行动者小团体所占有,这种劳动（资本）使他们能够以具体化的形式占有社会资源。在特定时刻,资本的不同类型和亚型的分布结构,在时间上体现了社会世界的内在结构,即铭刻在世界现实中的一整套强制性因素"。[②]

布尔迪厄把资本分为三种形态:

（1）经济资本:直接产生经济效益的生产要素投入。经济资本以金钱为符

[①]　关于人力资本（资产）是否属于无形资本（资产）,学界存在争论,未有定论。人力资本实质上是人体内在的知识、经验、能力,社会信誉等,所以它具有无形性、不易变现性等无形资本特征,但是人力资本又要依附于人身,并且具有产权等无形资本所没有的主观能动性。所以它是介于有形无形之间。有学者也提出了"无形人力资本"的折中概念。

[②]　Pierre Bourdieu, *The Form of Capital*, in J.G Richardson ed. Handbook of Theory and Research for the Sociology of Education, Greenwood Press, New York, 1986, p. 241.

号,它可以直接转换成金钱,并以私人财产权的形式被制度化了。

（2）文化资本:它是在文化教育中积累的成果,包括作品、文凭、学位等,以教育资质的形式而制度化。①

（3）社会资本:社会群体之中了解、认可、信任、扶持以及相互影响的人脉关系网络。它以社会地位、头衔的形式而制度化。②社会资本需要经济资本和文化资本的持续投入而获得积累。

一般认为,人在经济场域中追求金钱物质利益,而在非经济场域中(如文化界),每个人的行为是非功利性的。布迪厄认为这是一种虚构的神话,实际的情形是,人们在不同的场域追逐着不同的资本,所谓非利益的或者超功利的公正是不存在的。社会并不是一个简单的赌场:赌场的赌徒面对着同样的输赢概率,机会是平等的。社会活动是由不同的身份的人来参与的,人与人身份的差异主要表现为他们拥有不同质或量的资本——它在社会中不是平均分配的,它是历史积累的结果,是一种排他性资源,同时又是新一轮社会活动的起点。原起点和新起点的不平均决定了社会竞争活动和竞争结果的不平等。"并不是每个士兵都有同等机会成为元帅的"。所以,只有引进多种资本形式,才能解释社会世界的结构和作用。③

3. 有形资本与无形资本的区别

（1）有形资本无论是货币还是产品,都是实体的物质资本,可以用货币来表示其价值量;无形资本很难用具体价格来表示其价值量。经济价值不能涵盖无形资本的文化价值。

（2）有形资本可以通过货币资本在市场上购置而得到补偿;无形资本不能在市场上购置相同资本,又难以用货币对无形资本加以补偿。

（3）在资本循环中,有形资本不断被磨损,其价值也不断被转移到所生产的商品中;无形资本的价值并不是逐渐向商品转移的,但是,每次资本循环所产生的资本量增值,都与它有关。无形资本在一定程度上是取之不尽用之不竭的。

---

① 布尔迪厄在《国家精英:名牌大学与群体精神》等著作中分析了法国的学校与官僚体制、商界如何合谋培养、塑造精英群体,从而使他们直达支配体制的核心。他指出,在发达资本主义的分化社会中,学校全面替代教会为社会分工提供正当性。学校颁发的文凭、学历都有助于社会空间的建构。文凭一词"credential"源自"credentialis",即赋予权威、给予神圣性,授予文凭早已成为现代教育体制中的制度性仪式。大学的牌子,自己的求学经历、文凭、称号等,都为即将进入劳动力市场的毕业生赋予了某种资格和信誉,也是他们获得显赫社会地位的保证。参见 P.布尔迪厄:《国家精英——名牌大学与群体精神》,杨亚平译,商务印书馆 2005 年版,第 114—173、第 551—566 页。

② 布尔迪厄:《文化资本与社会炼金术》,包亚明编译,上海人民出版社 1997 年版,第 192 页。

③ 参见布尔迪厄:《文化资本与社会炼金术》,包亚明编译,上海人民出版社 1997 年版,第 202—204 页。

（4）有形资本可以通过资本市场和货币市场来筹集,无形资本却不能筹集和借贷。

二、文化资本的三种形态

我们在本书第一章中,对"文化"概念的讨论包含了"（群体性）观念、作品、整体生活方式"等,但没有涉及"资本"。1973 年,布尔迪厄和让·克劳德·帕斯隆(Jean Claude Pseron)在合写的《文化生产与社会再生产》中第一次提出了"文化资本"的概念。他们用"文化资本"来描述教育投资、文化资本、社会分层几者之间的关系。对于文化资本,布尔迪厄没有一个简明的定义。在《理解布尔迪厄》一书给出的布尔迪厄社会学术语表中,"文化资本"被描述为:"一种属于文化正统的趣味、消费方式、社会属性、技能和判断的价值形式。譬如在教育场域里,是一种构成文化资本的学术资历。"①

（一）布尔迪厄的文化资本

布尔迪厄的思路是,文化从来都不能断绝与社会支配权力之间的姻亲关系。文化资源也表现为一定的稀缺性,成为不同社会主体和社会阶级的争夺对象,占有这类资源就可以获取一定的物质的和象征,从而划分和区隔了不同的社会阶级和权力集团。在这种情况下,文化资源就开始成为文化资本。布尔迪厄认为文化资本有三种存在形态:

1. 身体化形态(an Embodied State)②

这种文化资本是指通过家庭教育以及学校教育投资而积累和嵌入于个体中的知识、修养、技能、品味,可以称之为文化的"肉身化""内在化"过程。这种文化资本的积累不能由他人代理和保管,也无法通过馈赠、买卖和交换的方式进行传承,必须由"行动者"身体力行,不仅需要本人大量的时间和精力,更需要家族、团体或是地域的社会地位、文化基础和经济实力。身体化形态的文化资本一旦获得,它就成为人的固定财富,相当于美国经济学家贝克尔(Gary Stanley Becker)和舒尔茨(Theodore Schultz)提出的"人力资本"。它的积累不能超越"行动者",而是随占有者个体的生物能力、记忆等一起衰落和消亡。而社会地位和文化环境的差异,使不同家庭的个体在获得此种文化资本的过程中,处于不平等的地位。

2. 客观化形态(an Objectified State)

---

① Jen Webb, Tony Schirato and Geoff Danaher, *Understanding Bourdieu*, London: Sage Publications, 2002, p. 5. 转引自张意:《文化资本》,载陶东风等:《文化研究（第 5 辑）》,广西师范大学出版社 2005 年版,第 268 页。

② "an Embodied State"也被翻译成"具体的形态""个体化形态""嵌入状态"等。

这是"在物质和信息中被客观化的文化资本",如图片、书籍、字典、工具、机器、纪念碑、建筑物、数字化等文化产品。这种文化资本具有有形资本的特性,可以被一代代直接传递。

我们曾谈到,文化价值是一种"关系"概念,类似地,布尔迪厄认为不存在纯粹意义上的物质形态文化资本,任何客体事物若想要作为文化资本而发挥作用,就必须对应某些身体形态文化资本。双方结合起来,才能发挥文化产品的文化资本功能。"行动者力量的大小,获取利润的多少,是与他们所掌握的客观化的资本以及嵌入状态的资本的多少成正比的"。[①]例如,一个富商购买了高级艺术品,那么这艺术品便成为他的物质财富,如果他具有了艺术欣赏能力(即文化能力),那么他可以进一步从美学艺术或是符号象征层面上享受、占有这种艺术品,否则的话,这种艺术品对他而言只能是一堆纯粹物质摆设或是现金兑换物——虽然艺术品仍然没有失去文化价值,但并没有发挥最大的资本效用。

3. 体制化形态(an Institutionalised State)

它是由体制认可的关于某种文化能力的资格或证书,也就是个体文化能力经过文化机构授权后的存在形式,如各种学术资格、头衔、文凭等。"这种证书赋予其拥有者一种文化的、约定俗成的、经久不变的、有合法保障的价值"。[②]

这种体制化文化资本通过合法化和程序化,区别了正统教育者与自学者。自学者的文化资本得不到制度性的认可,会随时受到社会质疑,因此可能无法像正统教育者一样获得各种收益。"只有当文化资本被教育制度认可时,……文化资本(至少在劳动力市场)才能不断增长而发挥出全部功效"。[③]而文化各个部门机构也可以通过"制度化"来控制文化资本,使之处于持续的证明、评价的压力之下。

(二)人力资本与文化资本

人力资本是一个与文化资本息息相关的经济学概念。美国经济学家舒尔茨指出,人力资本是相对于物质资本或非人力资本而言的。它是一种体现于特定个体身上,可以被用来提供未来收入的资本;是人类自身在经济活动中获得收益并不断增值的能力。此前马歇尔曾对人力资本概念作过初步界定,认为它是一种由知识和组织权威组成的资本。舒尔茨在此基础上提出了自己的定义:人力资本专指个人具备的才干、知识、技能和资历。他同时指出,人力资本需要通过投资才能形成。贝克尔进一步认为,由于时间、健康和寿命等因素,人力资本和物质资本一样属于稀缺性资源,贝克尔对人力资本作出如下修

---

① 布尔迪厄:《文化资本与社会炼金术》,包亚明编译,上海人民出版社 1997 年版,第 200 页。

② 同上。

③ 同上,第 210—211 页。

正:人力资本包括"知识、信息、教育、思想、技能、观念、精神状态和卫生健康"①等多方面内容。

进一步区分布尔迪厄的文化资本与人力资本是有必要的,因为二者都是主要以人为载体且都与教育联系密切。一般而言,人力资本投资表现在人们对特定操作技能的掌握,体现在人们获得"怎么办"的知识。人力资本的获取是一种能够充分体现行动者自由意识与意志的投资行为,学校教育是行动者获取人力资本最重要和最有效的途径;文化资本则体现在人们获得"为什么"的知识,主要是与素质、修养、品味相关。并且文化资本的投资途径远不止学校教育,更为重要的是早期家庭教育的传承和积累,带有鲜明的阶级印记,被视为上层统治阶级进行文化资本再生产的主要场所。在企业培训上也是如此,人力资本体现在员工技能的学习与提高上,文化资本则表现在员工要习得的特定价值观、态度与企业文化上。文化资本的内涵要广于人力资本。②

布尔迪厄在社会学领域铸造出文化资本概念,他把人们获得文化资本的过程称为"社会炼金术",这种"社会之金"具有"一种文化的、约定俗成的、经久不变的、合法化的价值"。布尔迪厄的文化资本理论试图超越经济因素与非经济因素的二元对立,跨越经济、政治、文化、教育等诸多领域,具有极大的洞见力和通用性,同时也受到许多学者的质疑,如美国社会学家迪马格(Dimaggio)指责布尔迪厄滥用隐喻;日本社会学家内田隆三也批评布尔迪厄"完全被支配及等级的再生产问题吸引住了","对资本自身运作的分析毫无兴趣"。③目前,文化产业学界对"文化资本"的研究多为概念型、描述型,集中在意识形态层面,尚未把它真正纳入主流经济学的分析框架。

三、文化资本的经济学意义

布尔迪厄的文化资本理论体现了明显的意识形态批判色彩,在他之后的文化资本研究的泛文化主义倾向越发明显,似乎文化资本是个"筐",什么都可以往里装。那么,文化资本对于文化产业的现实意义何在?

美国经济学家贝克尔曾对经济学和社会学的区别作过形象的比喻,认为

---

① 贝克尔:《知识、人力资本、人口和经济增长》(北京大学演讲稿 2005 年)。转引自朱伟珏:《文化资本与人力资本——布迪厄文化资本理论的经济学意义》,《天津社会科学》,2007(3)。

② 参见高波、张志鹏:《文化资本:经济增长源泉的一种解释》,《南京大学学报(哲学·人文科学·社会科学版)》,2004(5);朱伟珏:《文化资本与人力资本——布迪厄文化资本理论的经济学意义》,《天津社会科学》,2007(3)。

③ 转引自王海岳:《文化资本理论研究述评》,《南通职业大学学报》,2012(3)。

"经济学是关于选择的科学,而社会学是关于为什么人们无法选择的科学。"①的确,布尔迪厄的文化资本带有社会决定论的悲观主义情绪,而经济学是建立在"经济人"和"理性行为"两大前提之上的,所以它将任何社会行为都理解为行动者个体为追求利益最大化而实施的合理行为。

合理行为就意味着"经济人"能够将投入和产出进行量化比较。而资本作为经济学研究的主要范畴,始终是可以理性计算的物质资本和人力资本(工资),而对难以量化却对经济运行和企业发展有着重大影响的制度、企业家精神、道德伦理、信任、意识形态等因素,传统经济学总是以"假设其他条件不变"的方式将它们排除在外。但当社会发展需要经济学作出更为深入的解释时,最初的假设条件就面临着被逐步放松的挑战。

"文化资本"的提出,让我们以资本的视角认识教育投入、文化资源、产品和创意。我们可以根据前义总结的资本的三个特征,来审视文化资本的经济学意义。

(一) 文化资本是一种资本存量

美国制度经济学家诺斯(Douglass North)认为文化起着一种类似"资本存货"的作用,是人们为了更节约、更快速地行事而储备的。②哈耶克也指出:"文化是一种由习得的行为规则构成的传统。"③人类所习得与遵从的特定文化实际上也是一种最普遍最一般意义上的资本形态,因为它是人们为了换取将来的利益而在早期进行的投资活动。

澳大利亚的经济学者戴维·思罗斯比描述道:"文化资本是嵌入于一种资产中的文化价值存量,这种存量可能反过来引起商品和服务——即那些本身既有文化价值又有经济价值的商品和服务——随时间而流动。"有形的文化资本存量存在于建筑物、遗址,以及绘画、雕刻这样的艺术品和手工艺品之中;无形的文化资本既包括一系列的思想、习惯、信仰、传统和价值,也包括作为文学和音乐这样的公共商品。④

必须指出的是,文化资本的存量积累既不是一种从无到有的创造性生产,也不是生产、销售的机械性重复。拿布尔迪厄所说的身体化文化资本来说,一位教

---

① 加里·贝克尔:《口味的经济学分析》,李杰、王晓刚译,首都经济贸易大学出版社 2000 年版,第21 页。

② 参见诺斯:《制度、意识形态和经济绩效》,载詹姆斯·A.道等:《发展经济学的革命》,黄祖辉、蒋文华译,上海三联书店、上海人民出版社 2000 年版,第 119—120 页。

③ 哈耶克:《哈耶克论文集》,邓正来译,首都经济贸易大学出版社 2001 年版,第 671 页。

④ 参见戴维·思罗斯比:《经济学与文化》,王志标、张峥嵘译,中国人民大学出版社 2011 年版,第49—50 页。

师通过教育这一行为将自己所掌握的正统知识传授给与他本人出身相近的学生们。学生们经过充分地吸收和消化之后掌握了这些知识(完成了知识的身体化过程)并成长为一名教师、律师、医生或企业管理人员。此后,他们又将这些学来的知识灵活运用到自己的工作中去并将这些经过改造的知识再传授给自己的学生、晚辈或下级。显然这不是一个简单的机械性复制过程,它是一种知识与地位的再生产。而且学生们还必须把从老师那里学来的知识转换成一种适合于自己的知识并灵活地运用于工作中。总之,文化资本的积累不是一个设备、金钱的机械性叠加,它会因受到时间、转换和实践这三大因素的制约而出现某种变化。

(二) 文化资本的增值性和运动性

可以看出,戴维·思罗斯比对文化资本的描述其实是"文化资源"。但是,我们已经做过区别:所谓资源是自然形成而未经开发的价值形态,而资本是投资人经过积累、选择和筹集之后准备投入生产之中获利的价值形态;对资源的占有谁都期望是最好的,而对资本人们更多考虑的是投入与产出之比、机会成本、预期利润;说到资源人们多考虑寻求与拥有,而提到资本人们更多考虑的则是如何使其增值。那么,文化资本也就是持有者基于价值考虑而选择成本最低、能为其带来相对利润最大的特定文化资源,在经济学意义上,我们可以把文化资本定义为"未来能带来收入的、以财富的具体形式表现出来的文化价值的积累。包括文化能力、文化产品、文化制度等方面,又可分为有形的和无形的两部分"。[①]

文化资本可以转换为经济资本。如一个大学教授的讲课酬劳比一个研究生的讲课酬劳高很多。如果是一个著名教授,则差距更加明显。戴维·思罗斯比也进一步指出,有形和无形的文化资本可以引起服务流,可以买卖,这些服务可以直接进入最终消费领域,或者可以与其他投入品相结合,用于进一步生产商品和服务,包括产生新的文化资本,增加资本存量。[②]

(三) 文化资本的稀缺性——产权保护下的创意

布尔迪厄的文化资本被社会学框架所笼罩,只有将其放到文化产业领域,才能使文化资本变成有经济学意义的概念。

"文化资本是以财富的形式具体表现出来的文化价值的积累。这种积累过程就会引起物品和服务的不断流动。"[③]文化资本同其他类型资本一样可以作为经济上达到某种追求的凭借,实质上是一种稀缺的生产投入品,且是一种经过劳

---

① 徐明生:《我国文化资本与经济发展的协调性研究》,《厦门大学学报(哲学社会科学版)》,2011(1)。

① 徐明生:《我国文化资本与经济发展的协调性研究》,《厦门大学学报(哲学社会科学版)》,2011(1)。

② 参见戴维·思罗斯比:《经济学与文化》,王志标、张峥嵘译,中国人民大学出版社2011年版,第49—50页。

③ 巩英春:《当代文化资本发展的双重取向》,《社会科学战线》,2011(2)。

动加工过的、追求交易增值效果的中间投入品。

文化资本的稀缺性特征体现在两个方面,首先是产权保护。从文化产业角度看,文化资本的形成来源并非仅限于布尔迪厄所说的教育资格制度,还来自于更广泛个体和群体性的文化学习、训练、鉴赏和消费。更重要的是,资源和劳动存量只有在产权保障下才能转换为独占性的资本存量,并由此进行产品生产和消费,经济主体才会拥有可预期的收益。产权有排他性、有限性、可交易性、可分解性以及可操作性等特性,现代产权制度架构了文化资本。其次是文化资本的创意诉求。文化教育、文化资源在一定人群中是共享的,只有对这些文化资源进行独创性的投资和选拔,才能形成有增值能力的文化资本。这就像每一种语言都可以形成作品,但并非说该种语言的人都可以成为作家和出版人;很多学生都接受精英教育,但并非所有名牌大学毕业生都能成为优秀的创意人士和“文化资本家”。独创性加上知识产权,把各种难以把握的文化资源、文化价值形塑为“稀缺性”的文化资本。正如美国法律与经济学家威廉·兰德斯(William M. Landes)所指出的:“知识产权创造稀缺,而物质资本则管理稀缺。”[①]文化创意产业倡导创造需求,其他产业相对来说依赖需求。

（四）文化资本促进了市场公平竞争

迪马格认为布尔迪厄的“再生产”模式更适合历史悠久、有着较强等级观念的法国社会,而不太适合市场经济高度发达的美国社会。在法国,“继承”是获取文化资本的主要途径。相比之下,大众传媒和行动者自身的努力等“获取”手段就显得比较次要。而美国不仅文化的规范化程度较低,而且等级意识也较为薄弱,社会在提倡一种自我奋斗精神的同时,也为行动者提供了一个较为自由和宽松的学习环境。行动者积极利用一切可用资源,抓住机会,这些文化资本匮乏、出身于中下层阶级和劳动阶层的人们创造了另一种文化资本——“创造力”“勤奋的工作态度”“认真的工作作风”等,来弥补自己先天文化资本的不足——这已经在很大人群范围内成为一种带有明确目的的理性行为。

所以,依靠创造力和后期学习而积累的文化资本,加上知识产权保护,在一定程度上使得文化资源从布尔迪厄笔下的垄断、世袭群体,向创造者、经营者等市民权利主体转移。正如德国社会学家卡尔·曼海姆(Karl Mannheim)所指出的:“现代生活中一个最令人印象深刻的事实是:与以往的文化不同,现代生活中的知识活动并不是由一个严格限定的阶级单独来进行,例如牧师,而是由这样一个社会阶层来进行,这个阶层在很大程度上不附属于任何社会阶级,而且从日

---

① 威廉·M.兰德斯、理查德·A.波斯纳:《知识产权法的经济结构》,金海军译,北京大学出版社2005年版,第26页。

益广泛的社会生活领域吸收成员。这个社会学的事实基本上决定现代智力的独特性,它的特征不是建立在牧师权威的基础上,它不是封闭的和完结的,而是能动的、富有弹性的,处于不断的流动状态,永远面临新的问题。"①文化资本一旦突破世袭的阶层和固有社交圈子,就会显示出更加显著的自我组织和自我强化能力,在更大的市场范围内寻求另一种(几种)生产要素进行组合,与其他文化资本进行竞争;在宏观上,一个国家和种族,需要更多的文化资源转变为文化资本,才能启发和催生更丰富的文化创意产品,所以文化资本是一种维系多样性文化生态系统、实现代际传承和可持续发展的资本。

文化成本、文化价值、文化资源、文化资产和文化资本,这些概念都体现了无形性、隐蔽性和难以计量的特征,反映了文化产业的艺术价值与经济价值的双轨关系,警示我们在文化生产、价值衡量和成本核算中不能只关注经济效益和物质价值。

从文化资源到文化资本,体现了对生产要素的盘活与独占,反映了投资的观念,预示着文化企业进入生产—销售—增值—再生产的商业征途。在盘活开发、产权购买以及生产营销中,都需一定的货币和劳动来支付传统生产中的物质成本,还需支付创意成本,以及"补偿"或"借用"无形的文化成本。

第二节　资　本　市　场

资本一旦开始了增值的征途,就产生了资本运营(运作)。资本运营与产品生产密切联系,但又是一个相对独立的行业和观念。资本运营泛指以资本增值为目的的经营活动,具体来说是指以可以独立于生产经营而存在的价值化、证券化的资本,或可以按价值化、证券化操作的物化资本为基础,通过优化配置来提高资本运营效率和效益的经济行为和经营活动。

文化艺术走向产业化,意味着文化体制的改革。政府停止或减少公益性的财政拨款,大量国有和民间的资本进入市场,寻找可以培养孵化、有预期收益的文化企业和项目进行合作,在产生社会效益的同时也要求资本增值。文化产业的特殊性让资本运作遇到了新的问题。

一、资本市场的构成

资本市场的界定众说纷纭。美国经济学家斯蒂格利茨(Joseph Eugene Stiglits)对资本市场的描述是取得和转让资金的市场,包括所有涉及借贷的机

---

①　曼海姆:《意识形态与乌托邦》,黎鸣、李书崇译,商务印书馆 2000 年版,第 12 页。

构。美国经济学家詹姆斯·范霍恩(James C.VanHorne)认为资本市场是长期(成熟期在1年以上)金融工具(股票和债券)的交易市场。美国经济学家弗里德曼(Friedman)认为资本市场就是通过风险定价功能来指导新资本的积累和配置的市场。

我们把资本市场的概念限定为长期资本市场,是指进行一年以上的长期资本交易的活动市场。它的职能是为资金持有者寻找投资对象,为资金的需求者筹措长期资金。

(一)资本市场的分类

1. 按照初次交易还是再次交易来划分

按照金融产品是初次交易还是已经在市场流通的再次交易,资本市场可以分为一级市场和二级市场。

一级市场又称发行市场。筹资者按照一定的法律规定和发行程序通过发行新的金融产品来筹集资金;二级市场是已经发行的金融产品的交易市场。在二级市场中,金融产品的持有者向有意愿参与的投资者转让其金融产品。二级市场上的交易只是不同投资者之间的交易。

没有一级市场就没有金融产品,从而作为金融产品的交易市场的二级市场也就无从谈起。另一方面,没有发达的二级市场,金融产品的流动性差,一级市场的金融产品就很难发行,一级市场的存在和发展也是不可能的。

2. 按照交易活动是否集中统一来划分

按照资本市场的组织形式和交易活动是否集中统一,资本市场分为场内交易市场和场外交易市场。

场内交易市场是有固定的交易场所和交易时间、有明确的交易方式、对交易活动进行集中统一组织和管理的市场,通常指证券交易所。

场外交易市场指非上市或上市的证券不在交易所内进行交易的市场。场外交易市场是由众多企业、证券公司、投资公司以及普通投资者分别交易组成的,它基本属于一个分散且无固定交易场所的无形市场。证券交易不是由证券交易所等少数统一机构组织完成的,而是由众多投资者以直接协商交易的原则进行交易。

(二)资本市场的组成部分

资本市场由融资者、投资者和中介机构组成。(图8-2)

1. 融资者

融资者(筹资者):企业和政府。从广义上讲,融资也叫金融,就是货币资金的融通,当事人通过各种方式到金融市场上筹措或贷放资金的行为;从狭义上讲,融资即是一个市场主体的资金筹集的行为与过程,也就采用一定的方式向投

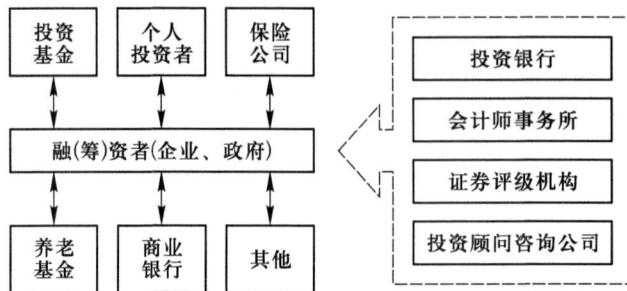

图 8-2 资本市场的组成部分

资者和债权人去筹集资金。这里讲的融资者的"融资"是狭义的,即筹资。

企业融资的第一个目的是自身发展,包括设备更新、技术改造、新项目上马、科研投入等;第二个目的是改善企业内部财务结构,如改善企业的高负债率,改善企业股本结构和法人治理结构,促使投资多元化。企业融资的方式主要有:债务性融资和权益性融资。前者包括借款、发行债券等,后者主要指股权融资。债务性融资构成负债,企业要按期偿还约定的本息,债权人一般不参与企业的经营决策,对资金的运用也没有决策权。权益性融资构成企业的自有资金,投资者有权参与企业的经营决策,有权获得企业的红利。

政府筹资的目的是进行公共产品和基础设施的投资和建设。政府筹资的形式主要是发行国债、地方政府债券、银行贷款、项目融资(BOT、TOT、BT、PPP)、融资租赁等。

2. 投资者

包括个人投资者、工商企业、投资基金、商业银行、保险公司等。

投资者的目的是获取相对稳定的收益、实现资本增值、保持资产的流动性、实现投资品种多元化、参与企业的决策管理等。

个人投资者的资金来源是个人储蓄、其他资产的变现、投资性收益、贷款融资等;工商企业也可以用闲散资金投资目标企业;投资基金是一种金融信托方式,由众多不同的投资者出资汇集而成,然后由专业性投资机构(一般是基金管理公司)进行管理,专业投资机构把集中起来的资金投资于各种产业和金融证券领域,如股票市场上的基金就叫股票型基金,债券市场上的基金叫债券型基金。

商业银行是以经营存、贷款为主要业务,以盈利为目的的金融机构。资金来源主要是存款,非存款性借款(如美国的联邦资金市场和联储贴现市场)和银行资本金与留存利润。它会选择选取质地好、期限较短的投资品种,并受政府法律法规限制;保险公司资金来源:保险费、投资收益、房地产抵押、定期贷款、所投资债券到期的本金。

3. 中介机构

包括投资银行、会计师事务所、律师事务所、投资顾问咨询公司、证券评级机构。

投资银行是主要从事证券发行、承销、交易、企业重组、兼并与收购、投资分析、风险投资、项目融资等业务的非银行金融机构,是资本市场上的主要金融中介。投资银行主要服务于资本市场,这是区别商业银行的标志。投资银行在二级市场中扮演着做市商、经纪商和交易商三重角色,它的业务非常丰富,包括证券承销、证券经纪交易、证券私募发行、兼并与收购、基金管理、资产证券化、风险投资等。

会计师事务所、律师事务所是站在社会公正的立场上,对有关公司的资本到位、财务状况、资产状况、盈利状况等进行验资审计、出具有关报告,对投资者、企业以及整个资本市场产生重要影响。证券评级机构是指运用一系列科学的方法对企业或证券的信用等级进行评估的社会公正组织。另外还有投资顾问咨询公司为投融资各方提供各种咨询和信息服务。

二、资本运营的基本工具

资本市场的交易活动主要是围绕筹资者和投资者展开的,交易过程采用了各种资本运营(运作)的工具,这里先介绍一下与文化产业关系紧密的一些基本工具概念。

(一) 证券

证券是一个总的概念,它是各类财产所有权或债权凭证的通称,是用来证明证券持有人有权依据券面所载内容取得相应权益的凭证。也就是说,证券本身没有价值,但它代表着一定的财产权,持有人可凭证券取得一定的商品、货币、利息、股息。

按性质不同可将证券分为证据证券、凭证证券和有价证券。人们通常所说的证券即有价证券。有价证券是一种具有一定票面金额,证明持券人有权按期取得一定收入,并可自由转让和买卖的所有权或债权证书。钞票、邮票、印花税票、股票、债券、国库券、商业本票、呈兑汇票、银行定期存单等等,都是有价证券。但一般市场上说的证券交易,被限缩在证券法所说的有价证券范围之内,排除了钞票、邮票、印花税票。

(二) 债券

债券是政府、金融机构、工商企业等直接向社会借债筹措资金时,向投资者发行,同时承诺按一定利率支付利息并按约定条件偿还本金的债权债务凭证。

债券的本质是债的证明书,具有法律效力。债券购买者或投资者与发行者之间是一种债权债务关系,债券发行人即债务人,投资者(债券购买者)即债权人。

债券是一种有价证券。由于债券的利息通常是事先确定的,所以债券是固定利息证券(定息证券)的一种。在金融市场发达的国家和地区,债券可以上市流通。在中国,比较典型的政府债券是国库券。债券有公募和私募之分,公募债券是指向社会公开发行,任何投资者均可购买的债券,向不特定的多数投资者公开募集的债券,它可以在证券市场上转让。它与私募债券相对应。私募债券是指向与发行者有特定关系的少数投资者募集的债券,特定的少数投资者如银行、信托公司、保险公司和各种基金会等。私募债券的发行手续简单,一般不能在证券市场上交易。

(三)股票

股票是股份有限公司在筹集资本时向出资人发行的股份凭证,代表着其持有者(即股东)对股份公司的所有权。这种所有权是一种综合权利,如参加股东大会、投票表决、参与公司的重大决策、收取股息或分享红利等。

1. 股票的特征

(1)不可偿还性:股票是没有偿还期的有价证券。股东一旦入了股就不能让公司退股,不能要求公司返还其出资,只能(在某个价位)通过转让股票来收回投资。

(2)参与性:主要通过股东大会的形式。每个股东所拥有的公司所有权份额的大小,取决于其持有的股票数量占公司总股本的比重,以其出资额为限对公司负有限责任,承担风险。

(3)收益性:股东是公司的所有者,股东与公司之间的关系不是债权债务关系。股东的收益主要体现为股息和红利。

(4)流通性:股票在不同投资者之间可以转让、买卖、赠送、继承或作为抵押品。

(5)风险性:股票的价格具有市场波动性,会给股东带来一定的投资风险。

2. 股票的发行方式

股票与债券一样分公募和私募两类发行方式。

(1)公募股票:又称股票的公开发行,指的是发行人通过中介机构向不特定的社会公众广泛发售股票。

公开发行股票的好处是筹资潜力大,适合于股票发行数量较多、筹资额度较大的发行人;投资者范围大,可避免股票囤积或被少数人操纵;只有公开发行的股票可申请在交易所上市,增强股票的流动性,有利于提高发行人的社会信誉。公开发行的缺点是过程复杂、注册核准时间长、发行费用较高。

（2）私募股票：又称股票的非公开发行、内部发行、定向发行，它是指发行人或证券承销商通过自行安排将股票销售给他所熟悉的或联系较多的合格投资者，从而避免经过证券监管部门审批或备案的一种证券发行方式。①

私募的股票发行对象面向少数特定的投资方，分为机构投资者和个人投资者。机构投资者包括大的金融机构、与发行人有密切来往关系的企业；个人投资者包括公司老股东和发行人自己的员工（俗称"内部职工股"）。

私募的投资者对发行者情况比较了解，私募时不需要办理发行注册手续。由于有确定的投资人，一般不会出现发行失败。股票私募一般采取直接销售方式，并且私募的股票不允许转让。由于不能转让，发行者要给投资者提供高于市场平均条件的特许优厚条件。企业进行私募可能是为了节约公募所需的成本和时间，或者有些企业过去有过经营危机或异常波动，市场信誉不良，难以通过上市审批。一些组织结构和契约关系复杂的企业也适合私募。

3. 股票上市、上市公司和非上市公众公司

股票上市是指已经发行的股票经证券交易所批准后，在证券交易所公开挂牌交易，它是连接发行市场和交易市场的桥梁。所谓上市公司就是指所发行的股票经过国务院或者国务院授权的证券管理部门批准，在证券交易所上市交易的股份有限公司。

在我国证券法律制度中，长期以来没有明确规定股票公开发行后是否应当或必然上市，然而我国证券市场规则及其实践做法却逐步使得"所有的公司股票公开发行后必然上市"成为一种"常识性认识"。在资本市场中，股票公开发行且不上市催生新的公司形态——非上市公众公司，这方面的理论研究和制度建设亟须加强。非上市公众公司是指公开发行股票但不在证券交易所上市的股份有限公司，以及非公开募集（向特定对象发行股票）使股东人数超过200人的股份有限公司。非上市公众公司也需接受证监会的监管。中国证监会2012年10月11日正式发布了《非上市公众公司监督管理办法》，从2013年1月1日起正式实施。这一办法的出台，弥补了交易所上市之外的有股票募集行为公司的法规空白，有助于完善场外股权转让市场的监管，从而保护更广泛的投资人的利益。

我国股份有限公司成为非上市公众公司的途径有：（1）公司向累计超过200人的不特定对象公开发行股票，股东同意不上市或其自身不符合法定上市条件的，成为非上市公众公司；（2）公司向累计超过200人的特定对象非公开发

---

① 我国现行《证券法》规定证券发行对象累计超过200人即为公开发行。在此框架下，按照"非公即私"的思维惯性，2012年底颁布的《证券投资基金法》第88条规定，非公开募集基金应当向合格投资者募集，合格投资者累计不得超过200人。

行股票,股东同意不上市或其自身不符合法定上市条件的,成为非上市公众公司;(3)非上市公司因股权转让、赠与、司法裁决等原因导致公司股东人数超过200人,成为非上市公众公司。

(四)基金

基金是指为了某种目的而设立的具有一定数量的资金。这里我们主要讲的是投资基金。在前面讲的资本市场结构中我们曾提到,投资基金体现了一种利益共享、风险共担的集合投资制度,这种基金集中了很多投资者的资金,由基金托管人委托职业经理人员管理,专门从事投资活动。投资的领域可以是股票、债券,也可以是实业、期货等。

投资基金又分为公募投资基金和私募投资基金。公募基金是以公开发行证券募集资金方式设立的资金;私募基金是以非公开发行方式募集资金方式所设立的基金。私募基金面向特定的投资群体,满足对投资有特殊期望的客户需求。私募基金的投资者主要是一些大的投资机构和一些富人。

我们发现,基金似乎与债券、股票有类似的地方,都有公募和私募的方式,但是三者存在明显的区别。

第一,三者反映的经济关系不同。股票反映的是一种所有权关系,是一种所有权凭证,投资者购买股票后就成为公司的股东;债券反映的是债权债务关系,是一种债权凭证,投资者购买债券后就成为公司的债权人;基金反映的则是一种信托关系,是一种受益凭证,投资者购买基金份额就成为基金的受益人。

第二,所筹资金的投向不同。股票和债券是直接投资工具,筹集的资金主要投向实业领域;基金是一种间接投资工具,所筹集的资金主要投向有价证券等金融工具或产品。

第三,投资收益与风险大小不同。通常情况下,股票价格的波动性较大,是一种高风险、高收益的投资品种;债券可以给投资者带来较为确定的利息收入,波动性也较股票要小,是一种低风险、低收益的投资品种;基金投资于众多股票,能有效分散风险,是一种风险相对适中、收益相对稳健的投资品种。

第三节　知识产权与文化产业投资

当文化产业发展到一定水平,就需要大量资本进入和流通,但资本市场的现状是:很多文化企业和项目面临着融资困境,而市场上存在巨额的金融资本又找不到适合的投资对象。文化产业投资的特殊性在于:一方面,文化产业是符号消费性产业,资本所投资的是一种特殊的经济产品——对文化符号的体验,对人们精神需求的满足;另一方面,文化产业投资是创意性产业,资本所投资的是源自个人创造力、技能和天赋的行业,是具有明显知识经济特征和高度文化含量的行业。

一、知识产权的定义和特征

知识产权的确立可以看作是布尔迪厄的文化资本的法律化。知识产权这个术语的产生有两种说法,一种认为是 17 世纪中叶由法国的卡普佐夫(Carpzov)等人最先提出的;另一种是说该术语最早出现于 18 世纪中叶的德国。知识产权的英语表达为 Intellectual Property(简称 IP)或 Intellectual Property of Rights(简称 IPR),日文译为"知的财产"或"知的财产权",我国台湾地区将其译为"智慧财产权"。世界知识产权组织(WIPO)的《建立世界知识产权组织公约》和世界贸易组织(WTO)的《与贸易有关的知识产权协议》中都对知识产权的定义和范围进行了界定。如《建立世界知识产权组织公约》规定,知识产权包括对下列各项知识财产的权利:文学、艺术和科学作品;表演艺术家的表演及唱片和广播节目;人类一切活动领域的发明;科学发现;工业品外观设计;商标、服务标记以及商业名称和标志;制止不正当竞争以及在工业、科学、文学或艺术领域内由于智力活动而产生的一切其他权利。

(一)知识产权的定义

知识产权是一种无形财产权,它是在工业、科学、文学和艺术领域以及其他智力活动之中所取得的一种财产属性的权利。知识产权通常分为两部分,即"工业产权"和"版权"。

1. 工业产权

发明专利、商标以及工业品外观设计等方面组成了工业产权。工业产权可以分为三类:创造性成果权(包括发明专利权、实用新型权、外观设计权),识别性标记权(包括商标权、服务标记权、商号权、货源标记权和原产地名称权),制止不正当竞争权。

2. 版权

自然科学、社会科学以及文学、音乐、戏剧、绘画、雕塑、摄影和电影摄影等方面的作品组成了版权的内容。版权是指法律上规定的某一单位或个人对某项作品享有的权利,任何人要复制、翻译、改编或演出等均需要得到版权所有人的许可,否则就是对他人权利的侵权行为。

版权可以分为作品创作者权和作品传播者权两类。作品创作者权即一般所讲的版权(狭义)或著作权,大陆法系国家称之为作者权。创作者权可分为经济权利(财产权)和精神权利(人身权)两种。作品传播者权即一般所讲的版权的邻接权,又称为与版权有关的权利,包括表演者权、录制者权、广播组织权、出版者权等。

（二）知识产权的特征

知识产权具有四个基本特征：

1. 无形性

知识产权作为无形财产权（也称为无体财产权）与有形财产权相比，在权能上具有以下四点不同：

（1）知识产权人对知识产品不发生有形控制的占有。

（2）在使用权能上，由于知识产品的无形性，同一知识产品可以同时为许多人所使用，彼此互不排斥，而且对知识产品的使用不发生有形的损耗。

（3）收益权能上，知识产权人只能通过知识产品的法定孳息获得收益，不存在天然孳息收益。①

（4）在处分权能上，不发生消灭知识产品的事实处分，知识产品不可能有因实物形态的消费而导致其本身消灭的情形。

2. 独占性或专有性

（1）知识产权人对其权利客体——知识产品享有独占权、垄断权，对于同一项知识产品，在一定地域范围内，不允许有两个以上相同的知识产权并存。

（2）知识产权人对其知识产品的这种专有权受法律的严格保护，权利人以外的任何人均不得侵犯这种权利，未经权利人许可或者法律规定的特殊情况，任何人不得随意使用受保护的知识产权。

3. 地域性

除签有国际公约或双边、多边协定外，依一国法律取得的权利只能在该国境内有效，受该国法律保护。

4. 时间性

各国法律对知识产权分别规定了一定期限，期满后则权利自动终止。各国法律对保护期限的长短可能一致，也可能不完全相同，只有参加国际协定或进行国际申请时，才对某项权利有统一的保护期限。

二、文化产业与知识产权的相关性

从文化产业的创意本体特征而言，知识产权是其核心价值的体现和保障。

---

① 孳息（Fructus）是法律概念，指由原物所产生的额外收益。根据《物权法》，孳息分为天然孳息和法定孳息。天然孳息是依据物的自然性能或者物的变化规律而取得的收益。例如：母鸡生的蛋，牲畜下的幼崽，果树长出的果子，土地自然生长的粮食、草、树木等植物。法定孳息是指由法律规定产生了从属关系，物主因出让所属物一定期限内的使用权而得到的收益。例如：存款得到的利息、出租房屋或物品得到的租金。也有观点认为租金属于经营性收益，不属于孳息。

国内文化产业学者花建指出:"如果把创意产业作为一种动态的过程,就是把人类智能转化为资产和资本的过程;如果把创意产业作为一种物态的财富,就是知识产权的形成、保护和积累的过程。"①文化产业学者王海燕也指出:"知识产权是创意产业的基础,不能产生知识产权的创意产业,不是真正的(文化)创意产业;不受知识产权保护的(文化)创意产业,是没有生命力的产业。"②

西方发达国家自20世纪70年代以后,随着知识经济时代的到来,知识产权在生产要素市场中的地位变得越来越重要,而实物资本的比重却在下降,这是要素市场中资本结构的重要转换。约翰·霍金斯描述道:"生产资源在传统经济中至关重要,虽然在有些部门它们仍然必不可少(永远会这样),……但是就创意经济而言,它们已无关大局。最有价值的通货不是金钱,而是无形的、变动性极大的创意和知识产权。"③"在全球竞相争夺优势的战役中,知识产权已成为其中一项重要因素,而相关效应几乎在每种产业身上都可以见到,不仅是传统的版权和专利产业(它们正在快速扩张),其他的产业也开始依赖其商标、品牌以及设计,从食品到体育皆然。任何跨国公司都想要从每个概念以及每一项创意产品中创造最大的收益,因此,就会尽可能多地创造出知识产权以及相关权利。"④

文化产业与知识产权的相关性可从三方面理解:

(一)创新性与知识产权

文化产业与知识产权都尊崇和依附于创新型智力成果和才华,并且对这种智力成果和才华都要求具有直接支配性。文化艺术产品源于个体的创造力,源于文化知识的积累和升华,源于智慧的运用,而知识产权制度正是对创造过程和结果的最好保护。因此,知识产权应当是文化产业概念的基本内涵之一。⑤

文化产业的创新成果的产权化形式就是知识产权,对文化产业尤其重要的是知识产权相关权利中支配权的法定性,法定的支配权为创意活动和创意产业的价值实现创造了条件。

(二)个性垄断、社会化传播与知识产权

知识产权制度既有实现保护创新的目的,也有让受众分享创意产品的目的。一方面,知识产权制度明确界定知识产权的垄断权性质,保护创作者的合法私权;另一方面,知识产权制度具有促进科技进步、信息传播、实现社会福祉增长的

---

① 转引自王红珊:《保护知识产权与发展创意产业——知识产权与创意产业国际论坛综述》,《上海商学院学报》,2006(1)。
② 王海燕:《创意产业发展的知识产权保护》,《特区经济》,2007(11)。
③ 约翰·霍金斯:《创意经济》,洪庆福、孙薇薇、刘茂玲译,上海三联书店2006年版,第220页。
④ 同上,第87页。
⑤ 参见颜士鹏、张丽艳:《创意产业知识产权保护研究综述》,《科技与法律》,2011(2)。

功能。知识产权制度是权利人的垄断利益与社会公共利益之间平衡的工具。①

文化产业在知识产权制度保护下开展规模化的复制和传播,这个过程正是在实现知识产权制度所鼓励的人类活动——知识的公开、传播、学习、研究以及在此基础之上的再度创新。

(三) 市场风险与知识产权

一种文化资源、一个创意、一个文化品牌,一种知识和技术,当它们成为文化资本的时候,体现了无形资产的特征。这些创造性的思想或符号,易于传播,不因使用而消耗,且可以多主体同时使用,因此很容易在人际接触中形成"搭便车"现象,而此类"搭便车"几乎是无须成本的。此外,市场需求的不确定性也常常让文化资本和项目的盈利前景难以预测。因此,文化产业既具有可能的高收益、高回报特性,也具有高风险特性。知识产权的市场功能是能够通过无形内容的产权来授权和控制有形产品的生产和交易,进而控制整个产业链条。只有在产权制度保障下,内容创意企业或个人才能够先期获得一定的版权收入,一个文化项目也才能让投资方敢于投资,进入生产环节,最终文化资本能够实现自我增值,而不是总是给他者"做嫁衣"。所以,完善的知识产权保护体系在推动创意产业获得高额利润的同时,还可以分散和减轻因侵权行为、市场需求不确定性带来的风险。②

诺斯指出:"规则的设计旨在约束行为。商标、版权、商业秘密和专利法都旨在为发明创造者提供某种程度的排他性权利……改进技术的持续努力只有通过提高创新者个人收益率时才会出现。"③总之,知识产权的建立和完善是激励创新、保护自身权益、保证资本的良性流通的重要前提。文化创意产业从最初的投资到中间的商品生产、宣发,再到最后将产品销售给消费者以及反馈,所有环节都是围绕着知识产权而展开的。知识产权是文化产业尤其是内容创意企业的核心无形资产。一个文化企业只有开始围绕着知识产权进行开发、经营并作为主要的盈利手段时,才能真正成为文化产业的主体。

三、知识产权与文化产业投资面临的问题

(一) 从文化创意企业或项目的角度

由于文化创意企业或项目本身的一些特性,使其在取得投资方面存在一些

---

① 参见王宇红、贺瑶:《创意产业发展的知识产权保护体系研究——以西安创意产业为例》,《中国科技论坛》,2009(5)。邓达:《创意产业的核心价值与知识产权》,《管理世界》,2006(8)。

② 参见牛宏宝:《文化资本与文化(创意)产业》,《中国人民大学学报》,2010(1)。

③ 道格拉斯·诺斯:《经济史中的结构与变迁》,陈郁译,上海三联书店和上海人民出版社2003年版,第226页。

明显弱势：

（1）文化产业企业具有"轻资产"的特点,缺乏有形抵押物。

（2）文化企业或是项目所拥有的知识产权价值评估具有不确定性,市场缺乏科学公正的评价机制。如当文化企业拿着版权等无形资产作抵押物去贷款时,银行是很难放贷的,通常会要求实物资产的抵押作为硬性条件。

（3）无形资产的流动性差,这使得财务报表亏损率高成为文化创意企业在创业初期的一般表现,而财务报表是银行融资或企业投资的重要参考依据,文化创意企业在财务报表上的亏损,满足不了银行或投资机构内部的审核标准,使得银行或其他投资方持观望态度。

（4）版权代理和发行的交易市场不活跃,各种版权和项目缺乏销售平台、预售计划和合同等,使得投资方不敢投资。

（二）从投资机构或贷款银行的角度

投资方在投资文化产业时的顾虑是与融资方的劣势相对应的,会面临许多市场风险和管理问题：

（1）文化产业专业性强,涉及面广,并且信息往往不透明,外部难以取得其运作的公开信息,投资方难以随时了解到知识产权和项目的更新状况,从而无法保障投资权益。

（2）投资方本身对知识产权价值的鉴定不熟悉,缺乏专业的评价人才;投资人在投资后,还欠缺知识产权管理方面的专业能力。

（3）投资方投资给文化创意企业之后,缺乏项目整体运作和企业日常运营的管理经验和指导能力。

（4）融资方的自有资金或营业额过低,让投资方认为投资风险过高。

基于创意的知识产权是很多文化企业尤其是小微企业唯一的财富和筹码,但是在融资时却面临版权质押的困境。文化企业和项目的启动和展开急需资金支持,但很难向投资方保证未来收益。如何解决融资难的问题,是摆在企业、投资方、投资银行以及政府面前的重要课题。

第四节　文化产业的主要投融资方式

资本市场的融资方与投资方的交易行为通常分成两大类：

第一是债权型（对于融资方来说也可以称为"债务型"）,债权投资就是投资方通过贷款、购买融资方发行的债券等方式进行投资。债权投资方的权利最小,所拥有的仅仅是到期收取本金和利息的权利。

债权融资是指通过借钱的方式进行融资,即企业通过银行贷款、发行债券、商业信用①等方式筹集企业所需资金的行为。企业首先要承担资金的利息,另外在借款到期后要向债权人偿还资金的本金。债权融资除在一些特定的情况下可能带来债权人对企业的控制和干预情况,一般不会产生对企业的控制权问题。

第二是股权型,股权投资是指投资方购买的融资方的股票或以货币资金、无形资产和其他实物资产直接投资于融资方,持有融资方一定比例的股份,以期达到控制融资方,或对融资方施加重大影响,又或者是为了与被投资单位建立密切关系,以达到分散经营风险的目的。

股权融资是指企业的原股东愿意让出部分企业所有权,以股权转让、增资扩股等方式引进新的股东的融资方式。股权融资所获得的资金,企业无须还本付息,但新股东将与老股东同样分享企业的赢利与增长。②

知识产权作为文化创意产业的核心资产,盘活该项资产尤其是通过版权质押破解文化创意企业融资难问题,是激活文化创意产业发展的重要举措,这就需要在常规方式的基础上进行金融创新,积极利用国内外资本市场、国内产权市场和其他要素市场,探索建立适合文化创意产业特征的新兴资本市场,丰富投资品种,完善投资体系,才能有效地满足各类文化创意企业的投融资需求。

一、银行贷款和担保制度

在传统常规的债权型投融资方式中,银行贷款是非常典型的,也是很多文化项目和企业首先想到的方式。银行贷款以及其他投资方放贷,通常都是不干预创作和生产,不参与利润分成,只提供贷款资金,这种投资方式能较稳妥保证投资资本的利益,得到固定的收益(利息)。也因为如此,贷款机构的投资对象往往以固定资产雄厚、还款能力强、收益前景乐观的大型公司和大型投资项目为主。这种审贷机制惯例正好与文化产业形成冲突。评估、抵押成为文化产业的中小企业在获得银行贷款中遇到的关键瓶颈。

(一)贷款贴息

为了突破瓶颈,政府相关管理部门会成立专项文化产业发展资金,采取"贷款贴息"的方式来推动文化企业向银行融资。贷款贴息包括全额贴息、部分贴息等多种方式,选择的企业和项目对象的条件主要为:具有一定文化创意价值、自主创新能力强、知识产权归属明晰、能够取得良好的社会效益和经济效益、银行已经给予贷款或意向给予贷款,等等。

---

① 商业信用融资是指企业之间的一种短期借贷关系,体现为商品交易过程中资金和货物在时间和空间上的分离而形成的企业间的一种间接信用行为。

② 本书讲的股权型投资强调的一是投资购买股权,二是参与管理或是控制筹资方。在现实中,股权型投资还包括一些自然人、法人购买少量筹资方的股票、仅以股票升值赚钱为目的的行为。

贷款贴息可以发挥财政资金的杠杆作用,撬动引导银行信贷资金进入,从而有效降低了融资成本,帮助小微文化企业起步或转型,以吸引后续更多形式的资本投入。随着文化产业贷款贴息模式的不断成熟,一些项目评审、跟踪项目实施、监督资金使用和施行绩效评估等配套工作也开始严格开展起来。

(二)担保制度和无形资产质押

文化企业的无形资产评估困难,又缺乏有实力的担保人,难以给金融机构以足够的信心。为此,通过银行、担保公司和评估机构的合作,建立文化创意企业的无形资产评价机制和担保制度、尝试实现创意设计、收益权、成型作品乃至个性化服务等无形资产的有效质押。

例如,在一些电影项目与银行的融资合作中,制片方通过"完片保证""发行预售"等质押和担保方式向银行贷款。这其中,就是担保公司发挥了关键的中介作用。一方面,制片方在获得演职人员确认参与的意向后,即与发行机构签订预售合同,并以预售合同或版权与担保公司合作,一起向银行或其他金融机构等投资者申请融资。银行或其他金融机构拿到担保公司的担保书后,即可发放贷款;另一方面,作为投资者的担保人,担保公司为确保资金不被滥用,会与银行等金融机构、评估公司合作,聘请专业人员负责调研、审核和评估制片项目的人员构成、工作进度和财务情况,监督投资阶段比例、专款专用等资金使用事宜。甚至还会到拍摄制作现场"监控",保证影片如期完成和顺利发行,有的担保公司还拥有解雇制片人及导演的权力。美国电影产业发达的一个重要因素就在于这种担保完成发行制度,使制片商能顺利融得资金。

担保完成发行制度,使文化产品制作企业能够顺利地获得间接融资。但是,它也为融资方带来了更多的融资成本。因为担保公司要承担较大风险,所以会按照贷款额度的百分比收取担保费用,或是一定比例的项目收益分成。一些预算太低的项目对于担保公司也没有吸引力。

我国一些地方政府正在积极探索文化产业的融资担保方式,组建文化产业投资有限公司、国家文化产业银行,搭建投融资平台,逐步建构无形资产评估体系和担保制度。这种制度的完善面临着两个问题:一是如何扩大担保资金规模;二是配备既懂得文化产业鉴别评估,又懂得财务管理的复合专业人才。

二、融资租赁

融资租赁是指出租人根据承租人对租赁物件的特定要求和对供货人的选择,出资向供货人购买租赁物件,并租给承租人使用,承租人则分期向出租人支付租金,在租赁期内租赁物件的所有权属于出租人所有,承租人拥有租赁物件的使用权。

融资租赁在出现问题时,租赁公司可以回收、处理租赁物,因而在办理融资时对企业资信和担保的要求不高,非常适合中小企业融资。前文所说的担保公司的融资形式,实际上类似于承担了融资租赁业务,作为代偿主体间接投资文化产业。

现阶段我国融资租赁业务主要集中在高端大型装备、基础设施、不动产等领域。而政府牵头的一些大型的文化投资企业集团和文化融资租赁公司刚刚试水文化产业融资租赁业务。融资租赁方通过"直租"和"售后回租"的双重模式,向拥有小说、剧本、演出、影视剧集、赛事转播、游戏开发等版权类无形资产的文化企业提供融资租赁业务。

(一)直租

所谓直租,即租赁方(出租方)直接购买文化企业(承租方)所需、所指定的生产资料,诸如高科技设备、大型设备、文化产业园区的办公场所等,再租给文化企业,收取租金。

以一家小型演出企业为例,它在创业初期没有足够资金去购买所需的灯光、舞美、音响、道具等耗费较大的硬件设备,去银行贷款又缺乏有效的抵押物。在这种情况下,可由文化融资租赁公司出资购买该企业所需的各种设备,然后再将设备以一定的价格租给后者使用。演出企业可以拿演出收入来支付设备租金。如此一来,演出企业在硬件方面的成本将大幅降低,可以在创业初期获得快速发展。而文化融资租赁公司则依靠租金收入抵偿购买设备的开销,并且获得一定盈利。

(二)售后回租

售后回租则是在文化企业购买完所需生产资料后,由融资租赁公司买入再回租给文化企业,文化企业只需支付一定的租金,便可获得生产资料的使用权。

例如一家网络视频公司的用户规模已经很大,但企业利润率却不高,原因就是企业每年购买的电影、电视剧版权费用过于庞大。如果公司在买入所需电影、电视剧版权后再卖给文化融资租赁公司(或是办理抵押登记),租赁公司再回租给该网络视频公司,这样可以降低网络视频公司的版权成本,又回收了大量扩大再生产的资金。

可以看出,融资租赁(直租和售后回租)为投资方(出租方)提供有利可图的新机会。对于融资方来说,融资租赁减轻了文化企业(承租方)的成本投入。此外,融资租赁不需有形抵押物,不占用融资企业的授信额度,而授信额度是企业向银行贷款时的一项重要指标,因此,企业在融资租赁过程中,既不用担心指标占用影响银行放贷,又可以实现多种途径并举的效果。

三、股权融资：风险投资、私募股权投资和产业投资基金

随着资本市场的发展，风险投资、私募股权投资和产业投资基金的内涵界限日趋模糊。一般来说，它们都属于股权型投资，即以投资换股权方式，积极参与企业扩资发展，并协助企业进行经营管理。投资者与融资者形成利益共享、风险共担的关系。这种投资方式与传统的抵押贷款的方式有本质上的不同，一般不需要抵押，也不需要偿还，其投资回报率会比传统信贷更高，但也可能血本无归。

目前，产业投资基金已经成为广义的概念，针对于文化产业的风险投资、私募等，大都以文化产业基金的形式来运作。

（一）风险投资和私募股权投资

风险投资（Venture Capital，VC）是指投资于极具发展潜力的创业企业并为之提供专业化经营服务的一种权益性投资。①它也被称为创业投资。风险投资一般分为三类：个人分散性风险投资，即天使投资；非专业管理的机构性风险投资，如控股公司、保险公司进行风险投资；专业机构管理的风险投资，即风险投资基金。

私募股权投资（Private Equity，PE）是指通过私募形式，对非上市企业或者上市企业非公开交易股权进行的权益性投资。

风险投资和私募股权投资是由资金、技术、管理、专业人才和市场机会等要素所共同组成的投资活动，投资方与筹资方的关系是建立在相互信任与合作的基础之上的；投资方按照其出资份额分享投资收益，承担投资风险。风险投资和私募股权投资都具有以下五个特点：

（1）采取私募权益投资方式，而不是借贷投资。即以投资换股权方式，积极参与对新兴企业的投资，协助企业进行经营管理，参与企业的重大决策活动。但是也有少部分风险投资机构、私募股权基金选择投资已上市公司的公开交易股权，或是在投资方式上采取债权型投资方式。

（2）投资期限通常为3—7年。

（3）投资对象一般是拥有高成长潜力、具有优秀管理层和优良管理制度的企业，培育和扶植中小创业企业的发展。

（4）投资风险大、回报高，并由专业人员周而复始地进行各项风险投资，分散投资风险。

---

① 权益性投资是指为获取其他企业的权益或净资产所进行的投资。在广义上，只要是将资金投资于能够带来收益的各类权益项目品种都是权益性投资，因此这个概念比股权性（型）投资要大，或是说它包括股权性投资。本书中的权益性投资是指股权型投资。

（5）投资方的目的不是长期控股和经营被投资公司，无论成功与否，"退出"是必然选择。投资方追求投资的早日回收并获取高额回报，当被投资公司发展壮大、资产增值后，通过帮助被投资公司上市、并购或管理层回购等方式，出售所持股份而获利，实现自身资本增值。（图 8-3）

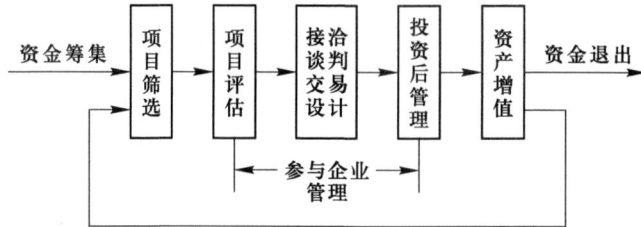

图 8-3　风险投资和私募股权投资的流程

那么，风险投资与私募股权投资的区别是什么呢？业界有一个比喻来说明 VC 与 PE 的区别：VC 投资的过程就像是孵鸡蛋，从鸡蛋中孵出小鸡，而 PE 投资的过程就像是养鸡，从小鸡养成大鸡。这个比喻非常形象地说明了 VC 与 PE 在投资阶段以及风险上的差异。首先，一般而言，风险投资基金进行投资时，被投资企业仍然处于创业期，还没有发展成熟，甚至可能只是拥有一项新技术、新知识产权甚至一个创意想法（用一张纸来描述），而没有研发出具体的产品或者服务。私募股权基金的投资对象是那些已经形成一定规模的，并产生稳定现金流的成熟企业。甚至有些私募股权基金只热衷于投资 Pre-IPO（公司上市之前的比较短的时间段），在这一点上是与风险投资完全不同。其次，正是由于风险投资基金投资的许多企业仍然处于创业期，因此从投资到退出有一个较长的阶段。相对而言，私募股权基金投资的封闭期限要短一些。最后，风险投资的风险较之私募来说更高，VC 强调高风险高收益，既可长期进行股权投资并协助管理，也可短期投资寻找机会将股权进行出售。而 PE 一般是协助投资对象完成上市然后套现退出。

（二）产业投资基金

产业投资基金是定位于实业投资、以企业的非上市股权为主要投资对象的基金。它投资、并对所投企业加以培育和辅导，使之成熟和壮大，最后出售所持股份并退出，从而获得投资收益。

要注意的是，产业投资基金与证券投资基金的最大区别就是前者提供经营管理服务——这也是私募股权投资的特征之一。并且，产业投资基金的退出也主要采用国内公开上市、管理层收购、大企业兼并收购等方式。

但是，产业投资基金与私募股权投资基金也存在一定区别。从前文的基金定义中我们知道,基金的建立和发展需要筹资(发行)、投资两方面管理工作。一个私募股权投资基金的建立,筹资方式是非公开的,不是面向所有投资者发行份额,而是仅限于满足相关条件的投资者,包括个人风险基金、杠杆收购基金、养老基金、保险公司等。而一个产业投资基金包括私募和公募两类,它向投资者发行的基金份额既有公开发行,又有非公开发行,资金来源更加广泛。产业投资基金的投资对象也不只限于投资于初创阶段的产业,而是涵盖更多成长阶段的企业,其投资风险亦不如风险投资基金的投资风险高。

产业投资基金进入文化企业之后,一方面为文化企业提供强有力的资金支持;另一方面介入文化企业的经营管理,积极参与文化项目的选择、提供战略管理咨询、为文化企业相关产品的研发和市场拓展出谋划策。(图 8-4)

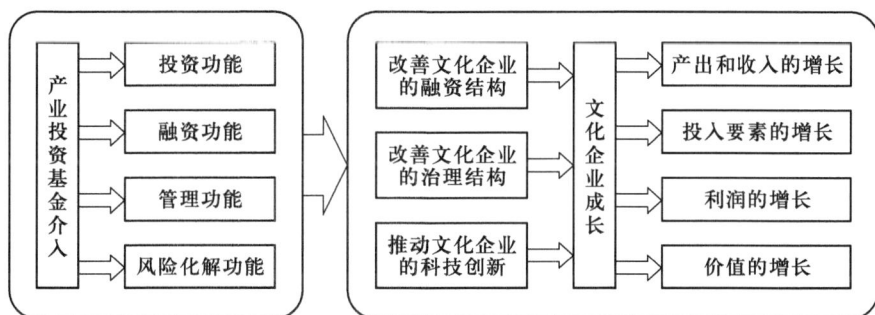

图 8-4 产业投资基金对文化企业的作用

文化产业投资基金不仅培育单个企业和项目,它更多的是从产业宏观层面发挥作用。在孵化一个个新创意、新技术的基础上,文化产业投资基金促进了文化企业的竞争和协作,形成文化产业集群,优化了产业结构。(图 8-5)

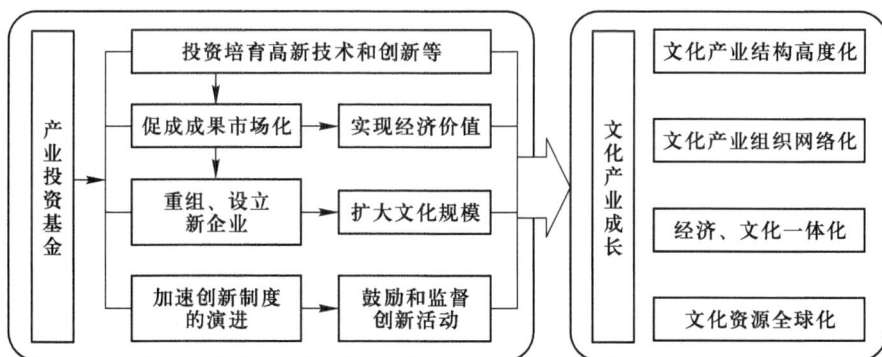

图 8-5 产业投资基金对文化产业的作用

四、IPO、买壳上市和新三板

如果文化产业的融资单单依靠政府支持、银行信贷和私募,将始终面临着资金不足、公平和激励机制欠缺、鉴别评估水平低、融资成本高,乃至一些主管部门寻租等诸多问题,这并不是一个健康完善的资本市场。另一方面,社会资本虽然存量大,但缺乏进入文化产业的中、小、微企业的规范接口与通道。上市成为文化企业与社会资本的一个更加开放的对接平台。

(一) IPO 和买壳上市

一般来说,所谓"上市"即首次公开募股(Initial Public Offerings,简称IPO),是指企业通过证券交易所首次公开向投资者(非特定的社会公众)发行股票(出售股份),以期募集用于企业发展资金的过程。上市对于企业来说,能够帮助企业在较短时间内以较为公平的条件和成本筹集大量资金,有助于文化企业扩大生产、实现规模化、提升企业知名度,促进文化企业自身体制改革,建立完善的管理制度和财务制度,这对于中国的文化企业和文化产业来说具有更重要的意义。因为中国的文化企业尤其是一些大型企业和单位根植于计划经济体制,存在产权不明晰、多种经营目标相互冲突、资源分配无效率、激励机制不合理等问题。上市能够促进文化企业从由政府大包大揽的"国有企业"向信息公开、权责分明的"公众企业"转变。一方面给予企业更大的自主权,如果企业的成长性不好或者缺乏核心竞争力,很快会被资本市场抛弃,这就使得他们能够切实从自身利益的角度出发更有效地配置资源和开展生产;另一方面将文化企业置于了更广泛的公众监督之下,有利于增强其经营管理的规范性和责任意识,提升公司的治理水平。

买壳上市指的是一些非上市公司通过收购一些业绩较差、筹资能力弱的上市公司,剥离被购公司的资产,注入自己的资产,从而实现间接上市的目的。除此之外,还有"借壳上市",它是指上市公司的母公司(集团公司)先剥离一块优质资产上市,通过上市公司大比例的配股筹集资金,将集团公司的重点项目注入上市公司中去,再通过配股将集团公司非重点项目上市。买壳上市与借壳上市的相同点是:买壳和借壳都是对一个上市公司的"壳"资源进行重新配置的活动,实现间接上市;二者的不同点是:买壳上市的企业首先需要获得对一家上市公司的控制权,而借壳上市的企业已经拥有了对上市公司的控制权。

比起买壳上市,IPO上市的成本(时间、手续费用)更大、上市条件更高,审批流程烦琐。而买壳上市可以合理规避IPO的这些问题。在我国,选择买壳或借壳上市的文化企业往往是由原国有事业单位转企改制而成。而这类企业长期受到传统事业体制的束缚,自身达到上市要求需要一个较长的过渡期。为了能够

176

迅速上市融资,企业会选择买壳上市的手段。买壳上市后,通过对资产与业务的重组可以改善公司的经营状况,拓宽良好的融资渠道,通过向持控股地位的集团公司购买优质资产,可以使上市公司获得良好的经营项目,进一步提高经营业绩,维持再融资的可能。但是,买壳上市也存在明显的劣势和风险,首先,买到的"壳"中可能隐藏着财务黑洞、隐含债务和法律诉讼,或者就是"壳"的购买成本太高。其次,一般情况下,企业在买壳的过程中是无法获得新资金的。企业要想融入新资金就必须通过后续的定向私募或二次发行。如果金融市场不好,企业就会面临巨大资金缺口。

(二) 新三板

近年来,资本市场已形成多层次体系,其中包括场内市场的主板(含中小板)、创业板(俗称二板)和场外市场的全国中小企业股份转让系统(俗称新三板)。对大多数是中小企业的文化企业来说,创业板和主板市场的上市条件还是过高,企业很难实现上市融资。而新三板的挂牌条件比较宽松,只要企业经营满两年、主营业务明确、治理结构健全、运作规范即可申请,对企业盈利水平没有硬性要求,其门槛显然比主板和创业板低很多,这为文化企业提供了新的融资渠道。

新三板也存在一些问题,首先,是资金的流动性不足,不是真正的融资性、交易性市场,很难切实解决企业的融资需求。其次,企业从新三板向创业板、主板"转板"的政策制度还在探索之中。因此,新三板是一座桥梁——从小作坊到现代企业、从小公司到规模较大公司的桥梁。企业上新三板,其规范意义、广告意义要大于融资意义。新三板也相当于一个有价值的广告平台,让企业成为一定程度上的"公众公司"。企业在新三板挂牌后,信用评级机构会提高企业的信用评级,这对企业向银行进行融资也有好处。

不论企业最终选择走向资本市场的哪一个层级,毋庸置疑的一点是必须要规范企业的运作,这种对企业内控的规范化管理不应等到临近上市或挂牌时才开始匆忙地弥补漏洞,而应该尽早着手准备,规范财务税收,理清产权,做好资产评估,这样才能获得证监会、券商和投资者的认可和信心。

五、知识产权证券化

知识产权证券化是资产证券化的一种。所谓资产证券化,是指由企业或金融机构将能产生收益的资产经由重新包装、信用评级、信用加强之后,在市场上发行可流通的证券,从而达到筹措资金的目的。所以,资产证券化就是将相对缺乏流动性的资产转变成流动性高、可在资本市场上交易的证券。

被证券化的资产也被称为"基础资产",基础资产虽然可以有多种形式,但有一个先决条件,即资产必须能产生可预见的现金流量。从理论上上讲,任何能产生现金流的资产都有被证券化的可能,相反则无法被证券化。

（一）知识产权证券化的概念和步骤

知识产权的资产证券化是以知识产权所蕴含的未来预期收益为基础保证,通过证券公司发行证券,从资本市场募集项目所需资金的一种融资方式。

美国是最早探索知识产权证券化的国家。1997 年 2 月,英国超级摇滚歌星大卫·鲍伊卷入一场税务纠纷,急需大量现金。当时的美国银行以其 25 张个人专辑的版权收入作为担保,发行了 10 年期利率 7.9%、总额度为 5 500 万美元、平均偿付期为 10 年的资产支持证券,这就是著名的"鲍伊债券"。这是人类历史上第一次知识产权证券化的实践。在鲍伊债券之后,美国的"梦工厂"电影公司在 1997 年以拟拍摄的 14 部电影版权实施了第一笔知识产权证券化,由著名投行摩根大通支付了 10 亿美元的费用。1998 年,普尔曼集团以 3 位著名作曲家爱德华·荷兰、布莱恩·荷兰和拉蒙特·多齐尔的 300 多首歌曲未来的版税收入作为基础资产,募集资金 3 000 万美元。2001 年,英格兰皇家银行以英国蚕蛹音乐集团发行公司的 5 万多首歌曲的版权收益为支撑,发行了价值 6 000 万英镑、发行周期为 15 年的跨国债券。2002 年,"梦工厂"以已发行和拟制作的部分电影收益为基础资产,由 FleetBoston 银行和摩根大通银行发行了 10 亿美元的债券,国际著名信用评级机构标准普尔、穆迪都给了该债券最高的 AAA 投资级别。

知识产权证券化的基本前提是专利权、商标权和版权以及由其所衍生出来的特许使用权必须能产生可预期的、稳定的、可控制的"现金流"。具体来讲,它主要包括五个基本步骤:

1. 对拟证券化的资产进行评估和遴选

由发起人(基础资产的原始权益人)根据自身的融资需要,确定资产证券化目标,并将拟证券化的知识产权标的物予以价值评估和遴选,组建资产池。知识产权资产的选择通常要符合"四清"原则:第一,权利主体清晰,权利人必须是知识产权的发明者或所有者。第二,权利归属清晰,权利人必须合法、有效、真实地拥有其知识产权,且该知识产权不存在瑕疵和法律争议。第三,权利期限清晰,知识产权受法律保护的剩余年限必须不少于发行证券的存续期限。第四,权利预期收益清晰,具有比较好的市场预期和收入流。在此基础上,还有"两个优先"原则:一个是知名权利人优先,一个是知名权利作品优先。如果电影、音乐、著作的权利人是业界名人,或其系列产品已经是品牌产品,会极大地增强投资者的购买热情,提高基础资产的市场估值。

2. 组建 SPV,与发起人签订交易合同

第三方机构设立一个特殊目的机构(Special Purpose Vehicle, SPV),发起人

将证券化知识产权(也称为基础资产)"真实出售"给 SPV,实现自身与基础资产的破产隔离。① SPV 会构建一个基于专利权、版权、预期收益权、影视改编权、影视转播权、数字传播权等的资产池。

3. 开展内部评级和外部评级

SPV 聘请专业的信用评级机构对交易结构和拟发行的知识产权证券予以评级。通过证券分级、破产隔离和金融担保,进一步改善发行条件,实现信用增级。并向广大投资者公告评级结果,便于证券承销商向投资者销售证券。

4. 发行证券

证券承销商可采用不同方式向投资者销售证券,一般是发行债券。SPV 可从证券承销商那里获得发行收入,再按合同规定价格把大部分发行收入支付给发起人。于是,发起人就基本实现了通过知识产权融资的目标。

5. 向投资者付息还本,同时要向各类聘用机构支付费用

如果在还本付息、支付各项费用之后,资产池产生的收入还有剩余,则需全数退还给发起人。整个知识产权证券化过程便宣告完毕。

由以上程序可知,它不同于普通的资产担保证券,其担保行为是通过比较复杂的资产池组建、破产隔离、信用评级等程序完成。它不同于知识产权担保融资,因为它是以资产信用为支撑进行结构性融资,不是采取抵押贷款合同的形式,且融资对象不是传统银行,而是资本市场。它也不同于风险投资,因为投资方的主要目的是从资本市场获得固定收益,不会介入公司经营管理,不是为了获得股权增值。知识产权证券化一方面形成一种激励机制,鼓励中小文化企业积极研发自主知识产权的产品,实现知识产权价值变现和增值;另一方面也可以形成一种倒逼机制,促使小微企业在创业过程中减少侵权盗版行为。

知识产权证券化是一种债券融资方式。债券融资对企业的社会信誉、经济效益、资产抵押、担保机构等方面都有着很高的要求。目前,我国债券市场发展依然滞后,发行债券条件非常严格苛刻,符合发行债券条件的小微企业更是极少。尽管财政部、中国人民银行、文化部等部门针对诸如文化小微企业融资难问题陆续出台过一系列扶持政策,但公募债券、私募债券作为文化企业的融资方式,还需较长时间来发展完善。

---

① 破产隔离是指在资产证券化中实现基础资产的风险和其他资产(资产所有人的其他资产)风险隔离。为实现破产隔离,首要实现"真实出售"。所谓"真实销售"是指某项财产通过转让不再属于债务人的范围。对于知识产权证券化来说,发起人已经将证券化的知识产权(基础资产)真实出售给特殊目的载体,出售后知识产权资产就与发起人、SPV 及 SPV 母公司的破产隔离,即这些公司的破产不影响该证券化的资产,证券化的资产不作为这些主体的破产财产用于偿还破产主体的债务。这好像是在卖方(发起人、SPV)与证券发行人、投资者之间构筑一道坚实的"防火墙"一样。只有做到破产隔离,才能保证资产支持证券的运作,也才能使资产支持证券区别于一般公司债券而显现出其特征。

（二）文化艺术品"份额化"、众筹

文化艺术品的"份额化"，即以对文化艺术品实物进行严格的鉴定、评估、托管和保险等程序为前提，发行并上市交易拆分化的、非实物的艺术品份额合约。文化艺术品份额合约挂牌交易后，投资人通过持有份额合约分享文化艺术品价值变化带来的收益。

在交易所上市的文化艺术品包括书画类、雕塑类、瓷器类、工艺类等几大类。表面看来，文化艺术品的"份额化"符合资产证券化的特征，但艺术品份额化是将艺术品的"财产权益"等额拆分，然后把这些"分拆权益"发售给投资者，所以投资者购买的只是被分拆的权益，而非实物艺术品（资产）的一部分。事实上，一件艺术品无法实现分割，本身也不具有生产增值性，投资者手中握有的仅是一个虚拟的物权，在没有人接盘的情况下，投资者持有再多的份额（只要不是100%）既无法变现，也无法完全拥有标的物，更遑论对标的物行使权利。所以投资者既没有分红也不享受任何权益。

此外，艺术品投资需要投资者具有较高的艺术鉴赏能力，很多投资者只重视"艺术品股票"的买卖，不管艺术品的真正价值到底怎样。我国各地文化艺术品交易所曾经火爆的文化艺术品的"份额化"交易，逐渐暴露出监管缺位、规则频改、暗箱操作、估价过高、缺乏抑制投机的机制、退市缺陷等问题，逐渐异化为无序爆炒、"击鼓传花"的游戏。由此可见，艺术品份额化交易貌似证券交易，但并不具有证券的本质特征。经过2011—2012年我国对各地文化艺术品交易所的集中整顿，艺术品"份额化"的交易模式迅速冷静下来，未来还需要进一步探索和完善。

众筹即大众筹资或群众筹资，也可以视为知识产权证券化的衍生模式。它由发起人、跟投人、平台构成，具有低门槛、多样性、依靠大众力量、注重创意的特征，这对于文化创意企业具有独特作用和价值，也丰富了公众投资渠道。比如，日本数字内容信托公司（JDC）曾与网络券商联合推出"新人明星写真基金"，以5万日元（约合3 400元人民币）一手、每名新人接受投资额500万日元的方式，募集个人投资者，用作写真集和DVD的部分制作费用，投资者可从相关作品的销售收入中获取收益。

让小企业、艺术家或个人对公众展示他们的创意，争取大家的关注和支持，进而获得所需要的资金援助。相对于传统的融资方式，众筹更为开放，能否获得资金也不再单单评估项目有没有商业价值，很多项目是依靠喜爱它的网友、粉丝来提供资金，企业和项目除了获得一定数额的资金之外，还利用众筹进行了一次社会化传播和宣传。众筹已经成为重要的互联网金融商业模式。

总结来说，文化产业的资本市场应尽快制订和完善知识产权等无形资产评

估、质押、登记、流转和托管管理办法,建立针对文化产业的专业担保和再担保机构,多渠道分散贷款风险,加快建设文化产业私募资本市场,进一步发展中小板和创业板市场,支持有条件的文化企业进入主板、创业板上市融资,支持符合条件的文化企业发行企业债券。

文化企业同样遵循企业生命周期理论,根据上述各种投融资方式的特征,文化企业成长各阶段的融资需求如下:

1. 初创期

在初创期,文化企业的创新项目处于创意或研制阶段,此时期的投资风险高,投资规模较小,资本化程度较低。一般而言,文化企业创业者的自有资金、关系借贷和风险投资是初创期的主要资金来源,此外,从国家扶持的角度来看,初创期文化企业的融资还包括政策性融资,包括政府担保、财政贴息、专项扶持资金投资、融资费用补贴等。

2. 成长期

在成长期,文化企业的创意或创新产品处于向市场推广的阶段,无形资产难以评估,流动性风险大,资金存在很大的缺口,但此时文化企业的产品销路也会不断扩大,资金积累不断增多,信誉和地位也会不断提升。此阶段的文化企业的融资以 VC、PE、IPO 等股权型融资为主,以商业信贷、融资租赁等债权型融资为辅。

3. 成熟期

在成熟期,文化企业融资的主要特点是以资本市场为主,内源融资为辅。[①]原来的中小文化企业会变成大型的文化企业,其市场份额增加,品牌效应显著,经营管理趋于成熟,资产运用效率较高,成为该文化产业中极具代表性的企业,商业银行和其他投资机构会更多地向这些成熟文化企业提供各种金融工具和模式。处于该阶段的企业可以选择版权或其他资产抵押贷款、私募股权、上市融资、企业并购、融资租赁、发行企业债券等多种融资方式。

4. 分化期(衰退期)

在分化期,文化企业会表现出衰退的迹象,如产品被大量非法复制从而在市场上失去优势,产品过时,品牌效应淡化,更有竞争力的产品出现,老产品逐渐被消费者遗弃,市场份额逐步下降等。在此阶段,一部分文化企业会选择退出,一部分文化企业会选择二次创业,实现蜕变。选择二次创业的文化产业可以采取的融资方式除了内源融资外,还有资产变现、资产证券化、并购重组等。

---

① 内源性融资是企业不断将自身的留存收益和折旧转化为投资的过程,也是企业挖掘内部资金潜力,提高内部资金使用效率的过程。

文化产业市场要成立文化创意产业投融资服务平台,搭建以该平台为核心的多层次投融资服务体系(图 8-6),为各个发展时期的文化企业提供个性化融资服务。

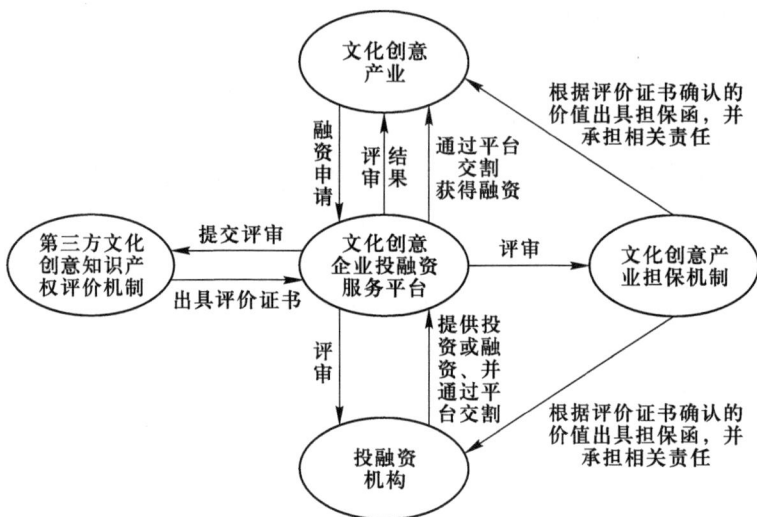

图 8-6　文化创意产业多层次投融资服务体系

第九章

结构和经营

在本章里,我们尝试从产业经济学的几个主要视角来审视和讨论文化产业。产业经济学与本书前面论述的成本、收益、供求、价值等微观经济学相比,二者都是研究产业内部的企业行为,但是它们又存在一定的差别。产业经济学是在微观经济学的基础上,逐步向完全竞争模型中加入现实市场的摩擦力,如有限信息、进入壁垒、相互竞争和协作、政府行为等,以便更深入地分析现实市场中企业如何组织和竞争,充分利用规模经济性,实现资源的优化配置和可持续发展,所以现代产业经济学也被称为产业组织理论。

产业组织理论就是以微观经济学为基础,具体分析研究产业内厂商相互间竞争与垄断关系的应用经济理论;研究在生产要素投入既定的前提下,既要鼓励市场竞争,使厂商有足够的改善经营管理、推动技术进步、提高经济效益的动力和压力,又要充分利用规模经济性,避免过度竞争带来市场的低效率。

第一节 文化产业结构

产业是介于经济、企业之间的中观概念。产业的形成基于社会分工、投入、产出这三大基石。

产业结构的概念有广义和狭义之分。广义的产业结构,也称国民经济的部门结构,即农业、轻工业、重工业、建筑业、商业服务业等国民经济各产业(三大产业)部门之间的构成。因为一个具体的产业,也会形成不同的行业,形成各行业的企业和从业者,所以狭义的产业结构,就是指某一个产业内部的行业部门的构成及关系。

产业结构的调整包括产业结构合理化和产业结构升级两个方面。产业结构合理化是指各产业之间或是某个产业内部能够相互协调,有较强的转换能力和良好的适应性,能适应市场需求变化,并带来最佳效益,具体表现和衡量标准为:产业之间的数量比例和地位协调、相互作用趋向平衡和依存、技术紧密联系和承接、供给和需求基本平衡、资源和资本良性流通等。

产业结构升级是指产业结构系统从较低级形式向较高级形式的转化过程,具体来说是由以低附加值的劳动密集型、原材料生产和加工、封闭和进口的业态为主,上升到以高附加值的资本密集型、知识技术密集型、创意密集型、出口和全球一体化的业态为主。

从广义上讲,文化产业的发展会改变产业资源的配置,推动产业结构调整,促进经济增长。这种推动和促进作用通常有以下两种路径:一是通过竞争关系。文化产业的发展,吸引资源逐步从传统产业流入文化产业,从而加剧了传统产业与其他产业之间的竞争,促进传统产业内部自身的结构调整和发展战略优化;二是通过投入与产出的关联关系。文化产业需要工业品的大量投入和加工,拉动工业品的需求;文化产业还需要投入大量的服务活动,强调精神享受和娱乐功能,促进第三产业的发展;此外,文化产业倡导赋予(投入)产品更多的文化内涵和创意魅力,不同文化含量产品的价格差异和社会效益差别会诱导企业更多地采用文化创意与文化要素,将文化艺术理念渗透到设计、生产、营销、市场、品牌、经营管理等环节,衍生出饮食文化、旅游文化、建筑文化等新型业态。[1]

从狭义上讲,文化产业结构的研究主要针对业内的企业、人才、技术、链条、集群等,也就是"文化产业组织"——它的构成、关联和运动不仅反映了一个国家或地区文化产业发展水平,而且也深刻反映了国民经济和社会发展的现代化程度。

一、文化产业结构的划分

既然哪怕是某一个具体的产业,也会形成不同的行业,形成各行业的企业和从业者,那么就需要对这个产业进行行业类别划分。我们曾经在第二章讨论过文化产业的边界,尽管有如此的限度,但是文化产业依然是一个较宽泛的概念,必然存在较丰富的结构。

我国国家统计局在 2004 年颁布了《文化及相关产业分类》,把文化产业划分为三大层次和九个门类(图 9-1):

(1) 核心层:新闻服务,出版发行和版权服务,广播、电视、电影服务,文化艺术服务。

(2) 外围层:网络文化服务,文化休闲娱乐服务,其他文化服务。

(3) 相关文化产业层:文化用品、设备及相关文化产品的生产,文化用品、设备及相关文化产品的销售。

---

① 参见蔡旺春:《文化产业对经济增长的影响——基于产业结构优化的视角》,《中国经济问题》,2010(5)。

184

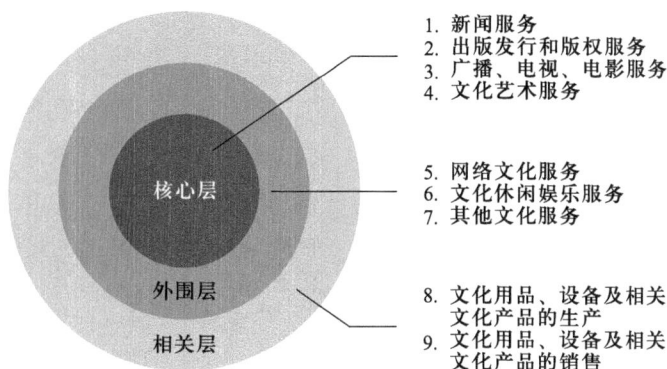

1. 新闻服务
2. 出版发行和版权服务
3. 广播、电视、电影服务
4. 文化艺术服务

5. 网络文化服务
6. 文化休闲娱乐服务
7. 其他文化服务

8. 文化用品、设备及相关
   文化产品的生产
9. 文化用品、设备及相关
   文化产品的销售

核心层

外围层

相关层

图 9-1 文化产业结构划分

现在看来,这样划分出来的文化产业结构存在着明显的时代特色和历史局限性。如互联网文化产业的重要地位没有显示出来,并且文化产业各个阶段环节也没有与层次划分很好地结合起来。

2012年,国家统计局又重新颁布了《文化及相关产业分类2012》,指出此分类规定的文化及相关产业是指为社会公众提供文化产品和文化相关产品的生产活动的集合。主要包括:

(1)以文化为核心内容,为直接满足人们的精神需要而进行的创作、制造、传播、展示等文化产品(包括货物和服务)的生产活动。

(2)为实现文化产品生产所必需的辅助生产活动。

(3)作为文化产品实物载体或制作(使用、传播、展示)工具的文化用品的生产活动(包括制造和销售)。

(4)为实现文化产品生产所需专用设备的生产活动(包括制造和销售)。

《文化及相关产业分类2012》借鉴了联合国教科文组织的《文化统计框架—2009》的分类方法,将文化及相关产业分为五层:第一层包括文化产品的生产、文化相关产品的生产两部分,用"第一部分""第二部分"表示;第二层根据管理需要和文化生产活动的自身特点分为10个大类;第三层依照文化生产活动的相近性分为50个中类;第四层共有120个小类,是文化及相关产业的具体活动类别;第五层是对含有部分文化生产活动的小类设置延伸层,共计29个,如表9-1:①

---

① 详细划分请参见中华人民共和国国家统计局官网 http://www.stats.gov.cn/tjsj/tjbz/201207/t20120731_8672.html.

表 9-1　文化及相关产业的划分

第一层(2)	第二层(10)	第三层(50)	第四层(120)	第五层(29)
(第一部分)文化产品的生产	新闻出版发行服务,广播电影电视服务,文化艺术服务,文化信息传输服务,文化创意和设计服务,文化休闲娱乐服务,工艺美术品的生产,共7项	…… 广告服务,文化软件服务,建筑设计服务,专业设计服务	…… 软件开发数字内容服务	…… 多媒体、动漫游戏软件开发,数字动漫,游戏设计制作
(第二部分)文化相关产品的生产	文化产品的辅助生产,文化用品的生产,文化专用设备的生产,共3项	…… 文化贸易代理与拍卖服务	…… 贸易代理	文化贸易代理服务

从表 9-1 中可以看出这个版本的划分,更为科学地体现出文化产业的内容生产、传播销售、经纪服务、周边产业的各个环节。国内有学者也尝试以文化产品价值实现的不同阶段,把文化产业结构划分为四个部分,即内容产业(知识产权创造领域)、传媒与广告(内容的传播渠道与传输平台)、文化产业衍生产品(以文化产业制造业为主的产品)、相关服务等四个大的领域,每个领域都包含若干行业:

(1) 内容产业,即知识产权创造领域的生产与创作的内容等,包括图书、报刊、音乐、游戏、影视节目、广播、明星、主题公园、活动、卡拉 OK、体育赛事、信息、教育培训、商业艺术表演、艺术交流推介活动、会展、美术设计等。

(2) 传媒与广告,即内容的传播渠道与传输平台,包括平台的媒介、各类传媒载体的传播服务、相关信息(网络)服务等。

(3) 文化产业衍生产品,即以文化产业制造业为主的产品,如玩具、工艺美术品、乐器、数字娱乐设备与图书、艺术印刷等,以及结合知识产权的文化产业制造业等。

(4) 其他中介和延伸产业链的相关服务,如人才培养、广告、创意设计、资本运作、企业并购、咨询等。[①]

---

① 参见陈少峰:《文化产业业态变化与文化企业经营策略研究》,《北京联合大学学报(人文社会科学版)》,2014(1)。

二、文化产业价值链

（一）产业链

我们在文化产业结构划分以及前面的一些讨论中,已经多次直接和间接地提到产业链概念。产业链是一个传统的概念,学界对此有各种各样的定义,如学者龚勤林认为:产业链是各个产业部门之间基于一定的技术经济关联并依据特定的逻辑关系和时空布局关系客观形成的链条式关联形态。[①]李心芹等学者认为:产业链是在一定的地理区域内,以某一个产业中具有竞争力或竞争潜力的企业为链核,与相关产业的企业以产品、技术、资本等为纽带结成的一种具有价值增值功能的战略关系链。[②]

产业链的这些定义各有各的角度,我们可以总结出产业链的一些基本特征:

（1）产业链是企业的关联和集合。形成产业链的企业,可以是同一产业的,也可以是不同产业的企业。各个企业地位和作用不尽相同,有的企业起着核心主导作用,有的企业则扮演着为核心企业配套的角色。

（2）产业链是以产品为对象形成的,这里的产品可以是看得见摸得着的物品,也可以是服务。

（3）产业链是以投入产出为纽带,上一企业生产的产品一定是下一企业的投入,直到完成整个产品的生产为止。所以产业链意味着上下游、高低端的企业组织关系,一般分为生产要素（原材料）开采和供应、原材料加工、产品设计、产品制造、产品物流、产品销售等环节,众多企业围绕某一核心企业或某一产品系列在垂直（纵向）方向上形成了前后关联的一体化链条。[③]

（4）产业链是以价值增值为导向,产业链中的产品从上游到中游再到下游是一个不断增值的过程,直到用户买走产品,实现了产业链的价值为止。

（二）文化产业价值链

价值链的概念最初是由美国企业管理学者迈克尔·波特（Michael E. Porter）在《竞争优势》中提出的,他指出:"每一个企业都是用来进行设计、生产、销售、交货以及对产品起辅助作用的各种活动的集合,所有这些活动可以用一条价值链来表明。"[④]不同企业围绕价值创造活动形成了相互协作的上下游关系,体现

[①] 龚勤林:《论产业链构建与统筹发展》,《经济学家》,2004（3）。

[②] 李心芹、李仕明、兰永:《产业链结构类型研究》,《电子科技大学学报(社科版)》,2004（12）。

[③] 产业链的前向一体化战略是企业自行对本公司产品做进一步深加工,或公司建立自己的销售组织来销售本公司的产品或服务。如钢铁企业自己轧制各种型材,并将型材制成各种不同的最终产品即属于前向一体化。后向一体化则是企业自己供应生产现有产品或服务所需的全部或部分原材料或半成品,如钢铁公司自己拥有矿山和炼焦设施;纺织厂自己纺纱、洗纱等。

[④] 迈克尔·波特:《竞争优势》,陈小悦译,华夏出版社 2005 年版,第 36 页。

了价值传递、转移和增值的过程,它具有协同性、增值性、循环性和融合性等特点,从这个角度来描述产业链,更能体现文化产业的无形资产价值、知识产权的核心特征。

我们可以把文化产业的产业链称为"文化产业价值链",其实它仍是一个产业链概念。它可以描述为:在知识产权保护下,以某项文化创意或品牌为核心和基础、以满足消费需要和价值增值为目标、相互具有衔接关系的企业链条。文化产业价值链的与传统产业链的区别是:

(1) 上游的生产要素投入更强调和倡导为文化资源、无形的创意、设计理念等;产业链顶端的价值必须在产业链其他各个环节再次进行设计和加工(二次创意),换句话说,创意可以在产业价值链的任何一点出现,只有这样文化符号价值才能不断升值,否则将很难保持原有价值存量水平,反而可能会贬值。

(2) 由于小微企业居多,文化产业价值链上的企业常常是外部联盟、协作式的集合,实现广义上的边际效益递增。并且由于无形创意的载体日趋网络化,因此协作企业不一定存在于同一或是毗邻的地域之中。当然,一些实力雄厚的文化企业也会通过并购等方式在内部实现产业链的垂直一体化。

(3) 因为生产要素的无形性、小微企业协作这两个特点,一方面文化产业价值链更为开放、松散。核心创意的企业以及深度合作企业之间的关系较为稳固,链条上其他环节的企业可能长期处于集结、解散,以及同时还加盟其他产业链的状态;另一方面,文化产业价值链也有一定的稳定性和封闭性,一种特定价值的创意(人才)所延伸出来的产业链很难被复制,而且以文化价值和审美趣味结合在一起的企业,具有价值观相互认同和欣赏的稳定性,不容易被竞争者模仿或替代。

三、文化产业集群

产业链更多的是一个纵向垂直概念,集群更多的是的一个横向、横纵相结合的网络概念。产业集群内企业既要在纵向构成一条完整的产业链或产业链片断,在横向还要构成竞争合作链。[①] 文化产业不仅仅是制造产品,更是要建立网络,通过网络把各种支离破碎的资源整合起来,才能使产品的文化内涵、技术水准、传播(销售)面积三个方面都尽量最大化。它打破传统产业划分的界限,实现对不同行业、不同部门的重组与合作,形成融合多种产业内容、产业流程的混合型业态。

---

① 在一些文献中,产业链也包括了横向产业链,即同一层级、同一行业的企业联合。

（一）产业集群的概念和优势

产业集群也是一个传统概念，西方的经济学家如马歇尔、阿尔弗雷德·韦伯（Alfred Weber）、克鲁格曼（Paul R. Krugman）、迈克尔·波特等人都对此有过论述。简单来说，产业集群是指大量联系密切的企业以及相关支撑机构在某一特定地理区域内集聚，并形成区内企业之间专业化分工、合作的网络，具有很强的群体竞争优势和规模效益。产业链上的企业可以是地理靠近的，也可以是空间离散的，而产业集群则要求产业内企业尽可能在空间地理上靠近。

产业集群具备了显著的集聚效应和优势，具体来说是：

1. 共生效应

当某一特定产业上、中、下游的发展有着地域性的关联倾向的时候，众多企业由于专业分工、资源互补等原因，依靠合作协议、承诺与信任，在某一地理区域动态聚集，而逐渐演化成具有经济效率的互动结构，企业彼此之间存在着高度竞争却又相互依赖、互利共享的关系。

2. 溢出效应

溢出效应也就是外部性，产业集群中会发生的溢出效应包括知识、人才和技术的溢出。知识和技术不同于普通商品之处在于其更易于示范、传播、模仿。尽管有产权保护，但是具有知识储备和先进技术的企业和团队，总是会在各种渠道和场合，有意识或无意识地传播、泄露他们的知识和技术。而在激烈竞争的市场中，其他企业会通过各种机会和条件来学习、移植和模仿。人力资本的溢出效应可以解释为向他人学习或相互学习，一个拥有较高人力资本的人对他周围的人会产生更多的有利影响，提高周围人的生产率。但本人并不因此得到收益。

3. 衍生和创新效应

集群内的竞争、激励、学习的市场环境，加上配套的基础设施、融资机构、经纪机构及人才流动，使得集群的创新效应非常明显，集群内部不断分裂出新想法、新技术、新公司。

（二）文化产业集群

文化产业集群就是由众多独立又相关联的文化创意企业以及相关支撑机构，依据专业化分工和协作关系建立起来的、并在一定区域集聚而成的产业组织。这个概念是依照传统产业集群概念描述出来的，但是我们需要进一步指出文化产业集群自身新的特征：

1. "生产复合体"

就像文化产业价值链一样，文化产业集群里的文化生产经常被分解为大量的、错综复杂的项目任务，由专业性较强的企业分包、完成，同一层级生产会再分配给多个企业。文化产业集聚区中的许多企业规模非常小,甚至有些企业只有3~5人,最典型的就是"工作室"的形式。这既是复杂的专业分工的结果,又适应文化产业的自身特点和市场风险。中小企业往往灵活性强,成本低,为了生产或服务的任务聚集在一起,并且与少数的大公司结成联盟,它们相互合作、相互依存,以契约形成了"生产复合体"。

文化产业的"生产复合体"不但具有传统产业集群的纵向生产关联特征,即强调产品生产之间的上下游衔接,还具有较强的横向水平关联,表现在与信息产业、制造业、房地产业、计算机业、农业等之间的产业融合发展。这种"横纵联合"的特征是文化产业集群有别于其他产业集群的显著之处。

2. 生产与消费合一

文化产业集聚区既是工作场所,又是休闲和生活之地;既是生产场所,又是艺术体验和娱乐消费的场所,甚至是一处艺术空间景观和旅游景点。文化产业集群植根于当地的文化历史积淀和倡导创新的社会环境,对城市的空间布局、文化风貌发挥着巨大的牵引力,这些都是传统产业集群尤其是制造业集群所无法比拟的。

3. 空间的离散性

我们曾在前面的章节论述过文化企业的无边界趋势,尤其是数字技术和全球市场的发达,产业组织边界虚拟化以及内部关联"去黏性"化在文化产业中越发明显。通过建设网络化的市场交易平台,打造无界域的"虚拟"集聚的文化产业簇群,形成实体集聚区与虚拟集聚区共存的局面,可能是未来文化产业集聚区的发展趋势之一。①

四、文化产业园区

文化产业园区是一种文化企业的集聚形态,是一个具有有限空间和明显地理特征、文化产业和设施高度集中的地方。

生产性文化产业园区日趋远离城市中心,多数处于城郊接壤处,租金低廉是主要原因,而且生产制造也不会对城区日常生活造成干扰;生活性或服务性文化产业园区则处于城市中心区附近,贴近文化消费需求是主要原因,园区往往坐落于商业繁华区,或是具有一定文化历史特征的地段等。

文化产业园区这个称谓往往被加上"创意"二字,即"文化创意产业园区"或"创意文化产业园区",这里集聚了文化企业、独立艺术家、文化公益组织、艺术

---

① 参见顾江、胡慧源:《文化产业集聚区的特点、模式与发展趋势》,《经济与管理战略研究》,2012(2)。

经纪、知识产权交易中心及其他服务机构。文化产业的核心——创意灵感的获得往往来自同行之间的相互接触、思维碰撞。可以说,文化产业园区首先是创意人才和艺术家的集聚,其次才是企业的集聚。

(一)文化产业园区的特征

(1)各类艺术家都能获得工作空间,园区推崇创意、革新、包容、交流和协作。很多园区都以文化资源禀赋深厚、思想观念活跃的地方为依托,具有历史感、上进感和身份认同感。

(2)工作时间灵活自由。

(3)有多功能的公共领地,有地标性的建筑特色,区域装饰具有易辨认性和吸引力。

(4)园区与外部大环境高度融合,打破生活、生产、娱乐的严格界限,区域内外资源能够实现一定程度的相互促进。

(5)经常举办文化节日活动和聚会,开展艺术和媒体的培训及教育。

文化产业园区尤其是生活服务性的园区与传统产业园区的区别总结如表9-2:

表9-2 传统产业园区与文化产业园区的区别

传统产业园区	文化产业园区
企业间专业分工协作组成产业链	由企业、政府、艺术家、非营利组织、服务机构组成更丰富的产业价值链和价值网
企业分享园区内的基础投入设施(物业、水电、道理、仓库等)、信息、技术等	在分享基础设施、信息和技术的基础上,进一步分享文化资源、创意、作品、品牌和历史感
自主设立,先规划建设、企业先进入,再吸引人才聚集。地点多选择在劳动力、原材料、租金、交通等方面成本低廉的地域	自主设立;也有自发出现,艺术家和创意工作者因为生活环境条件而自发聚集,之后吸引人才和企业进驻,政府再进一步规划。地点更多地选择有文化历史沉淀、生活氛围浓厚、有街巷活力的地域
技术研发创新	艺术创新、符号生成、技术创新
强调统一、有效率、封闭式的生产管理	更为开放、多元和松散。强调创作、生产、展示、消费体验的一体化,呈现出生产和生活的交融

（二）文化产业园区的分类

意大利经济学者沃尔特·桑塔格塔(Walter Santagata)根据功能将文化产业园区分为四种类型：产业型、机构型、博物馆型、都市型。

（1）产业型。这种类型的园区主要是以地方文化、艺术和工艺传统为基础而建立的。通过"文化遗产""工作室或工作坊"和"创意产品的差异"发挥协同效益。

（2）机构型。这种类型的园区主要是以知识产权交易转让为基础而建立。版权人通过园区里的官方或是法定机构将知识产权分配授权给生产企业和地区。

（3）博物馆型。这种类型的园区通常是围绕博物馆建筑群落而建，往往位于具有悠久历史的城市市区。

（4）都市型。这种类型的园区主要是以信息技术、表演艺术、休闲产业和电子商务为基础而建立。通过发挥文化艺术价值，为工业经济转型、塑造城市新形象发挥作用。①

如果按照地理位置来区分，文化产业园区可分为以下类型：

（1）以旧厂房和仓库为区位依附。一些大城市中被废弃的旧厂房和仓库，因其宽敞明亮的空间、廉价的租金以及特有的工业时代气息，往往成为文化产业园区的诞生之地。如英国谢菲尔德文化产业园区最早就是依托于本市的钢铁厂的车间、仓库，我国较早出现的北京大山子798艺术区依托于北京朝阳区酒仙桥路798工厂的老厂房，上海"田子坊"创意产业园区位于上海20世纪30年代最典型的弄堂工厂群，"八号桥"创意产业园区位于上海汽车制动器公司的老厂房。这些文化产业园区体现了文化产业与工业建筑、文化旅游的结合。

（2）以大学为区位依托。大学是人才和技术的培养基地和孵化器，也是一个开放的社区，一个提供多元文化的场所。大学往往成为创意的中心，因此，依托大学（大学城）发展文化产业园区也就成为一种重要的途径。如澳大利亚昆士兰科技大学创意产业园区。

（3）以高新技术开发区为区位依附。高新技术产业园区内技术发达，科研机构、高科技企业聚集，复合型人才众多，适宜发展文化与科技结合的文化产业，如动画、网游等产业。

（4）以传统特色文化社区、艺术家村为区位依附。一种是依托传统的文化区域，发展具有民族或地域特色的文化产业园区，如世界各地的民俗文化工艺品生产基地和集市；另一种是依托位于城乡结合部的一些艺术家村落，这种园区既

---

① 转引自向勇：《文化产业导论》，北京大学出版社2015年版，第345页。

有艺术原创,也有商业生产,如北京的宋庄、深圳大芬村等。

美国的创意经济学者理查德·佛罗里达(Richard Florida)提出了3T原则:技术(Technology)、人才(Talent)和宽容(Tolerance)。他认为创意产业的驱动既要具备一定的技术基础,又要具备充足的创意人才,更要具备宽松的生活和工作氛围。①这种提法对我们理解文化(创意)产业园区有一定的启发。文化(创意)产业园区在基础设施服务和法律制度完善的基础上,要倡导多元的、宽松、愉悦的环境,才能让文化、环境、技术、资源和劳动力达成一种动态的、富有创造力的关系。另外,英国创意经济学者安迪·普拉特(Andy Pratt)认为文化产业集聚发生在那些"能为熟悉的、不同的生产者及使用者提供大量偶然和随意相遇的特定地方"。②国内学者黄鹭新等人调研发现:北京的一些艺术家大多数位于城郊农村,主要原因是这里有房租便宜、安静自由的创作环境,一些有批判精神的艺术家也有意借此与城市主流社会保持"距离"。③澳大利亚学者克里斯蒂(Christy)发现澳大利亚的创意阶层更倾向于郊区甚至远郊区的生活,以逃离都市的拥堵,他们可以通过网络等与市中心的文化创意产业良好的连接。④

第二节　市　场　结　构

从现有很多文献中我们可以看出,狭义的产业结构也可以称之为市场结构,也就是说市场结构就是产业组织结构。如果说区别,狭义的产业结构(产业组织结构)侧重于产业组织单元(企业)的分布情况和产业链关联,而市场结构偏重于企业间相互竞争的意义。

一、四种市场结构

市场结构是指在特定市场中,企业与企业之间在数量、规模上的关系以及由此而决定的竞争形式。传统的市场结构划分为:完全竞争性市场、完全垄断性市场、垄断竞争性市场、寡头垄断性市场。

(一)完全竞争市场

完全竞争市场被假定为厂商数目众多、厂商所提供的产量相对于市场规模

---

① 参见理查德·佛罗里达:《创意阶层的崛起》,司徒爱勤译,中信出版社2010年版,第286-289页。

② 转引自黄斌:《北京文化创意产业空间演化研究》,博士学位论文,北京大学,2012年。

③ 黄鹭新等:《艺术创意人才空间集聚的初步研究——以北京的艺术家集聚现象为主要研究案例》,载中国城市规划学会:《和谐城市规划——2007中国城市规划年会论文集》,黑龙江科学技术出版社2007年版,第1611-1614页。

④ 转引自黄斌:《北京文化创意产业空间演化研究》,博士学位论文,北京大学,2012年。

而言只占很小的份额,并且厂商进入和退出自由。在完全竞争市场上,每个厂商面临既定的市场价格,单个厂商的产量变化不会对市场价格造成影响,从而边际收益等于平均收益,二者都等于市场价格。厂商的产品可以完全出清。

文化产业的市场很难接近完全竞争结构,首先,不存在数量足够多的卖方;其次,艺术产品很难同质化。如一个艺术家不可能创作同样的作品,现场表演类文化产品的每次演出都是不同的,而批量标准化生产的文化产品也不可能长期满足所有人的需求。

（二）完全垄断市场

完全垄断性市场是只有一家厂商提供所有供给的市场结构。垄断厂商面临着整个市场的向下倾斜的需求曲线,其边际收益曲线位于平均收益曲线之下。这就决定了垄断厂商在产品市场上不仅要决定如何生产和生产多少,而且要决定索要多高的价格。

文化市场有可能因为人才垄断、政府保护而形成完全垄断市场,但是这并不符合文化产业发展趋势,因此这样的文化市场越来越少。

完全竞争市场与完全垄断性(独占性)市场互为相反,在现实的市场经济体系中不是典型性市场。最有研究意义的是中间状态的两种市场形态:垄断竞争性市场和寡头垄断性市场。

（三）垄断竞争市场

一个市场中有许多厂商生产和销售有差别的同类商品,这种市场结构被称为垄断竞争市场。它的特征是:

(1)各个厂商的产品存在差异,但又可以相互替代。因为差异,所以具有一定的垄断力量;因为彼此是很相似的替代品,所以具有竞争性。

(2)拥有足够多的厂商,每个厂商所占市场份额都很小。一个厂商的决策(主要是定价策略和产品差异化策略)对其他厂商的影响不大,不易被察觉,以至于每个卖方都可假定,彼此相互独立行动,互不依存。

(3)厂商可以自由进入和退出一个市场。

垄断竞争市场是常见的市场结构,也符合文化产业的特征,文化企业在版权、产品设计等方面都可以形成垄断,但是还要遵循一定的产品类型和文化需求,为争取受众而竞争。

（四）寡头垄断市场

所谓寡头,是指少数的卖者面对众多的买者。当市场上只有两个寡头时,称为双头垄断。寡头垄断市场在实际中也较多见,情况十分复杂。一般来说,这种市场的特点是:

(1)市场上的厂商只有少数几家,每个厂商都具有举足轻重的地位,对其产品的价格具有相当的影响力;但厂商决策时要考虑竞争对手的反应,不能独自决定价格。寡头企业不是价格的制订者,更不是价格的接受者,而是价格的寻求者。

(2)诸寡头的产品之间可以完全相同,也可有产品差别;

(3)寡头垄断的市场存在明显的进入障碍。这是少数企业能够占据绝大部分市场份额的必要条件,也可以说是寡头垄断市场结构存在的原因。最重要的是寡头垄断的行业存在较明显的规模经济性资金需求量大,同时在原料、市场、专利等方面也让其他厂商进入困难。

寡头垄断的市场结构有一点与垄断竞争相类似,即它既包含垄断因素,也包含竞争因素。但相对而言,它更接近于垄断的市场结构,因为少数几个企业在市场中占有很大的份额,使这些企业具有相当强的垄断势力。寡头垄断企业的产品可以是同质的,也可以是有差别的。前者有时被称为纯粹寡头垄断,后者则被称为有差别的寡头垄断。厂商相互依存、价格相对稳定是寡头垄断市场的基本特征。由于厂商数目少而且占据市场份额大,不管怎样,一个厂商的行为都会影响对手的行为,影响整个市场。所以,每个寡头在决定自己的策略和政策时,都非常重视对手对自己这一策略和政策的态度和反应。寡头厂商可以通过各种方式达成共谋或协作,既可以签订协议,也可以暗中默契。

文化产业的规模化发展,可能产生寡头垄断市场。尤其是在我国政府支持下成立的大型国有文化产业集团逐渐增多,使得出现这种市场结构的可能性增强。

四种市场结构的对比如表9-3所示:

表9-3　四种市场结构的对比

市场类型	厂商数目	产品差异度	对价格的控制程度	进出一个市场的难易程度
完全竞争	很多	完全无差别	没有	很容易
垄断竞争	很多	有差别	有一些	比较容易
寡头垄断	几个	有差别或无差别	相当程度	比较困难
完全垄断	唯一	唯一产品,且无替代品	很大程度,但常常受到管制	很困难,几乎不可能

二、市场结构的研究范式

哈佛学派和芝加哥学派是长期主导产业经济学研究的两大流派,二者的观点有很大的分歧。

（一）哈佛学派的 SCP 分析范式

哈佛学派按照三分法标准,把一个产业分解成特定的市场,依据"结构（Structure）—行为（Conduct）—绩效（Performance）"三个方面,构造了一个既能具体分析又有系统逻辑的 SCP 范式。

1. 市场结构

决定和反映市场结构的主要因素为:

（1）卖家和买家的数量和规模分布,这也是市场集中度的概念。一个市场上卖方和买方各自数量及其在市场上所占的份额,对于企业竞争程度、价格水平都发挥着重要的影响。现实市场中,经常存在由一个或少数几个大的卖家与若干小的卖者组成的结构。

（2）产品差别化。完全竞争市场中的企业产品是高度标准化的,但现实市场中,企业追求产品差别化。差别化程度越高,产品就越难替代,企业就可能产生垄断。哈佛学派认为这样会使得市场绩效下降。

（3）产业进入和退出壁垒。经济学中的壁垒是指企业的进入或退出某一市场的时候所遭遇的障碍,或是说影响一个企业进入市场决策的因素。如一个企业最低投资多少才能进入一个市场开始初步经营? 如果一个企业进入市场失败了,它的投资有多少可以通过出售得以收回,有多少将会沉淀在市场中? 先前进入市场的企业会对新进入的竞争者如何反应?

典型的市场进入壁垒包括专利权、经营许可协议、独占的自然资源、投资规模以及政府的政策等。市场壁垒越高,市场选择的自由度越小;反之,市场选择的自由度则越大。

2. 企业行为

企业行为是指企业在市场条件下有目的的生产经营活动,是企业为了获取更多利润和更大的市场占有率,适应市场要求而采取的战略性行为。包括广告战略、价格战略、产品战略、研发、合谋、企业并购与集团化战略。

完全竞争市场中,一个企业能以市场均衡价格卖出它所想出售的所有产品,因此企业没有动力和必要去展开市场行为。但是在不完全竞争市场中,可能会出现几家企业合谋限制产量、提高价格、增加利润（即卡特尔）;或是几家公司为了阻止新公司的进入,会联合提高产量、压低价格,使得该市场没有吸引力;单个企业还会用垂直一体化、广告和研发的行为来形成产品差异化和降低成本,从而获得竞争优势。

3. 市场绩效

市场绩效是指在一定的市场结构下,通过一定市场行为使某一产业在产量、价格、利润、产品质量和品种以及技术条件等方面达到的现实状态。判断市场绩效的几个标准为:产品质量、企业获利能力、市场效率①、技术进步速度等。

哈佛学派认为结构、行为、绩效之间存在因果关系,市场结构决定企业在市场中的行为,而企业行为又决定市场绩效(结构→行为→绩效)。SCP 范式将市场中企业数量的多寡作为市场效率改善程度的判定标准,认为企业数量增加到接近完全竞争状况,市场才能够实现较理想的资源配合效率。而寡头垄断市场中,少数企业的合谋、协调以及设立市场壁垒的行为削弱了市场竞争性,产生了超额利润,破坏了资源配置效率。该学派的贝恩(J·Bain)等经济学家也作了实证分析。因此,为了获得理想的市场绩效,最重要的是通过政策来调整和改善不合理的垄断性市场结构,削弱高度集中产业中的大厂商勾结所形成的市场势力,限制企业间联合和并购等。

(二)芝加哥学派的分析范式

芝加哥学派恰好与哈佛学派的观点相反,其主要内容为:

第一,芝加哥学派承认垄断是可能的,但是如果没有来自政府的特殊支持或干预,个体垄断势力只是暂时存在的。芝加哥学派也不认为市场里的几个大公司能够对其他对手(包括新进入者)设置进入壁垒。只要竞争存在,垄断合谋行为就会自动消除。例如高度集中、限制产量所产生的高额利润,会吸引大量的新企业千方百计地进入,并且合谋团体内部存在着相互欺骗,从而使卡特尔协定破裂。其他的像广告、研发、促销等市场行为更无法长期维护自身的垄断地位。

第二,无论市场结构集中与否,"竞争"都应该被看成是企业获取最佳产业业绩的"过程",该过程将导致产业依其特性而产生最佳集中度。企业为了生存而战的竞争是长期和自然的,在没有政府限制的情况下,只有最具效率的厂商才可以生存下来并且壮大。一个产业持续出现高利润率,完全有可能是该产业中的企业高效率和创新的结果,并不一定如哈佛学派说的市场中存在垄断势力。

第三,芝加哥学派把"结构—行为—绩效"的因果关系颠倒过来分析,认为技术和进入自由这两个因素可以保证企业的获利能力和市场行为,保证取得最优市场绩效,从而产生了现有的市场结构,如图 9-2 所示。如果一个产业的最佳规模是适合大企业的,则该产业中的厂商就是大企业,该市场结构就是高度集中的,同时决定了该产业规模经济的实现。②

---

① 市场效率包括市场资源配置效率、市场信息效率、市场制度效率和市场行为效率。

② 参见刘志彪:《现代产业经济学》,高等教育出版社 2003 年版,第 8—12 页。

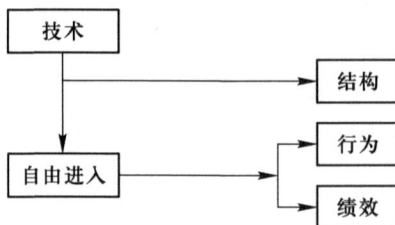

图 9-2 芝加哥学派的分析范式

在芝加哥学派看来,垄断虽然是竞争的矛盾对立面,但它的存在并没有消灭竞争,它改变的只是竞争形式。垄断的形成可以避免无序竞争,减少资源浪费。一些大型的垄断企业如寡头垄断组织,具有综合性优势:在资金筹集方面。由于有强大的经济实力,破产风险相对较小,因而它能得到利息较低、数额较大的贷款,使资金成本节约,资金有保证;在生产方面,由于生产规模巨大,在大多数情况下,都能获得规模效益,使单位产品成本大大降低;在收集市场信息、进行广告宣传和运用销售渠道等方面,比其他企业有更多的优势;在企业内部管理方面,可通过实行统一指挥,分工负责的内部管理体制,节约管理成本,提高管理效率,还可以节约交易费用;由于一般实行多样化经营,所以企业总体风险较小,可在各种业务、各个方面平衡盈亏,因而具有较强的应变能力和生存能力;在技术进步和创新方面,由于有强大的财力支持,可以投入大量研究和开发费用,因而更有可能不断推出新产品。当今国际市场上,激烈的竞争足以使寡头垄断企业尽可能地努力进行研究和开发,尽可能提高效率,尽可能降低产品的价格。而不是像哈佛学派认为的会破坏和降低市场竞争,阻碍经济和技术的发展。

可竞争市场理论就是在芝加哥学派的基础上提出的,该理论认为,无须如哈佛学派所要求的要保证众多企业存在,只要是保持市场进入的完全自由,不存在特别的进出壁垒和成本,那么任何企业都可以闪电般的快速进退,无论是垄断竞争市场还是寡头垄断市场,任何企业都不能维持垄断价格和低效率生产组织。潜在的竞争压力会迫使任何市场结构下的企业采取竞争行为。在这种环境条件下,包括自然垄断在内的高集中度的市场结构是可以和效率并存的。

三、文化产业的市场结构特征

市场结构具有阶段性,一个产业在其发展不同阶段具有不同的结构特征。一般来说,在产业发展的初期,大量资本的进入,形成了以众多小企业共存的市场组织结构;到了成长阶段,是以中小企业为主的格局;到成熟阶段,形成以大企业为主、中小企业并存的垄断竞争格局;再到衰退阶段,是少量大企业的寡头竞争结构。

目前,关于文化产业市场结构与传统产业的异同的研究成果还非常不足。特定的文化市场处于什么结构阶段,市场竞争是否存在垄断,进出壁垒的形态是什么?这些问题有待于进一步研究。在一些尚未形成体系的文献论述之中,文化产业的市场结构具备几个明显特征:

(一)纵向整合和垄断企业扩张

文化产业集团通过纵向整合,将生产与流通结合到一个集团中,获得利润最大化;通过横向整合,将版权从图书,转向电影、电视、网络游戏等领域,从而获得规模经济和范围经济。[①]这一点在广播电视、图书出版等媒介产业中体现得非常明显。

由于我国文化产业处在发展初期,集中化程度和规模效应相当低,而且由于市场主体的缺位,没有产权的清晰界定和资本市场的介入,因此兼并与收购行为刚刚起步。目前总的市场状况是大企业少、小企业多,每个企业的产量在产业总的产量中只占一个很小的比例,产业集中度偏低,缺乏规模经济性。

那么,何种市场结构才能使得中国文化产业既充满竞争活力,又形成规模经济呢?换句话说就是如何实现有效竞争。关于这一点,学术界还是存在争论。有的观点认为:寡头主导、中小企业共生的文化产业市场结构是推动文化产业从失衡、无序、低效的分散竞争向短期均衡与长期均衡相协调的有效竞争目标迈进的可行模式。但是大型和巨型企业需要雄厚的资金基础作为保障,组建的程序非常烦琐,专业性要求很高,并且内部管理方式也可能不利于文化创意的产生。

(二)横向网络化的产业战略联盟

文化产业的另一个发展趋势是从垂直整合的大工业生产方式(福特主义),走向了灵活的专业主义(后福特主义)。也可以说是从原来的高度集中的结构,越来越走向了网络化结构,相当程度依靠项目合同和自由职业者。这一点在内容创意环节体现得非常明显。

现在企业边界的扩张可以不再伴随所有权的转移,而仅仅是通过同其他企业一起分享双方全部和部分资产使用权的方式来完成,企业可以在各自保持独立的立场和主体身份的同时,相互共享资源。因此,企业的能力边界是动态变化的,并且趋于无穷。通过产业战略联盟的建立,文化产业的内容企业可以不必费过多的精力来考虑自己产品价值实现的渠道,从而将资源都集中于内容生产业务上——这对于宣发企业也是同样道理。整个产业战略联盟会通过群体力量来抵御市场风险。

---

① 所谓范围经济,是指当在一家公司里生产不同产品的总成本低于在不同公司里生产不同产品的成本之和的时候,就出现了范围经济。

从以上两点可以看出,文化产业的发展会出现"大者超大、小者超繁、跨领域技术结合"的局面。①

(三)文化产业容易出现产品同质化和产业同构化

尽管文化产业倡导和鼓励创新,但大众文化总是带有批量生产的痕迹,"消费性的文化制品和节目,必须以模式化来稳定消费者的要求。在过去的经验中,凡是被大众接受并具有长久魅力的制品,都是模式化的"。②在文化市场里,产品差别化程度低、同质化竞争的现象普遍存在,加上知识产权保护制度不够完善,企业的创新不足,跟风模仿现象明显,常常脱离当地实际条件和比较优势,背离地区间的产业合理分工,形成产业同构的现象。

(四)制度因素对文化产业进入退出影响颇大

尤其是在我国,大部分文化产业的发展还依赖于政府的支持,包括国有资产直接投资和政府政策支持,因此行业管制严,进退存在较大障碍,制度性壁垒明显,首先是所有制壁垒。由于文化产业的意识形态属性,我国对文化经营单位的设立实行严格的审批制,对于非公有制资本进入文化产业进行了诸多限制,对非公有制资本可以进入文化产业的哪些领域、哪些环节、进入程度都有十分明确严格的政策、法规限制规定。除了所有制壁垒,还有行业壁垒、地区壁垒等。文化企业进行跨行业、跨地区、跨所有制经营阻力大,困难重重。文化产业的退出壁垒同样也存在。③

(五)产出因素并不明显地制约文化产业进入与退出

从宏观来讲,文化产业是边际报酬递增、边际效用递增的产业,不会因为产出过多而制约文化产业进入;相反,产出的增加往往会刺激文化产业的进入,应鼓励文化产业继续发展,加大文化产业投入产出,为文化产业的发展提供更多的生产元素。④

第三节　文化产业的组织经营

一、文化产业的经营方式

(一)文化产业的经营类型

从经营内容角度看,文化产业经营类型可分为:

---

① 夏学理:《文化创意产业概论》,台湾五南图书出版公司 2008 年版,第 235 页。

② 孟繁华:《众神狂欢——当代中国的文化冲突问题》,今日中国出版社 1997 年版,第 133 页。

③ 参见杨吉华:《我国文化产业组织结构存在的问题及优化对策》,《现代经济探讨》,2006(7)。

④ 参见顾江、张苏秋、姜照君:《文化产业进入壁垒与组织效率实证研究——以江苏为例》,《山东社会科学》,2015(2)。

（1）文化资源和知识产权经营:指寻找、开发、推广各种文化遗产、文化资源;购买、授权、交易各种知识产权。

（2）文化产品经营:指进行创意策划、内容制作以及宣传营销的公司。

（3）文化产业人力资源经营:指从事文化产业各种人才的培训、经纪和管理。

（4）文化产业资本经营:指文化资本的运作与管理,具体包括文化产业的各种投资与融资、文化企业的并购等。

（二）文化产业经营方式

（1）意识形态功能强的文化产业如影视业、新闻出版业、传媒业,在经营上需要牢牢把握先进文化的前进方向,努力实现社会效益和经济效益的双赢。在市场需求与主流意识形态出现矛盾时,中国的文化产业经营常常面临考验。

（2）多数文化企业内部适合扁平化管理,实行项目负责人制度,建立"项目负责人＋团队成员＋外部专家＝项目成果"的工作模式,提倡从"个人创意的天才神话"转为"创意团队的集体智慧"。

一个项目组里包括项目负责人(项目主管、创意经理)、主创(符号创作者)、专业技术人员、具体执行者等成员。各个项目组负责人之间地位相同,都直接向公司总经理、董事长负责。从而,垂直层级的管理结构就变成扁平化、网络化的结构,提高企业的内部竞争和工作效率。

（3）文化产业的创意产生困难、市场需求难以确定,因此一方面企业会进行创意的批量生产、类型化和系列化生产,并且努力实现创意的互相借用,以此降低成本、分散风险;另一方面,企业会在不同生产阶段采取不同组织管理方式。企业会对策划环节,实施严谨详细的市场调研和受众导向;在创意环节实行博采众长、宽松自由的管理方式,尤其是针对于"特立独行"、"行为乖僻"的艺术家;在营销环节实施严格管理和团队作战,重视每一个宣发步骤和推广效果。

（4）企业内部打造核心竞争力,无论是人才、内容(版权)、渠道、推广能力,都可以成为文化企业的核心能力和核心竞争力——它不仅是保证企业的竞争优势,更是拓展了企业的边界。企业通过将自身的核心能力打造成价值模块,不断地将价值模块在不同的价值网络里进行动态配置,价值网络本身也就成了无数个价值模块的"独立联合体"。从所有角度来看,不同的价值网络成员对自身核心能力拥有所有权;从使用角度来看,这些核心能力是被放在一起进行集中使用的,强调不同核心能力的互补效应。所以企业在外部适合于开放协作的经营模式,以产业集群的形式,利用全球网络让生产要素自由流动。

总之,传统产业相比,文化产业的经营理念和方式越来越从有形向无形、从静态向动态、从内部使用到外部共享的发展,企业利润越来越取决于实体产品蕴含的文化价值大小,并且企业方和版权人可以在产品完成后很长的时间内持续获得收益。

二、创意阶层

文化产业价值链的源头是创意,它来源于艺术家、设计者或策划者的灵感创造,这一群体成为文化产业的最初推动者。理查德·佛罗里达将这一群体定义为创意阶层(Creative Class)。佛罗里达认为创意阶层是继劳动阶层和服务业阶层之后而出现的新职业群体,主要包括两部分:"超级创造核心成员(核心层)"(Super-Creative Core)和"创造性的专业人员"(Creative Professionals)。超级创造核心成员主要包括思想家、科学家和工程师、诗人和作家、艺术家、大学教授、演艺人员、设计师、建筑师、文案写作者(非小说作家)、编辑、社会评论家、文化名流和其他"舆论制造者",他们主要职能是创造易于传播并可广泛运用的新设计、新形式、新符号;除了这一核心部分外,更广泛的"创造性的专业人员"是指高科技、金融、法律和商业管理等领域的创造性专业人才,包括技术专家、创意经理人、文化艺术经纪人、律师、资本运作人以及其他服务人员等。①

创意阶层的产生根源是经济性,起到直接作用的就是"艺术经济"。艺术的经济职能以及投入产出的方式决定了该阶层成员对工作和生活方式的选择。创意阶层不占有也不控制巨大的固定资产,他们的财产来自于他们头脑中无形的创意。他们的工作目标和价值体现就是制造新理念、新潮流、新内容和新技术,涉及了科学、建筑、设计、教育、音乐、文学艺术以及娱乐等行业。

创意阶层在经济基础上并没有形成一个政治经济学意义的"阶级",但在一些经济发达、尤其是创意产业、文化产业发达的城市已经形成一定的人数规模和职业圈子。他们没有形成统一的上层建筑和群体意识,但他们有非常相近的品位、偏好和消费习惯,在价值观方面也有很多共通之处:

(1)创意阶层具有创新精神,注重工作独创性、个人意愿的表达。创意阶层欣赏文化的开放性与多样性,渴望一个对各种差异都兼容并包的环境。

(2)创意阶层是"符号学家"和"高级穷人"。他们推崇艺术和才华,愿意与有才华人的共事,对挑战和风险的喜爱高于薪金。激发工作热情的形式不是"薪资驱动型"而是"创造驱动型"和"贡献驱动型"。创意阶层中的很多艺术工作者是无法以艺术来维生的,很少有人会拿着固定薪水和其他福利,他们往往是

---

① 参见理查德·佛罗里达:《创意阶层的崛起》,司徒爱勤译,中信出版社 2010 年版,第 80-81 页。在该书中,佛罗里达把文案写作者、编辑、文化名流和其他"舆论制造者"称为"现代社会的思想先锋"群体,与"超级创造核心"群体相区别。但他又将这两个群体都视为创意阶层的核心。在此处,本书对该中译本中佛罗里达的论述做了局部修改。

跨界和兼职。社会价值和"心灵收入"可以在一定程度上弥补金钱收入的低微。

（3）创意阶层把艺术创作作为一种生活方式，工作与生活随时随地的融合，表现为"无领办公"、灵活穿插式的工作方式。他们效忠的往往是自身爱好、职业而不是所供职的公司。他们追求实现自己的价值，表现出"业随人走"的特征。所以创意阶层大部分都是自由职业者和"及时的人"。很多人都是自雇性的，围绕一个文化项目"及时"出现，组成"临时公司"，项目结束后团队解散。①

（4）创意阶层追求体验式的生活，愿意在真实世界中亲身体验各种艺术作品、环境和生活，以此丰富自身文化积累，激发创意灵感。

我们曾把文化产业定义为符号的生产和传播，这种描述已经把"纯艺术家"转变为"符号制造者""卖作品的人"。这个过程的实现不是一个人能实现的，它需要的是全产业链和创意生态系统的思维和模式。无论是自由、发散性的创意工作，还是聚合、约束性的管理工作，都分布在文化产业价值链的各个节点上。

从事文化产业经营，要立足创意，进行创意管理，这是它与其他行业经营的显著区别。首先，要把创意创新上升为职业道德，要以创意创新为荣，以跟风"克隆"为耻，把创意创新作为企业安身立命的基础。其次，要把创新人才作为企业的核心资源，对企业创新所需要的人才，要广泛网罗、精心培养、放手使用、论功回报，才能更大力度激发人才的创新潜能；第三，要营造有利于创新的环境，既要善于激发和保持创意团队的激情，又要理性引导创意方向，并且处理协调好投资方、艺术创意者、营销团队之间的冲突，让公司成员们在互相碰撞中产生更多灵感而不是决裂。宽严并济、灵活变通、兼具艺术敏感和商业头脑是文化产业经营者能力的体现。

---

① 参见理查德·佛罗里达：《创意阶层的崛起》，司徒爱勤译，中信出版社 2010 年版，第 179－180 页。

参 考 书 目

［德］马克斯·霍克海默，西奥多·阿道尔诺：《启蒙辩证法》，渠敬东，曹卫东译，上海人民出版社 2006 年版。

［英］雷蒙德·威廉斯：《文化与社会：1780-1950》，吴松江、张文定译，北京大学出版社 1991 年版。

［美］赫伯特·马尔库塞：《现代文明与人的困境》，上海三联书店 1996 年版。

［德］本雅明：《机械复制时代的艺术作品》，王才勇译，浙江摄影出版社 1993 年版。

［法］泰勒尔：《产业组织理论》，张维迎等译，中国人民大学出版社 1998 年版。

［美］尼尔·波兹曼：《娱乐至死》，章艳译，广西师范大学出版社 2011 年版。

［美］马文·哈里斯：《文化·人·自然——普通人类学导引》，顾建光、高云霞译，浙江人民出版社 1992 年版。

［英］多米尼克·斯特里纳蒂：《通俗文化理论导论》，阎嘉译，商务印书馆 2001 年版。

［英］约翰·霍金斯：《创意经济——如何点石成金》，洪庆福等译，上海三联书店 2006 年版。

［美］埃莉诺·奥斯特罗姆：《公共事务的治理之道》，三联书店 2000 年版。

［法］居伊·德波：《景观社会》，王昭风译，南京大学出版社 2007 年版。

［法］让·鲍德里亚：《消费社会》，刘成富、全志钢译，南京大学出版社 2001 年版。

［英］迈克·费瑟斯通：《消费文化与现代主义》，刘精明译，译林出版社 2000 年版。

［美］约翰·费斯克：《理解大众文化》，王晓钰、宋伟杰译，中央编译出版社 2001 年版。

［美］大卫·赫斯蒙德夫：《文化产业》，张菲娜译，中国人民大学出版社 2007 年版。

［美］詹姆斯·海尔布伦、查尔斯·M.格雷：《艺术文化经济学》，詹正茂等

译,中国人民大学出版社 2007 年版。

　　[美]曼昆:《经济学原理(第 6 版)》,梁小民等译,北京大学出版社 2012
年版。

　　[法]莱昂·瓦尔拉斯:《纯粹经济学要义》,蔡受百译,商务印书馆 1997
年版。

　　[英]马歇尔:《经济学原理》(下卷),朱志泰译,商务印书馆 1997 年版。

　　[美]保罗·萨缪尔森、威廉·诺德豪斯:《经济学》(第 16 版),萧琛等译,华
夏出版社 2003 年版。

　　[美]道格拉斯·诺斯:《经济史上的结构和变革》,商务印书馆 1992 年版。

　　[美]哈耶克:《哈耶克论文集》,邓正来译,首都经济贸易大学出版社 2001
年版。

　　[美]熊彼特:《经济发展理论》,商务印书馆 1990 年版。

　　[美]詹姆斯·海尔布伦、查尔斯·M·格雷:《艺术文化经济学》,詹正茂等
译,中国人民大学出版社 2007 年版。

　　[澳]戴维·思罗斯比:《经济学与文化》,王志标、张峥嵘译,中国人民大学
出版社 2011 年版。

　　[美]大卫·赫斯蒙德夫:《文化产业》,张菲娜译,中国人民大学出版社 2007
年版。

　　[澳]约翰·哈特利:《创意产业读本》,曹书乐、包建女、李慧译,清华大学出
版社 2007 年版。

　　[美]理查德·佛罗里达:《创意阶层的崛起》,中信出版社 2010 年版。

　　[美]理查德·E·凯夫斯:《创意产业经济学——艺术的商业之道》,孙绯
译,新华出版社 2004 年版。

　　[法]萨伊:《政治经济学概论》,陈福生、陈振骅译,商务印书馆 1997 年版。

　　[英]亚当·斯密:《国民财富的性质与原因的研究(上下卷)》,郭大力、王亚
南译,商务印书馆 2008 年版。

　　[德]马克思、恩格斯:《马克思恩格斯选集》,中共中央马克思恩格斯列宁斯
大林著作编译局编,人民出版社 1977 年版。

　　[法]皮埃尔·布尔迪厄:《文化资本与社会炼金术》,包亚明译,上海人民出
版社 1997 年版。

　　[美]迈克尔·波特:《竞争优势》,陈丽芳译,中信出版社 2014 年版。

　　陆扬、王毅:《大众文化与传媒》,上海三联书店 2000 年版。

　　芮明杰:《产业经济学》,上海财经大学出版社 1996 年版。

　　蔡尚伟、温洪泉等:《文化产业导论》,复旦大学出版社 2006 年版。

晏智杰:《劳动价值学说新探》,北京大学出版社2001年版。

高宣扬:《布尔迪厄的社会理论》,同济大学出版社2004年版。

唐月民:《文化资源学》,山东大学出版社2014年版。

向勇:《文化产业导论》,北京大学出版社2015年版。

刘志彪:《现代产业经济学》,高等教育出版社2003年版。

罗钢、刘象愚:《文化研究读本》,中国社会科学出版社2000年版。

胡惠林:《文化产业概论》,云南大学出版社2005年版。

金元浦:《文化创意产业概论》,高等教育出版社2010年版。

吴燕译,林拓、李惠斌等:《世界文化产业发展前沿报告(2003-2004)》,社会科学文献出版社2004年版。

高鸿业:《西方经济学(微观部分)第五版》,中国人民大学出版社2011年版。

何小锋、高嵩、刘秦:《资本市场运作教程(第三版)》,中国发展出版社2011年版。

胡惠林、单世联、李康化:《文化产业研究读本》,上海人民出版社2011年版。

夏学理:《文化创意产业概论》,台湾五南图书出版公司2008年版。

彭福扬、刘红玉:《关于产业概念及其分类的思考》,《湖南大学学报(社会科学版)》,2008(9)。

马驰:《伯明翰与法兰克福:两种不同的文化研究路径》,《西北师大学报(社会科学版)》,2005(3)。

张秀琴:《马克思意识形态概念的"文化大众主义"解释——以伯明翰文化学派斯图亚特·霍尔为例》,《南京社会科学》,2012(2)。

苑捷:《当代西方文化产业理论的研究概述》,《马克思主义与现实》,2004(1)。

陈卫星:《从"文化工业"到"文化产业"——关于传播政治经济学的一种概念转型》,《国际新闻界》,2009(8)。

李彪:《文化产业概念的演变及其基本特征分析》,《湖南科技学院学报》,2009(9)。

毛剑:《"文化霸权"理论与文化研究的"葛兰西转向"》,《理论学刊》,2006(3)。

金元浦:《重新审视大众文化》,《当代作家评论》,2001(1)。

王军:《现代产业组织理论述评》,《国外社会科学》,1997(3)。

钟勇、夏庆丰:《产业概念辨析》,《生产力研究》,2003(1)。

陈立旭:《双重聚焦:财富的流通与意义的流通——费斯克的大众文化抵抗理论》,《中共浙江省委党校学报》,2007(2)。

缪其浩:《内容:一个大产业》,《世界科学》,2000(3)。

李晓玲、李会明:《内容产业的产生及其影响》,《现代国际关系》,2003(5)。

唐鹃、缪其浩:《信息资源建设和内容产业》,《情报学报》,2001(4)。

刘卓军、周城雄:《中国数字内容产业的创新模式分析》,《中国软科学》,2007(6)。

荣跃明:《超越文化产业:创意产业的本质与特征》,《毛泽东邓小平理论研究》,2004(5)。

施惟达:《从文化产业到创意产业》,《学术探索》,2009(5)。

庞慧敏、吴镝鸣:《论"文化产业"在中国的话语构建》,《现代视听》,2009(5)。

于嘉:《文化产业、创意产业与文化创意产业概念辨析》,《全国商情》,2009(15)。

李世忠:《文化创意产业概念探微》,《经济论坛》,2008(11)。

黄志锋:《创意产业理论研究综述》,《重庆社会科学》,2010(5)。

吴建华:《从文化产业到文化创意产业:现实走向与逻辑路径》,《浙江学刊》,2007(6)。

罗兵,温思:《文化产业与创意产业概念的外延与内涵比较研究》,《甘肃社会科学》,2006(5)。

徐丽芳:《内容产业的价值链与技术模式——一项欧盟的项目研究成果》,《出版参考》,2001(16)。

章建刚:《文化产业,抑或创意产业?——概念与政策趋向的差异》,《学术探索》,2009(5)。

谭宏、谷继建:《文化产业与文化事业瓜葛的多维度分析》,《内蒙古社会科学(汉文版)》,2009(11)。

肖肖、唐晓:《非营利组织与我国公益性文化事业发展》,《产业与科技论坛》,2006(11)。

左惠:《文化产品的外部性特征剖析》,《生产力研究》,2009(7)。

左惠:《文化产品的公共物品属性及其供给模式选择》,《中州学刊》,2009(5)。

郑书耀:《公共经济学领域准公共物品及相关概念的界定与区分》,《华北水利水电学院学报(社科版)》,2009(2)。

周正刚:《文化事业与文化产业关系辨正》,《东岳论丛》,2010(11)。

王冬晓:《我国公益性文化建设事业存在的问题与对策》,《前沿》,2011(12)。

方宝璋:《文化事业与文化产业的关联与互动》,《重庆社会科学》,2009(9)。

李康化、许中平:《论公益性文化事业的发展战略》,《思想战线》,2008(1)。

周宪:《视觉文化与消费社会》,《福建论坛》,2001(2)。

单世联:《作为文化变迁标识的"后现代":费瑟斯通的反思性研究》,《广东社会科学》,2005(5)。

时统宇:《从法兰克福到伯明翰——电视批评理论的西方思想资源再析》,《现代传播》,2002(4)。

詹春艳:《身体、符号、消费品——广告中"身体"意象的符号学分析》,《时代人物》,2008(11)。

仰海峰:《商品社会、景观社会、符号社会——西方社会批判理论的一种变迁》,《哲学研究》,2003(10)。

张富宝、范文艳:《新型文化媒介人与日常生活的审美呈现》,《绵阳师范学院学报》,2011(7)。

袁正:《网络经济对新古典经济学的挑战》,《现代经济探讨》,2009(1)。

纪玉山,江中蛟:《知识经济与边际收益递增》,《经济评论》,2000(4)。

李文明、吕福玉:《网络经济边际效应与网络文化产业发展》,《现代财经(天津财经大学学报)》,2011(10)。

李婷、周仕参、熊菀君、钱金英:《文化产品的需求分析》,《新西部》,2008(6)。

吕庆华:《文化艺术品的供求机理及投资策略分析》,《生产力研究》,2008(5)。

王志标:《略论文化市场均衡中的第三方力量》,《经济问题》,2010(4)。

许毅:《对需求定律及供给定律的例外分析》,《经济问题探索》,2001(1)。

吕志轩:《需求定律例外情况的重新解释》,《经济研究导刊》,2009(17)。

温新豪:《论需求交叉价格弹性与出版社产品策略》,《出版发行研究》,2003(9)。

许毅:《对需求定律及供给定律的例外分析》,《经济问题探索》,2001(1)。

冉茂金:《中国艺术市场的购买欲望浅析——兼谈中国艺术市场的不均衡性》,《美术观察》,2010(12)。

刘澍元:《区域经济发展的文化成本探析》,《甘肃高师学报》,2004(2)。

高波,张志鹏:《文化成本:概念与范式》,《南京大学学报(哲学·人文科学·社会科学版)》,2005(5)。

杨悦:《中国经济转型期不可忽视文化成本问题》,《贵州社会科学》,2004(11)。

高波:《文化成本与地点竞争优势——对世界制造中心转移的文化经济学分析》,《南京社会科学》,2005(11)。

吴丹涛:《对边际效用递减规律的再认识》,《惠州学院学报(社会科学版)》,2008(4)。

郝身永、董海龙:《准确把握和应用边际效用递减规律》,《梧州学院学报》,2007(2)。

娄策群、王颖:《文娱类信息消费的边际效用分析》,《情报科学》,2009(5)。

暴世宏、江春先:《边际效用递减规律的再发现》,《价值工程》,2012(17)。

庞建刚、周彬、刘志迎:《文化创意产品的定价策略研究》,《软科学》,2012(8)。

张昆仑:《边际效用递减规律新探》,《现代财经》,2004(4)。

岳红记:《边际效应递减理论下的历史文化资源开发——以陕西省为例》,《资源开发与市场》,2009(4)。

李海舰、原磊:《论无边界企业》,《中国工业经济》,2005(4)。

王巍:《质疑边际报酬递减规律——网络信息产业的边际收益递增现象分析》,《经济工作导刊》,2002(13)。

王人辉:《信息产业边际收益递增趋势及原因》,《现代企业》,2008(10)。

袁正:《网络经济对新古典经济学的挑战》,《现代经济探讨》,2009(1)。

纪玉山,江中蛟:《知识经济与边际收益递增》,《经济评论》,2000(4)。

李文明、吕福玉:《网络经济边际效应与网络文化产业发展模式研究》,《现代财经(天津财经大学学报)》,2011(10)。

杨悦:《中国经济转型期不可忽视文化成本问题》,《贵州社会科学》,2004(11)。

晏智杰:《本本主义不是科学的研究态度和思维方式》,《经济评论》,2003(3)。

卫兴华:《深化劳动价值理论研究要有科学的态度与思维方式——兼与晏智杰教授商榷》,《经济评论》,2002(4)。

卫兴华:《错解与曲解马克思不是科学的态度与思维方式》,《经济评论》,2003(3)。

许成安、杨青:《劳动价值论、要素价值论和效用价值论中若干问题辨析——兼评〈劳动价值论与效用价值论的辩证关系〉一文》,《经济评论》,2008(1)。

毛军:《西方经济学价值理论的历史沿革》,《中共福建省委党校学报》,2007(2)。

王俊:《全面认识自然资源的价值决定——从劳动价值论、稀缺性理论到可持续发展理论的融合与发展》,《中国物价》,2007(4)。

许有伦:《劳动价值论与效用价值论的辩证关系——与卫兴华、晏智杰教授交流》,《经济评论》,2006(3)。

甄学宁:《森林文化产品的价值与价格》,《北京林业大学学报(社会科学版)》,2006(12)。

杨承志:《关于文化产品价值的哲学思考》,《光明日报》,2007-8-14。

张晓霞:《文化产品交易价值的社会经济学分析》,《绍兴文理学院学报》,2012(6)。

孙美堂:《从价值到文化价值——文化价值的学科意义与现实意义》,《学术研究》,2005(7)。

王新菅:《文化产品的价值承载问题研究》,《北京印刷学院学报》,2009(3)。

余佳:《文化产品价值探讨》,《商场现代化》,2011(3)。

李庭新、李书:《文化产品价值的经济学分析》,《市场周刊(研究版)》,2005(3)。

李碧珍:《创意商品的价值构成与价值实现》,《当代经济研究》,2007(9)。

张辉:《关于文化遗产的价值与价格》,《经济技术协作信息》,2008(2)。

黄志锋:《浅析文化创意产业的价值创造》,《太原理工大学学报(社会科学版)》,2012(10)。

秦霖、邱菀华:《论文化产品的价值实现与价格形成》,《东北大学学报(社会科学版)》,2004(11)。

岳红记、何炼成、刘吉发:《试论文化产品的价值与价格》,《经济师》,2007(4)。

王志标:《影响文化产品价格的因素分析》,《中南财经政法大学学报》,2008(5)。

但红燕、蒋强:《我国文化产品定价机制研究》,《价格理论与实践》,2011(11)。

吕庆华:《文化艺术品的供求机理及投资策略分析》,《生产力研究》,2008(5)。

严俊:《艺术品市场的定价机制——关于美学价值与艺术声誉的理论讨论》,《上海财经大学学报》,2013(8)。

吴娟:《浅谈影响艺术品价格的主要因素》,《科技致富向导》,2012(12)。

庞建刚、周彬、刘志迎:《文化创意产品的定价策略研究》,《软科学》,2012(8)。

汪鄃阳:《艺术品定价的系统性纬度》,《艺术与投资》,2008(12)。

刘晓丹:《谁在掌控艺术品的定价大权?——从〈三峡新移民〉天价拍卖看"当代艺术"价格的成因》,《艺术市场》,2007(7)。

胡静、昝胜锋:《论艺术品价格形成机制与投资策略》,《现代经济探讨》,2008(2)。

倪进:《论书画艺术品的价格定位》,《东南大学学报(哲学社会科学版)》,2007(11)。

范正红:《中国书画艺术品市场价值因素分析》,《山东财政学院学报》,2007(6)。

何鸿:《影响中国古代艺术品价格的背景因素》,《艺术探索》,2002(3)。

张天琚:《试论古玩艺术品价格的确定因素——兼与马建先生商榷》,《艺术市场》,2006(11)。

马健:《我看古玩艺术品价格的影响因素——兼答张天琚先生》,《艺术市场》,2007(3)。

黄亮:《艺术品定价及价格实现途径》,《闽江学院学报》,2008(8)。

芮顺淦:《论中国艺术品市场的价格均衡》,《价格月刊》,2008(7)。

张亚慧、魏长星、丁合真:《基于信息产品定价因素的定价模型设想》,《中国集体经济》,2008(5)。

沈湘平:《文化价值与文化市场的限度》,《青海社会科学》,1998(1)。

曹洪:《捆绑销售的经济学层面思考》,《安徽大学学报(哲学社会科学版)》,2004(3)。

徐晔:《信息产品的定价研究》,《中国物价》,2004(9)。

干春晖、钮继新:《网络信息产品市场的定价模式》,《中国工业经济》,2003(5)。

刘波:《信息产品的定价策略》,《情报杂志》,2005(1)。

王俊:《全面认识自然资源的价值决定——从劳动价值论、稀缺性理论到可持续发展理论的融合与发展》,《中国物价》,2007(4)。

吕庆华:《近20年中国文化资源的产业开发理论研究述评》,《重庆工商大学学报(西部论坛)》,2005(10)。

马海霞:《文化资源与文化产业理论研究》,《新疆师范大学学报(哲学社会科学版)》,2008(3)。

梁音:《社会记忆的文化资本化——以洛带客家社会记忆资源的旅游开发为例》,《成都大学学报(社科版)》,2008(4)。

李军:《什么是文化遗产?——对一个当代观念的知识考古》,《文艺研究》,

2005(4)。

　　赵长华:《以可持续发展论指导文化资源的开发利用》,《复旦学报(社会科学版)》,1997(4)。

　　唐月民:《论文化资源的开发和利用》,《齐鲁艺苑》,2005(4)。

　　辛儒:《我国非物质文化遗产产业化经营问题探讨》,《生产力研究》,2008(6)。

　　飞龙:《国外保护非物质文化遗产的现状》,《文艺理论与批评》,2005(6)。

　　颜文洪:《世界遗产与保护地管理模式比较研究》,《城市问题》,2006(3)。

　　邵甬、阮仪三:《关于历史文化遗产保护的法制建设——法国历史文化遗产保护制度发展的启示》,《城市规划汇刊》,2002(3)。

　　周俭、张恺:《建筑、城镇、自然风景——关于城市历史文化遗产保护规划的目标、对象与措施》,《城市规划汇刊》,2001(4)。

　　张朝枝,保继刚:《美国与日本世界遗产地管理案例比较与启示》,《世界地理研究》,2005(1)。

　　王文章,陈飞龙:《非物质文化遗产保护与国家文化发展战略》,《华中师范大学学报(人文社会科学版)》,2008(3)。

　　李昕:《文化全球化语境下的文化产业发展与非物质文化遗产保护》,《西南民族大学学报(人文社科版)》,2009(7)。

　　高波、张志鹏:《文化资本:经济增长源泉的一种解释》,《南京大学学报(哲学·人文科学·社会科学版)》,2004(5)。

　　高波、张志鹏:《文化成本:概念与范式》,《南京大学学报(哲学·人文科学·社会科学版)》,2005(5)。

　　巩英春:《当代文化资本发展的双重取向》,《社会科学战线》,2011(2)。

　　朱伟珏:《资本的一种非经济学解读——布迪厄"文化资本"概念》,《社会科学》,2005(6)。

　　朱伟珏:《文化资本与人力资本——布迪厄文化资本理论的经济学意义》,《天津社会科学》,2007(3)。

　　王海岳:《文化资本理论研究述评》,《南通职业大学学报》,2012(3)。

　　姚俭建、岑文忠:《文化资本的积累机制探微》,《上海师范大学学报(哲学社会科学版)》,2004(3)。

　　李全生:《布迪厄的文化资本理论》,《东方论坛(青岛大学学报)》,2003(1)。

　　唐月民、阮南燕:《文化资源、文化产业与文化强国建设》,《理论学刊》,2013(4)。

刘显世、唐月民:《可持续发展视角下的文化遗产开发》,《东岳论丛》,2012 (12)。

唐月民:《论文化资源的开发和利用》,《齐鲁艺苑》,2005(4)。

韩琼慧:《论"资源诅咒"与凉山彝族自治州经济增长》,《企业经济》,2011 (10)。

左冰:《旅游能打破资源诅咒吗?》,《商业经济与管理》,2013(5)。

林贤光:《德国的古建筑保护与使用》,《新安全 东方消防》,2007(10)。

胡慧平:《日本是如何保护古建筑的》,《中国建设消息》,2004(6)。

杨新海:《历史街区的基本特性及其保护原则》,《人文地理》,2005(5)。

王景慧:《历史街区,如何保护?》,《中国经济快讯》,2001(28)。

王景慧:《保护历史街区的政策和方法》,《上海城市管理学院学报》,2001 (6)。

张惠新:《论历史街区的动态保护》,《生产力研究》,2008(17)。

谭祎:《历史街区的更新再利用》,《怀化学院学报(社会科学版)》,2006 (1)。

方竟成:《德、奥历史城市保护与激活之实例》,《中国名城》,2011(3)。

潘瑾、陈晓春:《基于价值链分析的创意产业知识产权保护方法与途径探讨》,《知识产权》,2006(2)。

胡再华:《数字内容产业特征、现状和发展策略研究》,硕士学位论文,华中师范大学,2006。

秦丽洁:《我国内容产业运营规律分析》,硕士学位论文,天津师范大学,2005。

钱琳:《沉没成本效应对企业投资决策影响的研究》,硕士学位论文,天津大学,2007。

杨悦:《文化对经济的影响与作用———一种交易成本理论的解释》,博士后出站报告,复旦大学,2004。

钱云光:《需求不确定情形下信息产品的定价决策方法研究》,硕士学位论文,电子科技大学,2003。

游涛:《文化产品隐性价值评价研究》,硕士学位论文,燕山大学,2011。

刘汀:《网络经济环境下的数字化信息产品营销定价策略研究》,硕士学位论文,四川大学,2004。

侯博:《基于资源产业的文化创意产业研究》,博士学位论文,中国地质大学(北京),2009。

陈治国:《布尔迪厄文化资本理论研究》,博士学位论文,首都师范大学，2011。

　　陈锋：《文化资本导论》，博士学位论文，中共中央党校，2005。

　　郑利军：《历史街区的动态保护研究》，博士学位论文，天津大学，2004。

　　范萍：《鲍德里亚"消费社会文化理论"简析》，"文化研究网"http://www.culstudies.com.

　　姚文放：《我看故我在——媒介变化与视觉文化的崛起》，"文化研究网"http://www.culstudies.com.